ガーデニングとイギリス人

「園芸大国」はいかにしてつくられたか

飯田操

大修館書店

元は池で、オランダ式庭園を経て、沈下式整形庭園に改造されたハンプトン・コートのポンド・ガーデン（上）、噴水やトピアリーも見えるハットフィールドの結び目庭園《ノット・ガーデン》（下）

屋敷が周りの風景に溶け込んだ、絵のように美しいストウの庭園（上）は、ブリッジマンやケント、ブラウンらの名うての造園家が精力を傾けたイングランド式風景庭園の名作。園内の「イギリスの賢人の御堂」（下）は、ケントのデザインによって 1734 年に建てられた。当時の意気軒昂な自国意識がうかがえる。

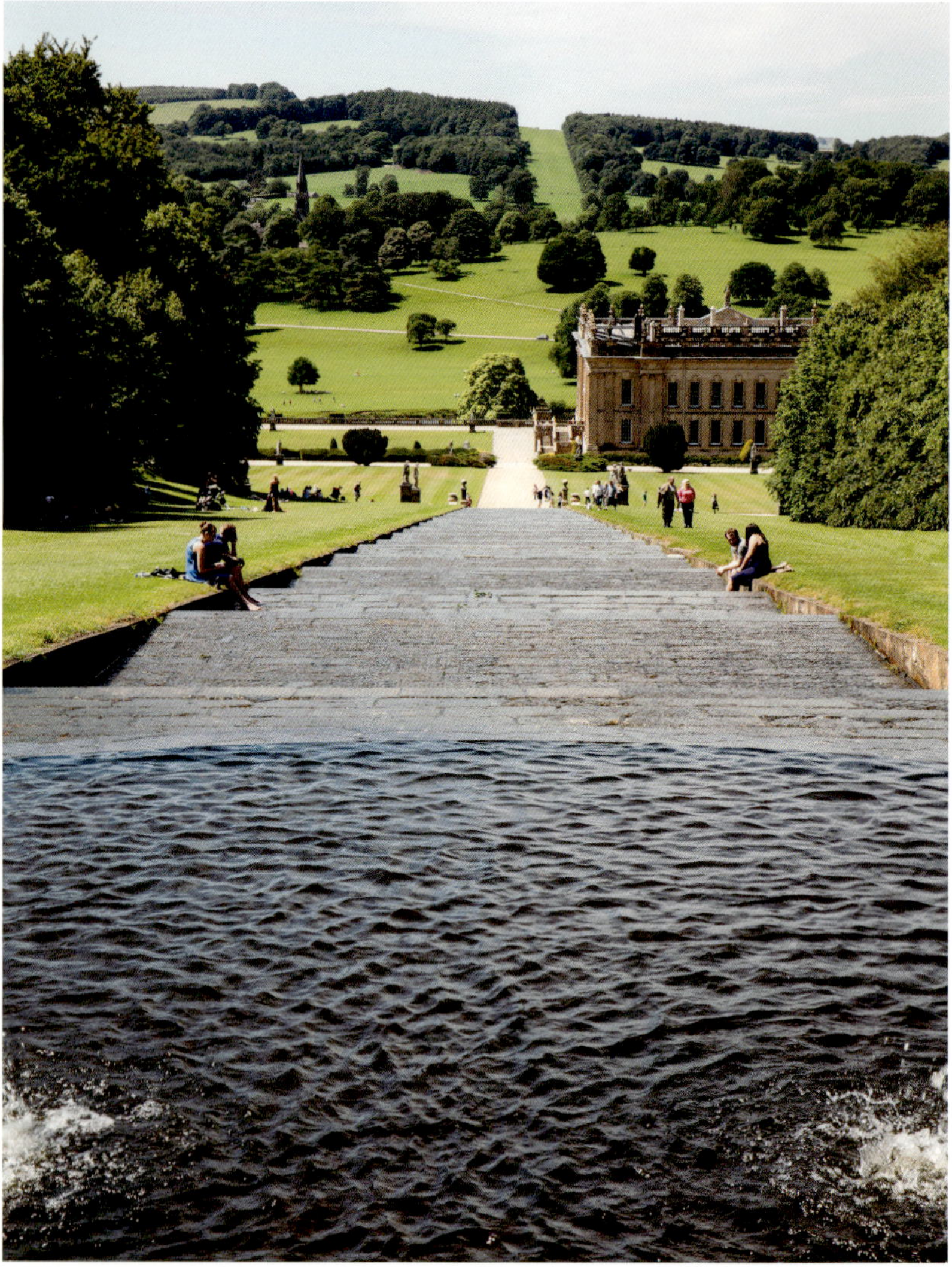

屋敷の背後から流れ落ちる人工滝と、理想の遠景を求めてケイパビリティ・ブラウンによって造られたチャッツワースの風景庭園

（前ページ）
広大な芝地、川をせき止めて造った人工の湖と美しいアーチ型の橋、ブラウンの代表作の一つであるブレナム・パレスの風景庭園

ジーキルの持論「色彩の庭」を彷彿させる花々で彩られた、彼女の自邸であったマンステッド・ウッドの庭（上）、作家のサックヴィル＝ウェストが夫と造り上げたシシングハースト・カースルの庭（右）

壁面にエスパリエ仕立てで育てられているリンゴの木（上）、白壁と黒い柱・梁のコントラストが美しいテューダー風のインに掛けられたハンギング・バスケット（左中）、ケンブリッジ大学のコレッジの庭で見かけた四阿（左下）と縁取り花壇（右）

ガーデニングとイギリス人―「園芸大国」はいかにしてつくられたか

目次

序　章　**岩だらけの島をエデンの園に**……2

百花繚乱のイギリス―花いっぱい運動とチェルシー・フラワー・ショー 2／数々の名園とオープン・ガーデン―夏を楽しむ庭巡り 6／ガーデナーの国・イギリス―王立園芸協会のめざましい活動 8／本来は貧しい植物相の島 13

第一章　**海を越えてやってきたもの（一六世紀以前）**……19

＊ローマ占有時代からノルマン征服までの庭と植物……19

ブリタニアのローマ風庭園 19／森の民ブリトン人の文明化 22／アングロ・サクソン語化した植物名 25／ノルマン征服のもたらした変化 27

＊修道院の庭……29

思索の庭―修道士たちの瞑想の場 29／自給自足の庭―外国の植物が持ち込まれた菜園 32／薬草園―治療院としての修道院 34

＊……世俗の庭……………36
快楽の庭―富裕層のかぐわしいくつろぎの場 36／現実逃避の庭―中世ロマンスの「秘密の花園」 39／庭師と園芸書の誕生 42
第二章　**王侯貴族の大庭園と大陸文化の影響（一六世紀から一七世紀）**……………45
＊……権力者の虚勢と追従の庭・園芸文化の開花―テューダー朝……………45
権勢誇示の庭―ヘンリー八世のノンサッチ・パレス 45／女王を歓待する庭―エリザベス一世とケニルワース 49／珍しい植物と新しい栽培技術の到来―市民の庭の園芸ブーム 53／「ハズバンドリー」の伝統―造園マニュアルの流行 57／本草学の登場―ジェラードの薬草百科 61
＊……イタリア式整形庭園の流行―前期ステュアート朝……………65
ティブルズとペンズハースト・プレイス―ジェイムズ一世時代の庭 65／イタリア・ルネサンスの息吹 67／権勢誇示の庭への批判―ベーコンの庭園論 71／本草学から植物学への橋渡し―パーキンソンの役割 75／博物学の夜明け―トラデスカントの珍品収集 78／ロンドン庭師組合の誕生 80
＊……不穏な時代の庭―共和政の時代……………82
アップルトン・ハウス―革命派軍人の庭園 82／隠棲の庭―試練に耐える王党派 86／

＊……大陸文化への憧れと自国意識の芽生え——後期ステュアート朝……93
実益への傾斜——果樹栽培と森林保護　88
壮大なフランス式庭園の模倣——チャールズ二世のセント・ジェイムズ・パークの改造　93／花を愛でる園芸——エピクロスの庭　96／オランダ式庭園の流行——メアリー二世とウィリアム三世によるハンプトン・コートの改造　101／アン女王の時代における庭園美学の変化——アディソンとポープの大陸様式への批判　105

第三章　イングランド式風景庭園と自国意識の高まり（一八世紀）……111

＊……風景庭園の誕生と発展……111
田園風景に溶け込む庭——「ハーハー」とブリッジマン　111／ギリシャ神話の理想郷の再現——ケントの牧歌的造園　114／壮大なスケールの風景庭園——ケイパビリティ・ブラウンと田園の変貌　118／風景庭園への批判——レプトンとピクチャレスク論争　123

＊……風景庭園とイギリス社会の変化……128
不屈のイングランド精神の主張——風景庭園の政治学　128／囲い込みによる田園の荒廃——農民を閉め出す風景庭園　131／アロットメント運動の始まり——コテージの貧民は救われるか　134／中産階級の郊外の庭——風景庭園の拡散　137／スノッブの田舎暮らしへの揶揄——風景庭園の卑俗化　141

＊……都市の庭園と新しい植物への関心……146
遊園地の誕生─都市に田舎を取り入れた行楽地 146／ロンドン市民の庭園ブームと、装飾としての「花」への関心の高まり 150／「フロリストの花」の展示会の盛況─プラント・ハンターの先駆けとなった宣教師 154／植物学の黄金時代─チェルシー薬草園に集まる世界中の植物 158

第四章　大英帝国の庭と植物（一九世紀）……163

＊……風景庭園への反発……163
ラウドンによるガーデネスクの提起 163／新しい庭の啓蒙に生涯を捧げたラウドン 167

＊……植物による帝国支配……171
鉄とガラスの大温室時代の到来─ラウドンの予見 171／チャッツワースの大温室─花を咲かせたオオオニバス 174／ニレの大木を取り込んだクリスタル・パレス─万博の功労者・パクストン 176／ウォーディアン・ケースの登場─小さなガラス・ケースが果たした大きな役割 179／キュー植物園への批判と国立機関としての再生 182／帝国のプラント・ハンターたち─世界をまたにかけて大活躍 186

＊……王立園芸協会の発足……191
園芸協会創設の動機─植物による世界支配 191／フロリスト・クラブの展示会からフラ

ワー・ショーへ　196／国民的行事の様相を帯びるフラワー・ショー　199／進む園芸の民衆化―素人造園の父シャーリー・ヒバード　203／貧民の心を変えた花の展覧会―園芸による文明化の実践　208／野蛮な民衆の文明化―園芸の啓蒙活動の隠された意味　213
＊……ルース・イン・アーベイ（都会のなかの田舎）……218
室内の自然―ウォーディアン・ケースのもう一つの役割　218／鉢植え植物の流行―窓辺の小さな庭　224／庶民にも広がる鉢植え植物―古着との交換もあった　227／庭園の開放と公園の建設―都会人への田園の提供　230／行楽の場としての庭園の開放と、都市市民の新しいレクリエーション　234

第五章　新たなイングリッシュ・ガーデンの誕生（一九世紀末から二〇世紀初め）……237
＊……「古き良きイングランド」への回帰……237
ロビンソンの「野生の庭」―絨毯花壇への反発　237／ロビンソンに共感した園芸家たち　242／「イングリッシュネス」―ラスキンの唱えた反産業主義の影響　245／モリスが導いた田園への郷愁　247
＊……郷愁のなかで再生されるコテージ・ガーデン……251
理想化されるコテージ・ガーデン　251／都会人の夢としてのコテージ・ガーデンと、新しいコテージ・ガーデン　254

＊……新しい「イングリッシュ・ガーデン」の胎動……258
もっとも洗練されているのは整形庭園―エリザベス朝の庭の再評価 258／風景庭園か整形庭園か―ロビンソンとブロムフィールドの庭園論争 263／「イギリスの庭」としての正統性の主張―「真のイギリス」の追求 268／庭師による「造園」から、趣味としての「ガーデニング」へ 271／庭への愛着こそイギリス人の証し―国民文化としてのガーデニング 273
＊……ジーキルのコテージ・ガーデン……276
ジーキルとロビンソンの出会い 276／昔のコテージ・ガーデンへの愛着と、商業主義への反発 278／庭園設計者と建築家のコラボレーション―ラッチェンズとの出会い 281／新たな「イギリスの庭」の手本―ジーキルの「色彩の庭」283

第六章 「ガーデナーの国民」の成立（一九二〇年代以降）……286
＊……庭のイングリッシュネス……286
イングリッシュネスを表象するコテージ・ガーデン 286／英語・英文学・英国庭園―イギリス人の誇り 289／「勝利のために耕せ」―第一次世界大戦下の庭 292
＊……「ガーデナーの国民」の創出……295
平和な花作りと園芸ブーム―二つの大戦に挟まれた時代 295／「ガーデナーの国民」―

イギリス結束のスローガン 297／ガーデナーの造った名園―ヒドコート・マナーとシシングハースト・カースル 300／イングリッシュネスの再定義―第二次世界大戦が終わって 302／メディアが導くガーデニング―現代の庭 304

終　章　**「ガーデナーの国民」の真相**……309

イギリスの庭の変遷―庭園史として 309／田園と園芸に対する素朴な愛情 313／庭は自分だけの心地よい巣作りの場 316

あとがき……320
参考文献……328
関連年表……334
索引……342

凡例

・人名、地名などの固有名詞の表記については、原語および原音を重視しながら、日本語における慣用に従った。一般名詞における外来語などのカタカナ表記についても同様である。

・イギリスの国名の表記については、基本的に「イギリス（の）」(Britain, British) と「イングランド（の）」(England, English) の使い分けをした。引用文や書名において、イングランドの覇権を前提にして「イングランド」で「イギリス」を代表している場合にもこの使い分けを原則として訳出した。

・「ガーデナー」(gardener) については、時代にともなう仕事内容の変化に応じて、「庭師」「園丁」「造園家」「庭園設計者」を適宜用いた。これらの「職業庭師」に対してレクリエーションとしての園芸を楽しむ「素人庭師」が一般化した二〇世紀初め頃からの記述では「ガーデナー」を用いた。

・「ガーデニング」(gardening) については、「造園」「園芸」「庭仕事」を用いた。「ガーデナー」に準じて、「ガーデニング」を用いた場合もある。

・度量衡については、文脈に応じてイギリスの伝統的な単位を用いた。換算表は左記の通りである。

一マイル (mile) = 一七六〇ヤード、約一六〇九・三メートル
一ヤード (yard) = 三フィート、約九一・四四センチメートル
一フート〈フィート〉(foot <feet>) = 約三〇・四八センチメートル
一エーカー (acre) = 約四〇四七平方メートル

ガーデニングとイギリス人

――「園芸大国」はいかにしてつくられたか

序章

岩だらけの島をエデンの園に

百花繚乱のイギリス――花いっぱい運動とチェルシー・フラワー・ショー

イギリスの夏は花に包まれている。どこの町でも目抜き通りには寄せ植えのハンギング・バスケットが並び、パブや商店の店先は色とりどりの花で飾られている。ラウンド・アバウトと呼ばれる環状交差路でも、ロータリーの中央部分に鮮やかな草花が敷き詰められている。

これは、一九五九年に始められていたフランスの先例にならい、観光振興政策の一環として、英国政府観光庁の主催によって一九六三年に始まったブリテン・イン・ブルーム（イギリス花いっぱい運動）の成果である。一九八三年から民間団体のイギリス美化グループに引き継がれたこの政策は、二〇〇二年からは王立園芸協会（ＲＨＳ）の主催によって続けられている。

王立園芸協会は、「花の国イギリス」を印象づけるもう一つの行事も先導する。毎年五月にチェルシー王立病院の敷地内で五日間にわたって開催されるチェルシー・フラワー・ショーである。もはやイギリス国内だけではなく、世界的にも有名で、ＢＢＣ（英国放送協会）が決まってその様子を伝える年中行事になっており、わが国の放送局も何度か特別番組でその様子を伝えたことがある。

その起源は、一八三三年に王立園芸協会がチジックにあった協会の庭で開催した品評会までさかのぼり、一八六二年には、ケンジントンの協会の庭に会場を移し「第一回王立園芸協会グレイト・スプリング・ショー」と銘打って開催された。その後一八八八年に、より多くの参加者を得るために会場をロンドンの中心地のテンプル・ガーデンに移したが、一九一三年に現在の場所で開催されたのを皮切りに、チェルシー・フラワー・ショーとして、第二次世界大戦中の中断などをのぞいて、ほぼ毎年この地で開催されてきた。一九五〇年代以降、王室

ストラットフォード・アポン・エイヴォンの街角を飾るハンギング・バスケット

の人々の参加が活発になったこともあってマスコミの報道も盛んになり、ますます活況を呈し、前売りの入場券が飛ぶように売れ、一五万人を越える入場者があると伝えられている。いまや国際的な春の祭典の一つになっていると言えよう。

しかし、ブリテン・イン・ブルームにおいては、それぞれの都市や地域が賞を得ようとしてしのぎを削るだけでなく、各地域の内部でも商店や個人の間でその都市の花の出来映えについて優劣がつけられるため、競争のための花作りが先行していることも多いようである。また、その年の花の種類や色などの統制が行われることもあるらしい。そのために、純粋にガーデニングを楽しむ人たちのなかにはこの運動に反感をもつ人たちもいるようだ。実際、著者がひと夏を過ごしたオックスフォードのフラットの主人は、花好きを自認し、手作りの庭を自慢にする人であったが、当局から指定された色にそって寄せ植えの草花の種類を統一したりすることもままあるお仕着せのこの運動には批判的で、税金の無駄遣いだと言ってはばからなかった。

フラワー・ショーは、一八世紀頃から盛んになった「フロリスト」と呼ばれた花卉《かき》愛好家たちの花の品評会や一九世紀の農業品評会などから発展したものである。イギリスの近代産業国家としての発展に呼応して農業品評会が産業博覧会に、さらに万国博覧会へと発展したのと同じような経緯を辿ってきたと言える。草花にかぎらず、何かに情熱を注ぐ者は、ひたすらその世界に没頭して自足しているものであるが、ときとしてその情熱の成果を誇示したい衝動に駆られるものであるらしい。チェルシー・フラワー・ショーにもそのような欲望を誘う仕掛けがされており、競技会の側面を濃厚にもち、政治的にも利用され、商業主義が入り込む余地がある。そのために、観光客や花好きの人々が毎年楽しみに待つこの花の祭典にも、違和感を感じる園芸愛好家が少なからずいると聞く。その多くは、自ら庭を耕し、草花を育てる人たちである。

イギリス国民性について述べた評論「ライオンと一角獣」において、ジョージ・オーウェルは、「草花に対する愛着」がイギリスの民衆文化であるとして、次のように述べる。

ここで、非常によく知られているが、あまり取り上げられることのない、ささいなイングランド的特性に注目したい。それは草花に対する愛着である。それは、外国とくに南ヨーロッパからイングランドに着いたときに最初に気づくことの一つである。それはイングランド人の芸術に対する無関心と矛盾しないだろうか。決してそんなことはない。草花への愛着は美的感覚をまったくもたない人々にも見られるからである。しかしながら、それは、すっかりわれわれの一部になっているのでめったに気づかないもう一つのイングランド的な特質と結びついている。それは、趣味や暇つぶしに熱中すること、すなわちイングランド人の生活が個人的であることである。われわれは、草花を愛する国民であるが、同時に切手収集家、鳩飼育家、素人大工、クーポン収集家、ダーツプレイヤー、クロスワードパズル・ファンの国民でもある。真に土着の文化はすべて、公共的であっても官僚的でないもの——パブやフットボールの試合、裏庭、炉辺、「一杯のおいしい紅茶」の周りに生まれる。個人の自由がいまでも、ほぼ一九世紀と同じくらいに信じられている。しかし、それは、経済的自由、つまり利益のために他人を搾取する権利とは無関係である。それは、自分自身のホームをもつ自由、暇な時間に自分の好きなことをする自由、つまり上から押しつけられるのではなく、自分で自分の楽しみを選ぶ自由である。

これは一九四〇年一二月号の『ホライズン』に最初に掲載されたものであるが、一九三〇年代に生まれた、園芸が得意なことを表す「緑の指をもっている」という口語表現が盛んに使われるようになるのも、この頃のことである。オーウェルがここでイギリス人の特性として語る「草花に対する愛着」は、「上から押しつけられるのではなく、自分で選んだ楽しみ」としての「園芸」である。それは、観光振興のための花による地域の美化活動、あるいは新しい庭園のデザインや新種の花を競う商業主義に利用された展覧会とは相容れないものである。その意味では、ブリテン・イン・ブルームやチェルシー・フラワー・ショーよりも、ナショナル・ガーデンズ・スキーム（NGS）によって主催されている、一定期間、公開された個人の庭を巡って楽しむ「オープン・ガーデン」というイベントの方が支持者が多いであろう。さきに述べたフラットの主人がしきりに勧めてくれたのもこの行事であった。

数々の名園とオープン・ガーデン――夏を楽しむ庭巡り

ナショナル・ガーデンズ・スキームはイングランドとウェールズを中心として、各地の名園や個人の自慢の庭を紹介し、入場料を主として看護事業の支援のために用いることを目的とする組織であり、毎年二月に審査に合格した庭を掲載したガイドブックである『イエロー・ブック』を発行している。草花の愛好家たちは夏の行楽シーズンの間、このガイドブックを参考に、目当ての庭を訪問するのである。庭の開園期間は必ずしも夏に限られているわけではないが、「オープン・ガーデン」を利用して庭を見学することは、花のシーズンである夏にイギリスの人々に人気のある余暇の過ごし方の一つである。

オープン・ガーデンのガイドブック『イエロー・ブック』

一九二七年に設立されたナショナル・ガーデンズ・スキームの掲げる「優れた庭を一般に広く公開し、一人一シリングの入場料を慈善事業に用いる」という「オープン・ガーデン」の趣旨は、ガーデニングに対する関心の増大もあって、広く受け入れられた。その後、新たな支援団体の参入や王室の人々の後援によって発展し、現在までに四千万ポンドの寄付金を集め、毎年五〇万人以上の人々が参加する行事となっている。王立園芸協会もこの活動に協力し、支援している。

「庭巡り」自体は、すでに一八世紀の風景庭園の全盛時代に存在していた。一八世紀の初めに、初代コバム子爵リチャード・テンプルがバッキンガムシャーのストウに所有していた屋敷の庭園を風景庭園に改造し、公開していたのである。一七四四年には、三〇ページに満たない小冊子ではあったが、ガイドブックも発行されていた。その後、ガイドブックは版を重ね、一七八八年には図版を入れてほぼ二倍のページ数になった改訂版も出ていた。庭園の見学者は、お茶を飲んだり、湖でボート遊びをしたりするだけでなく、望遠鏡で景色を眺め、彫像の説明文を読んで、庭園の見方を学んだのであった。

ちなみに、現在、ストウの屋敷は全寮制の学校の校舎として使用され、庭園はナショナル・トラストに移管されて、一般公開されている。一八九五年に歴史的建造物や自然景勝地の保護を目的として設立されたナショナル・トラストは、「ピーター・ラビットの絵本」でわが国でも有名なビアトリクス・ポターから彼女が湖水地方に所有していた広大な土地と農場を寄付されたことでも知られているが、ストウのほかにも二〇〇園に及ぶ歴史的な庭園を所有し、復元・保存して公開している。これらの庭の多くでも、王立園芸協会の協賛でフラワー・ショーが催されている。

ガーデナーの国・イギリス——王立園芸協会のめざましい活動

このように、王立園芸協会は、ブリテン・イン・ブルームや、チェルシー・フラワー・ショーをはじめとする数多くのフラワー・ショーの主催や後援のほか、ナショナル・ガーデンズ・スキームやナショナル・トラストの活動にもさまざまな形で関与し、イギリス人の園芸熱を押し上げるうえで大きな役割を果たしている。また、この団体は、園芸の振興に貢献した人たちに対する各種の賞を設けたり、『ガーデン』という機関誌を発行したりして、広く啓蒙活動を行っているほか、園芸関係の図書やジャーナルなどの膨大な資料を擁する図書館を運営し、一般に広く公開している。その活動に異論はないわけではないが、王立園芸協会は、王立動物虐待防止協会やナショナル・トラストなどと同じように、一九世紀になって近代市民社会の成立とともに続々と誕生した慈善団体すなわちチャリティーの一つであり、その後のイギリスの民衆文化あるいは市民文化を牽引してきたことは間違いない。

とくに、王立園芸協会のここ数十年の活動はめざましく、創立二〇〇周年を迎えた二〇〇四年の時点で会員数は三四万人を越えていた。その盛況ぶりについて、『エコノミスト』は同年七月三日号において、「園芸に夢中、花咲くイギリス――イギリス人は大切に庭を育てる。だが、世話をされているのはどっち」と題した、次のようなくだりで始まる記事を掲載している。

ナポレオンはイングランドを小商人の国と呼んだが、今日のイギリスの大通りの変わりようを見れば、イングランドはガーデナーの国と呼ぶ方がふさわしいであろう。今年創立二〇〇周年を迎えた王立園芸協会は国中に園芸熱を引き起こし、ガーデニングはすでに国民的な趣味・娯楽となっている。人口の一五パーセント以上がコンサーヴァトリー（温室）をもっており、テレビの園芸講師が国中で憧れの的になっている。この国では、ほとんど誰もがシャクナゲに一家言をもっている。

皮肉なことにブリテン・イン・ブルームは「フランス花のまちづくり」の運動にならったものであるとも言われるが、いずれにせよ、いまもなおトラウマのようにイギリス人の心に影を落とす、仇敵ナポレオンの屈辱的な言葉を持ち出し、オーウェルの言葉を敷衍するかのように、イギリスを「ガーデナーの国」と呼ぶことの妥当性を主張する文章には、イギリス人の強い自国意識の表れがある。

国民の間に深く根付いたこの民衆文化を、観光立国をはかる行政が利用した側面もあった。一九六三年に始まったブリテン・イン・ブルームのみならず、一九七九年には、英国政府観光庁は、この年を「庭園の年」と銘打ってさまざまな行事を展開した。アメリカの雑誌『タイム』が、同年七月二三日号の「ガーデナーの国——イギリスの夏は花が咲き競う」と題した記事において、庭園・園芸文化がイギリス文化の際立った特質となったことを報じている。

その記事はまず、「全能の神はまず庭に植物を植えた。実際、それは人間の娯楽のなかでもっとも純粋なものである。…人々は、まるでガーデニングが最後の仕上げであるかのように、壮大な建物をさきにして立派な庭を後回しにする」という、一六二五年に書かれたフランシス・ベーコンの庭園論の言葉を引用したうえで、「何世紀も彼の同国人はその岩だらけの小さな島をエデンの園の複製にするために最善を尽くしてきた。イングランドはガーデナーの国なのである。しかし、これほどに国民がこぞって庭仕事に熱中しているように見えることはかつてなかった」という言葉で本文を始める。そして、ロンドンのヴィクトリア・アンド・アルバート博物館で「庭園——イギリスのガーデニング千年を祝う」と銘打った展覧会が開催されていることに言及しながら、きわめて大ざっぱであるが、イギリスの庭園・花卉園芸文化の歴史を概観する。つまり、一七世紀にはオランダやフランスの庭園の影響を受けた整形庭園の時代があり、一八世紀の中頃にはそれに代わって、詩や絵画と融合し、自然と調和したイギリスの風景庭園の流行が起こり、やがて貴族や富裕な人々のみが楽しんだ大規模な庭園に代わって、近代市民社会の成立とともにガーデニングが大衆化したと述べる。その顕著な表れが一九二七年に始まったナショナル・ガーデンズ・スキームにあると言う。そして、「ガーデナーの国民」とは、自らの手足で土を起こし、好みの草花をこつこつと育てる「素人庭師」の文化があってこそ成立すると述べて記事を締めくくる。

イギリスの園芸文化の歴史は、「ガーデナー／庭師」(gardener) という語の含意の変化にも辿れる。「ガーデナー」について、『オックスフォード英語大辞典』は「庭の手入れをしたり、配置を考えたり、耕したりする者。とくに、庭の手入れと植栽のために雇われている使用人」と素っ気なく定義しているが、『ユニヴァーサル英語辞典』は、「職業として庭の世話をしたり、設計をしたり、植栽をしたりする人」という語義とともに、「楽しみのために趣味で庭仕事をする人、庭仕事や草花の扱いの上手な人」という語義を挙げている。つまり、職業として庭仕事をする者と、趣味として庭仕事を楽しむ者を別々に定義しているのである。これらの定義に含まれる「庭の手入れをするために雇われる使用人」「庭の配置・設計をする人」「趣味で庭仕事を楽しむ人」という三つの含意が、ガーデニングの辿った歴史を表している。

「ガーデナーの国(民)」(a nation of gardeners) という言葉は、このような「ガーデナー」という語の含意からも、また「国家/国民」を表す「ネーション」(nation) という語が使用されていることからも、あきらかに国民国家・市民国家の成立後に生まれた言葉である。つまり、自分たちを「ガーデナーの国民」「草花愛好家の国民」だとする意識は一九世紀半ばに生まれ、現在に至っていると考えられる。これは、自分たちを「動物愛護の国民」であると考える意識と同様に、イギリス民衆文化の特質を表すものであると言える。

自らを「動物愛護の国民」とか「ガーデナーの国民」と呼びなして誇る背景には、大英帝国の表象であるヴィクトリア女王あるいはアルバート公によって「王立」という冠辞を付けることを許された、王立動物虐待防止協会そして王立園芸協会の活動に見られる特質がある。チャリティーとして発足したいずれの協会の理念にも、「国民の文明教育」が盛り込まれている。創立二〇〇周年の式典の開催に当たって、王立園芸協会の執行部長のアンドルー・カフーンが「植物を育てることは人々の生活をよりよきものにすると信じている」と述べたように、ガーデニングの奨励には、社会改善の意図が含まれていた。このような文明化の背景には下層階級の暴力的な反逆を恐れる支配階級の危惧があるとする見方があるように、それは、産業社会の成立とともに新たに出現した階級間の支配・被支配の構造を内包していた。ガーデニングは、下層階級を大量飲酒や賭博、雄牛に犬をけしかけて遊ぶ牛攻めや闘鶏などの残酷な娯楽から遠ざける一つの手段でもあったのである。

本来は貧しい植物相の島

このように、「ガーデナーの国民」の誕生は近代市民社会の成立と軌を一にしており、大英帝国時代のイギリスの政治・経済システム、文化状況が大きく関与していた。自分たちの国が「ガーデナーの国」と呼ばれることを誇らしく思う自国意識が存在していたのである。しかし、草花を愛し、ガーデニングを楽しむ嗜好は、それ以前からイギリス人の心に深く根ざしていた。さきに見た雑誌『タイム』は、「ガーデナーの国」は、「岩だらけの島をエデンの園」に変えようとしてきたイギリス人の何世紀にもわたる営為のなかに辿れると述べているが、それは、ウィリアム・シェイクスピアの『リチャード二世』における台詞を思い出させる。追従者の甘い言葉に溺れたリチャード二世に叔父のランカスター公爵ジョン・オヴ・ゴーントが諫言する、憂国の情にあふれた台詞である。

イングランドの卓越した点を「軍人マルスの領土」「白銀の海にはめ込まれた宝石」などのさまざまな換喩で並べ立てるのであるが、そのなかに「この世のエデン、地上のパラダイス」という言葉も現れる（第二幕第一場）。ここでの「エデン」や「パラダイス」には、かくあれかしと願うときの「楽園」の意味以上に特別な含意はないかもしれない。しかし、その後のイギリスの歴史を俯瞰してみると、『タイム』の記事の「岩だらけの島をエデンの園に変えた」とする表現は、当を得ていると言える。確かに、この国の歴史は、ある意味では、岩だらけの島に外国から植物を移入し続けた歴史であると言えるからである。

実際、チェルシー・フラワー・ショーから外国産の花卉を取り去れば、その華やかな光景は、すっかり物寂しいものになるであろう。イギリスの園芸植物のうち在来種は、オダマキ、ツゲ、ヒナギク、スイセン、ラッパズイセン、ノバラ、スミレの七種類にすぎないという指摘がある。草花に限らず、イギリスの植物のうち四分の一以上が外来種であるとも言われる。樹木について言えば、イギリス土着のものは、七一属、およそ二〇〇種にすぎず、そのうちの一〇〇種はヤナギ、バラ、キイチゴの類であると考えられている。

ロンドンをはじめとするイギリスの都市の街路樹や公園では、プラタナスやシカモア、セイヨウトチノキ、リンデンなどが、いずれも巨木になって、古い町並みに溶け込み、イギリスの風景を作っている。しかし、これらの樹木がイギリスで一般に知られるようになるのは、一六、一七世紀になってからのようである。セイヨウトチノキは一五五〇年頃にイングランドに移入されたと『オックスフォード英語大辞典』に記されており、庭木や並木として植樹されたリンデンに言及する同辞典の用例は一六世紀、その別称である「ライム」に言及する用例は一七世紀になってからのものである。

なぜイギリス在来の植物はこのように少ないのか。それは、ブリテン島の地理的な位置と気候の変化の結果である。漸新世および中新世以前には、現在の地球上の温帯地帯がそうであったように、当時はまだ大陸と陸続きであったブリテン島地域の気候は熱帯に近く、チリマツやセコイア、あるいはイチョウのような植物が繁茂していたと言われている。その後、次第に現在の温帯の気候に近づき、それ以前の熱帯あるいは亜熱帯の植物は姿を消し、現在のヨーロッパの植生に近い植物がこの地域に広がっていたと考えられている。その後、氷河期が訪れ、わずかな例外的場所をのぞいて、ブリテン島の地域は現在のツンドラ地帯に似た、コケと地衣類のみがかろうじて生える厳しい気候に襲われる。氷河期は間に温暖期をはさんで四度訪れ、その度に北方と南方の植物が勢力を伸ばし、植物の種類はある意味では豊かさを増したと考えられる。

バースの環状交差路中央のプラタナスの巨木

諸説あるが、紀元前四五万年頃には、大陸と陸続きであったこの地域にも人類は渡ってきていたと考えられている。旧石器時代の紀元前一万八〇〇〇年頃は、まだ気候は寒冷で、矮性《わいせい》のカバやヤナギが育っている状態であったが、次第に温暖化が進み、やがて現在よりも湿潤で温度も高い気候の時代に入り、オーク、ニレ、カバが現在よりも北方の地域にまで植生を拡大していたと考えられている。

温暖化に向かいつつあったこの時期の紀元前九〇〇〇年から六〇〇〇年頃にかけて、イギリスの植生の特質を決定する大きな出来事が起こる。大陸とこの地域を結びつけていた陸橋が姿を消すのである。その結果、大陸からの植物の移動は途絶える。鳥や風、あるいは海流によって運ばれてくるまれな事例も皆無とは言えないであろうが、基本的にはブリテン島の植生は大陸から隔絶したこの時代の植生にとどまったのである。「土着」と断定するのにはさまざまな問題をはらんでいるとされるが、イギリス土着の植物の種類の少なさはこのような事情による。

それでは、土着の植物以外の、もともとは外来種であるが、いまではすっかり「イギリスの植物」として定着している植物はどのようにしてやってきたのであろうか。さきに述べた先史時代の地理的な歴史によるブリテン島の植生の変化に加えて、マイルズ・ハドフィールドは『イギリス造園史』(一九六二)において次のような説明をする。

一般的な歴史と同様、ガーデニングにおいても、心の片隅においておかねばならない、われわれの島の位置がもたらす地理的な重要性がほかに二つある。一つは、見過ごされがちだが、イングランド南東部は非常に明確にヨーロッパの一部であり、ヨーロッパの出来事の主流から完全に切り離されることは決してなかったという重要な事実である。もう一つは、より明白なことであるが、テューダー朝の時代からわれわれは船乗りや貿易商人として卓越していたことである。

意図的であろうとなかろうと、その後の豊かな外来植物の豊穣な移入は、人間によってもたらされたのである。この植物の移入の過程は、イギリスの政治・経済の歴史、異文化交流の歴史を物語るものになっている。船員たちはアホウドリの不思議な話だけでなく、好奇心の強い者や飢えた者のために植物の根や種を持ち帰ったのだった。

もともと貧相な植物相の島であったために豊かな植物相への渇望が強かっただけでなく、庭園や植物の関心においても大陸諸国に遅れをとっていたこと、そしてこのヨーロッパの辺境にあった島国が海洋国家として大帝国を築いたこと、このようなイギリスの歴史がまさしくこの国の庭園や園芸の在り方を形成したと言える。

一九一一年に出版された『イングランドの歴史』の巻末に、次のような詩行で始まるラドヤード・キプリングの「庭の栄光」と題された詩がある。

われらがイングランドは、壮大な景色に満ちた庭。
縁取りの植栽、灌木、芝生そして並木道、
テラスには彫像が置かれ、クジャクが誇らしげに歩く。
しかし、庭の栄光は目に見える以上のもののなかにある。

第一次世界大戦のさなかに出版された歴史教科書に加えられた、オーウェルによって「イギリス帝国主義の伝道者」と呼ばれたキプリングのこの詩には、シェイクスピアの『リチャード二世』におけるゴーントの憂国の情あふれる台詞と同様に、愛国的な自国意識に訴える意図が含まれている。ナショナル・アイデンティティとしてイングランドの庭が称揚されているのである。そして、現実に、観光名所となっている数々の名園や、オープン・ガーデンで一般に開放されている三〇〇〇件を超える庭のほか、公園やひっそりと楽しまれている個人の庭などを含めて、イギリスでは国土の六〇分の一に当たる一〇〇万エーカーを庭が占めているという推算もある。このようなガーデナー大国がいかにして誕生したか、その歴史を辿ってみよう。

第一章

海を越えてやってきたもの（一六世紀以前）

*ローマ占有時代からノルマン征服までの庭と植物

ブリタニアのローマ風庭園

イングランド南部、ウェスト・サセックスの州都チチェスターの西三キロほどのところにあるフィッシュボーンの村で、一九六一年に、水道工事の作業員が大昔のものだと思われる建物の断片を発見した。その周辺では一九世紀の初めにも何度かローマ時代のものと見られる白黒のモザイク模様の敷石が発見されたことがあったが、調査はなおざりで、正確な発見場所も不明になっていた。しかし、このときは、チチェスター市当局によって発掘調査が行われ、その結果、ローマ時代のヴィラが存在していたことが明らかになった（左上図）。この地域は紀元前一世紀に始まるローマ軍のブリタニア遠征における重要拠点であったことが知られており、古代ローマ時代の遺跡がこの地にあっても何ら不思議はなかった。

さて、その後本格的な発掘が進むにつれて、二〇〇〇年近くの時間を経てその全容を現したこのヴィラには、次のようなローマ風の整形庭園が造られていたことも明らかになった。

ローマ時代のヴィラの想像模型（フィッシュボーン・ローマン・パレス展示）

この宮殿の四つの翼は整形庭園として設計された矩形の空間の周りに配置されていた。玄関ホールと接見室をつなぐ広い通路が中央部を横切っていた。一方、そこから細い小径が庭の四面を取り囲むように延びており、すべての小径の横には、粘土と砂利の土台の上にていねいに泥炭土を敷いて肥沃にした狭い溝が走っていた。この溝によって、かつてそこに生け垣のあったもともとの配置が明らかになった。生け垣で縁取りされた小径は、当時の文献に記載されているローマ庭園の多くに共通する特徴であった。プリニウスはしばしばツゲの生け垣について述べている。しかし、フィッシュボーンの生

け垣にツゲが用いられた可能性はあるが、確証はない。（バリー・カンリフ『フィッシュボーン・ローマン・パレス』参照）

さらに、西側の柱廊の前には、花木や灌木を支えるために支柱を立てた痕跡のある、ほかとは違う土壌の溝があることから、単調さを避けるために異なった種類の植物を植えた、さまざまな形をした花壇があったとも考えられている。また、その他の発掘状況から、噴水池あるいは噴水盤に水を導く陶器の配水管が敷かれていたこと、建物の南側の海へ向かって下るなだらかな斜面には、建物内の整形庭園とは趣の異なる、植物が無作為に植えられた自然な庭が広がっていたことも推理される。

当時のローマには、帝国のあらゆる場所から珍しい植物を集める収集家や種苗業者が存在し、市内の家々の庭には草花が植えられ、植木鉢で花を育てる園芸文化が成立していた。また、裕福な者たちは郊外に邸宅を構え、そこで「素朴な田舎の生活」を楽しむような習慣があった。辺境の地に駐留していたローマの軍人や要人たちが、当時故国で流行していた庭園を造った可能性は当然考えられる。

また、このような支配者の文化を取り入れようとする動きが、原住民のブリトン人の間にあったとしても不思議ではない。タキトゥスの『アグリコラ』は、七八年から八四年までブリタニアの総督であった岳父アグリコラの業績を記したものであるが、アグリコラが武力によってのみならず、有力者の子弟にはギリシャ・ラテン語や雄弁術を学ばせるなど、ローマ風の文化を教示することによっても見事な統治を行ったと称揚している。やがて、ローマ風の市民服が流行し、浴場での遊興、饗宴に耽るブリトン人が現れたという。この巧妙な支配の方法をブリトン人は「文明開化」と呼んでいたという。ローマ風の庭園もそのような「文明開化」を誇示する方法の一つであったと考えられる。

ローマ風庭園の遺跡は、イングランド南西部のグロスターシャーのチェドワースやグレイト・ウィットクーム、南東部のオックスフォードシャーのノース・リー、ケントのラリングストーンなどイングランド各地に遍在している。その多くはローマ軍の撤退とともに荒廃し、忘れ去られ、一八世紀以降になって発掘されたり、再調査されたものである。ローマ風の整形庭園は一七世紀まで大陸ヨーロッパの庭園に影響を及ぼしていたであろうが、少なくともイギリスではその伝統はローマ軍の撤退とともに途絶えたと考えられている。

森の民ブリトン人の文明化

ローマ占有時代のブリタニアでローマ風ヴィラが造られる以前に、この島に居住していた人々が庭を有していたか、あるいは草花を育てる園芸を楽しんでいたかどうかは不明である。紀元前六〇〇〇年頃までには現在のブリテン島にあたる部分は大陸から分離するが、それ以前に採集狩猟生活を行う人類が存在したことは考古学的な資料によって確かめられているし、その後も大陸から移住する人々はいた。紀元前四〇〇〇年頃には農耕・牧畜が始まり、紀元前三〇〇〇年頃には、農作物をはじめとするさまざまな物資の交流も起こっていたと考えられている。紀元前二二〇〇年頃から二〇〇〇年頃には中央ヨーロッパからビーカー族の侵入があり、そのほかの部族の侵入も断続的に続いた。紀元前七世紀頃からケルト族の大移動が始まり、ブリテン島にも波状的にケルト族の侵入があった。ケルト族は鉄製武器によって勢力を拡大したが、定住したケルト人たちは、鉄製の鍬《くわ》や鋤《すき》を利用して農業の生産力を高め、農耕・牧畜に従事した。

そして、紀元前五四年および五五年に、ローマ軍の将軍カエサルがこの地に侵攻したが、彼の残した『ガリア戦記』には、当時ブリテン島南部に定住していたケルト人、すなわちブリトン人について、「彼らは穀物を栽培しておらず、ミルクと獣肉を主食としていた」と記述されている。また、大プリニウスの『博物誌』には、ブリトン人が森の民であることが、森の原始性とからめて言及されている。また、生活雑器である木製の皿や鉢に唐草模様を施し、オークの木に着くヤドリギのもとで儀式を行った風習があったと考えられることから、植物の生命力や美しさに関心をもつ想像力豊かな人々であったと考えられている。それまでにブリテン島に移住した人々同様、ケルト人も文字をもたなかったため、これらの人々とともにどのような植物がもたらされたかは定かではない。

『ガリア戦記』や大プリニウスの『博物誌』などにより、ローマ軍侵攻時代のブリテン島南部は深い森に被われた、未開の地であったと考えられがちであった。しかし、カエサルの同時代人であるディオドロスの『歴史叢書』には、ブリトン人は祝祭のときには「オオムギ、ハチミツ、リンゴなどを原料にした酒を飲んでいた」と記載され、一世紀のディオスコリデスの『薬物誌』にはオオムギから作られた「クルミ」という酒を飲んでいたことが記述されている。オリヴァー・ラッカムの『田園の歴史』（一九八六）によれば、ローマ時代のブリタニアは、森に呑み込まれるようにわずかな開拓地が点在する地域ではなく、かなりの耕作地の広がる地であったという。

タキトゥスの『アグリコラ』には、「ブリタニアの気候は絶え間のない雨と霧で陰鬱であるが、…土地は肥えており、ブドウやオリーブなどの温暖な土地を好むもの以外は、どんな植物もよく育つ」とある。北辺の地に配置されたローマ人は、ローマ道の宿駅ごとにパブの起源の一つであるタバルナという飲酒施設を造ったし、バースなどあちこちにローマ風の温泉浴場を造った。そのようなローマ人が遠く離れた故国の懐かしい果物や野菜、遠征の途次に知った珍しい植物をこの地に持ち込んだことは大いに考えられる。

ハドフィールドは『イギリス造園史』において、当時ローマで美食家たちに珍重されていたキャベツや皇帝ネロの好物であったリークのほか、タマネギやニンニク、アーティチョーク、キュウリ、アスパラガスなどの野菜をローマ人がイギリスにもたらしたと推測する。このほかに、カブやラディッシュ、レタス、ケールなどの野菜や、クリやクルミ、アーモンド、アプリコット、マルメロ、プラム、イチジク、クワ、カリン、サクランボなどの果樹、ディルやマジョラム、パセリ、マスタードなどのハーブ、さらには、実利的な植物だけではなく、ユリやバラなどの草花も持ち込まれたと考える歴史家もいる。

一六、一七世紀のテューダー朝になってイングランドの国力が増大し、自国意識の高揚が見られるようになると、自らをローマ人の末裔として、ローマ帝国の再現を夢見る言説があらゆる分野に見られるようになる。ローマ帝国はまさしく、文明化の使命をもつものとして自らを定義し、世界中にその勢力を拡大した大英帝国の手本であった。そのような帝国の痕跡が、ローマ風ヴィラの遺跡だけではなく、日常生活で広く見られる野菜や果物、庭の草花にも残っているのである。

アングロ・サクソン語化した植物名

四一〇年にローマ軍が撤退した後、アイルランドから侵攻してきたケルト族のスコット人がブリテン島に定住し、ブリタニアではブリトン人の諸部族の間で勢力争いが起こり、小王国が乱立する状況になる。一方、大陸各地からゲルマン系のアングル人、サクソン人、ジュート人が侵略を繰り返すようになる。やがて、六世紀頃にはアングロ・サクソン人がブリテン島の東部、中部、南部を占領し、ケルト系のブリトン人はウェールズやコーンウォールなどの西端の地域や北部地方に追いやられる。「アングル人の土地」を意味するイングランドが形成されてゆくのである。

当初アングロ・サクソン人も多くの部族に分かれて抗争を繰り返すが次第に統合が進み、九世紀に入るとウェセックスが大きな勢力をもつようになる。一方では、この頃、北方からヴァイキング（デーン人）が侵攻を繰り返し、これに対してウェセックスのアルフレッド大王が、アングロ・サクソン人の勢力を結集して立ち向かう。しかし、結局デーン人の撃退は徹底せず、いわゆるデーンロー地域を認める平和共存策がとられる。デーンロー地域の制圧を含めアングロ・サクソン人を中心勢力としたイングランド王国が成立するのは、九七三年にエドガー王がイングランド王として戴冠してからである。

この時代のアングロ・サクソン人は植物に対して格別の関心をもっていなかったし、園芸の趣味もなかったとされる。『アングロ・サクソン年代記』をはじめ、韻文作品、遺言状や証文などの日常生活における古文書には、戦闘や酒盛りを題材にした詩歌はあるものの、庭園や草花を愛好する園芸についての言及はなく、強いて言えば、薬草の効能を記し、その霊験のあらたなることを願う「九つの薬草の呪文」があるくらいであるとハドフィールドは指摘する。

しかし、ローマ時代にもたらされた食用植物や草花が、すでにこの国にしっかりと根を下ろしていたことは、九九五年頃に編纂されたラテン語教科書のなかに、日常生活で使われる語彙として、ローマ人によってもたらされ、アングロ・サクソン語化した名前をもつおよそ二〇〇種の植物が含まれていることからもうかがえる。たとえば、パセリー（parsley）は、アングロ・サクソン語ではpetersilieであり、ラテン語のpetrosilenumに由来するものである。同様に、イチジクはficus→fic beam→fig、ナシはpirus→pirige→pear、ユリはlilium→lilige→lily、バラはrosa→ro-se→roseと変化した、いずれも、アングロ・サクソン語を経て、現代英語に至っているラテン語起源の英語である。このことから、ローマ人のもたらした植物が人々の口や眼を楽しませていたと考えられるが、この時代に、アングロ・サクソン人やデーン人、そして僻地に逃れたケルト人の間に、庭園や園芸に関する独自の文化が存在していたことを示す資料は見あたらない。しかし、サクソン人の支配者がキリスト教に改宗し、各地で修道院の建設が始まるようになると、新たな形で園芸が姿を現すことになる。

キリスト教の布教活動において、修道院が大きな役割を果たした。修道士たちが僻地に赴いて、荒地を開墾し、布教活動を行ったのである。耕すことは教化と同義であった。この時期のイングランドにおける修道院の生活について語る資料は乏しいが、大陸における修道院の生活からその様子をうかがうことできる。修道士たちの役割は率先して働き、思索することであった。つまり、畑を耕し、家畜を育て、自給自足の生活を行い、人々を啓蒙することであった。この時代の植物への関心は穀物や野菜などの食用植物の栽培にあったが、ハーブについての知識を深め、薬効の優れた植物を捜し出し、それを普及させることも修道院の重要な使命であった。そして一一世紀の中頃、イングランドの社会を大きく変化させる出来事が起こり、修道院の役割は増大する。

ノルマン征服のもたらした変化

一〇六六年、ノルマンディー公ギヨーム二世がイングランドに侵攻し、ウィリアム一世として即位する。ノルマン征服である。それまでのケルト人、ローマ人、アングロ・サクソン人、デーン人に加えて、ノルマン人がブリテン島に移住したが、それは、ノルマン人が大挙襲来してアングロ・サクソン人が追放されたというものではなく、いわば支配者の交代であった。

ノルマンディーの貴族たちは、もともと、アングロ・サクソン人やデーン人と同じくゲルマン系のノルマン人の子孫であるが、フランス北西部のノルマンディーに移住して一〇〇年ほど経ち、風習、言語ともにフランス化していた。それまでのイングランドではゲルマン文化の影響が強かったが、フランス文化がこれに取って代わることになり、政治的にもフランスと深く関連することになる。新しい統治システムが持ち込まれ、ノルマンディー方言（ノルマン・フレンチ）が法廷や公文書などに用いられただけでなく、文化的な語彙を中心に、多くのフランス語が英語に流入した。たとえば、動物の「豚」や「牛」と区別して、料理用の食肉を表す「ポーク」や「ビーフ」が用いられるようになった。これは、家畜を育てるイングランドの被支配層とそれを食用としたノルマンディーからやってきた支配者という社会構造を表しただけでなく、日常的な事物を表すゲルマン系の言葉に対して、文化的な事物を表すラテン系の言葉の混在という英語の特徴を示すものでもあった。それはとりもなおさず、イングランドにおける、ゲルマン系の北方文化とラテン系の南方文化の融合を意味するものであった。

しかし、庭園や園芸に関しては、ノルマン人は、かつてのローマ人ほどの変化をもたらすことはなかった。ウィリアム一世は、王位を手にするとすぐさま検地を行い、最後の審判《ドゥムズデイ》と同じくらいに厳しいということに由来する『ドゥムズデイ・ブック』を作成する。しかし、そこにはおよそ四〇カ所のブドウ園についての記述はあるが、庭園や植物文化への関心を示すものはないという。一五世紀末あるいは一六世紀初めまでは、いわゆる庭園あるいは花卉《かき》の審美的な観賞の文化はイングランドには存在せず、庭仕事や園芸は、果物や野菜、ハーブ、薬用植物を栽培すること、せいぜいで教会への供花や祭礼の飾りのための花を育てる程度ではなかったかと考えられている。

ウィリアム一世は、サクソン人の反乱領主から取り上げた土地を臣下に分け与え、その支配を強化した。この封建制をその後の王たちも取り入れたが、同時に、ノルマン人の王たちは、修道院を庇護することで王権の浸透をはかったため、それまでのベネディクト派の修道院に加えて、オーガスティン派、シトー派なども布教を始めた。中世を通じて、庭園文化、園芸、植物への関心において大きな役割を果たしたのは、修道院であった。

*……修道院の庭

思索の庭——修道士たちの瞑想の場

当時の修道院において、庭が大きな役割を果たしたことは、ケンブリッジのトリニティ・コレッジの図書館に所蔵されている、イングランドにおけるもっとも古い部類に属する修道院の庭の素描にうかがえる。一一六五年頃のカンタベリーのクライスト・チャーチの修道院の庭の給排水工事のための見取り図（次ページ）である。建物と回廊に囲まれた中庭には薬草園があり、堀の内側に養魚池があり、果樹が植えられている。塀の外側には、より広い果樹園やブドウ園がある。このような修道院の庭のパターンはノルマン朝初期以降、宗教改革時代までほとんど変わらなかったという。

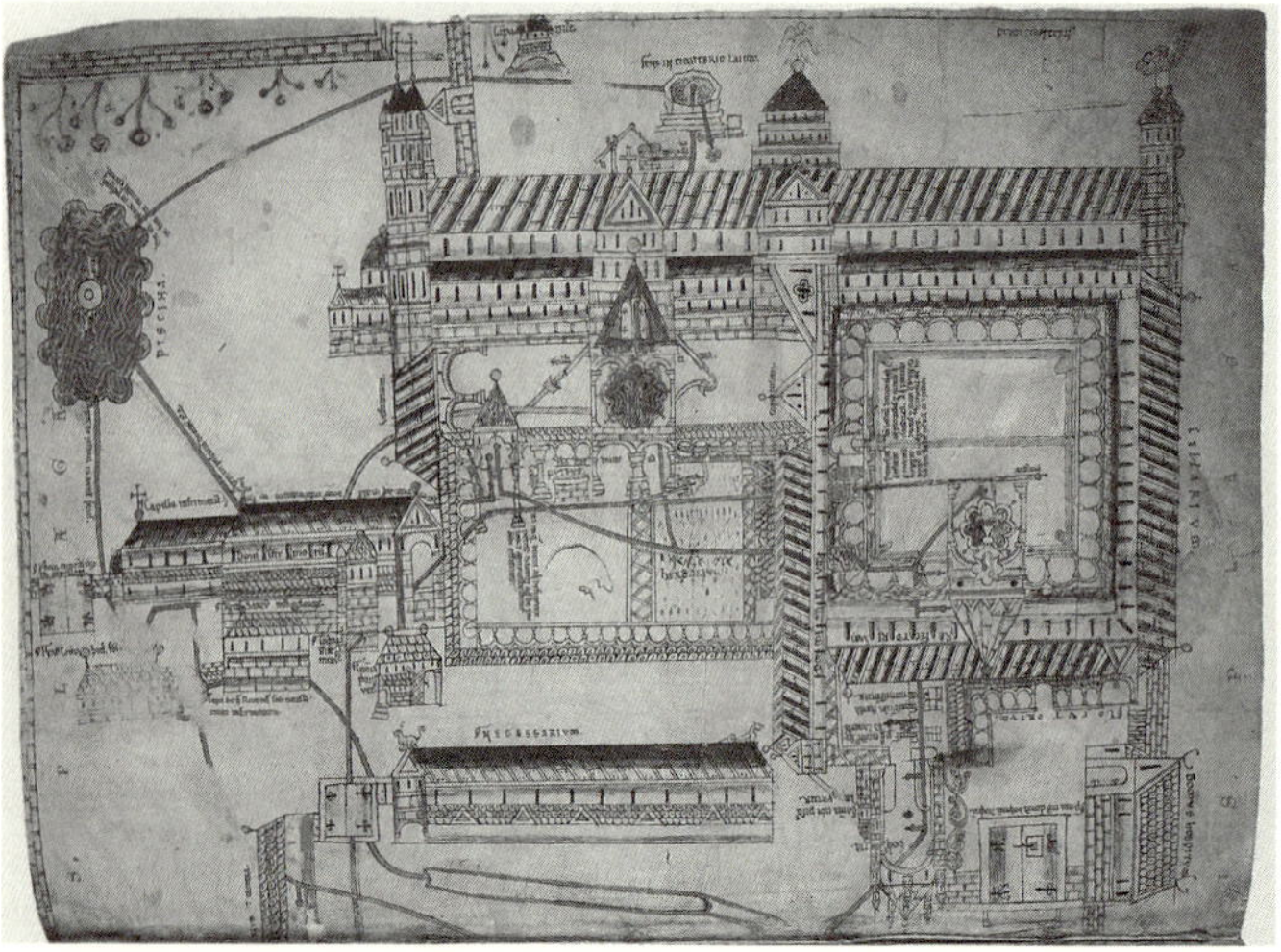

カンタベリー、クライスト・チャーチの修道院の庭の見取り図（部分）。建物と回廊に囲まれた中庭が描かれている。中央部の中庭は二分され、右側は薬草園になっている。図面左上の楕円体は養魚池。下部に続く省略部分には、果樹園とブドウ園が描かれている。

なかでも、修道院には、「思索のための庭」が不可欠であった。

男子修道院（モナストリー）や女子修道院（コンヴェントあるいはナナリー）に対して、男女双方の修道院を表す語に「クロイスター」がある。これは、本来は「閉じ込められた場所」を意味する語で、「修道院」そのものや「修道院生活」を表すが、同時に修道院内の「回廊」あるいは回廊に囲まれた「中庭」を意味する。このスペースは、修道僧の寝室、集会場、食堂をつなぐ場所であり、修道院における生活の中心とも言える場所であった。修道僧の個室もこの庭に面しており、窓辺での瞑想や読書に好都合になっていた。小径によって仕切られた芝生や砂利の方形の空間が主体で、ときには草花が植えられたり、中央に噴水が置かれたり、木陰を作るためにイチイの木が植えられたりしていることもあった。

手入れの行き届いた芝生の庭はいまもイギリス人の自慢の一つであるが、それを如実に物語るエピソードが、イギリスのパブリック・スクールの生活を描いた名著、池田潔の『自由と規律』に語られている。ケンブリッジのトリニティ・コレッジの庭で、参観に来たアメリカの大富豪が見事な芝生に感嘆し、そこでローラーを押しているみすぼらしい身なりの園丁にチップをつかませて、芝生の手入れの秘訣を尋ねる。園丁は、「水をやりなさい」「ローラーをかけなさい」と答える。要領を得ない返事にむっとした富豪がさらにチップをはずむと、園丁は「それを毎日繰り返して、五〇〇年経つとこうなるのだ」とことともなげに答える。その園丁が実はトリニティ・コレッジの学寮長で、真空放電の研究でノーベル賞を受けた実験物理学の泰斗、勲爵士J・J・トムソン教授であった。二〇世紀に入ってアメリカが大国として台頭し、イギリスの斜陽が次第に明らかになってきた時代におけるイギリス人の自国意識を表すエピソードでもあるのだが、芝生の庭に対するイギリス人の愛着を明らかにするものである。

「芝生」(lawn)は、「森のなかの開かれた空間」を表すフランス語に由来する語で、一三世紀頃から修道院の中庭の芝生を示すのに使われるようになったとされている。建物や塀に囲まれたこの空間は、瞑想の場として重要な役割を果したのであった。西欧の大学の中庭にいまも見られる「思索の場」は、もともと僧院のものであった。修道僧には、また、それぞれに専用の庭が与えられており、庭仕事は瞑想や祈りとともに重要な日課であったという。

自給自足の庭――外国の植物が持ち込まれた菜園

今日のキッチン・ガーデンの原型とも言える菜園も、修道院の重要な要素であった。一九世紀初めに活躍した政治改革論者で、園芸愛好家でもあったウィリアム・コベットの『イングランドの庭師』(一八二九)には、故郷のサリーにあるシトー派の修道院、ウェイヴァリー・アビーの菜園についての回想がある。一二世紀初めに創設されたこの僧院は、何度も破壊の憂き目にあっていたにもかかわらず、牧草地や養魚池も備えた往時の姿を十分に伝えていた。適度の湿度を保つ川辺にあって、日光の恵みをふんだんに受ける、水はけのよい南向きの斜面にあるこの菜園では、背後の丘と高い塀によって北風が遮られ、モモやアプリコットが豊かに実り、野菜はいち早く成長したことが想像できたという。

金曜日に食べる魚を育てる養魚池や、サイダー(リンゴの果実酒)やペリー(ナシの果実酒)を作るための果樹園を含め、菜園は、日々の食料のほぼすべてを僧院内でまかなわねばならない自給自足の生活には不可欠であった。しかし、修道院は決して閉じられた場所ではなかった。信仰をともにし、ラテン語という共通の言語を用いる修道士たちにとって、大陸との交流は日常的なものであり、菜園にも外国の有用な植物や珍しい植物がもたらされた。今日イギリス人の食卓にのぼる野菜や果物のなかにも、修道院の菜園を通じて入ってきたものが数多くある。

シェイクスピアの『冬物語』に、羊の毛刈り祭りの祝宴の準備をする道化の「ウォーデン・パイに色を着けるのにサフランも買わねばならない」という台詞がある。現在のイギリス人にとっても懐かしいデザートであるウォーデン・パイに使われるウォーデン種のナシは、一四世紀末にブルゴーニュからベッドフォードのウォーデンにあったシトー派の修道院に持ち込まれたものであると言われている。また、サセックスの小さな修道院のトマス・ア・ベケットという修道僧は、ローマへの巡礼の際に、イチジクの新しい種類をイタリアから持ち帰ったとされている。ほかにも、十字軍の遠征に参加したオーガスティン派やシトー派の修道僧は、パレスチナに自生していたアネモネやヒナゲシなどを持ち帰ったと言われている。

修道院において、果樹園や菜園、薬草園の管理を引き受けた修道僧は「ホーチュラヌス」あるいは「ガルディナリウス」と呼ばれ、彼のもとにはその指示で働く一団の修道僧や雇い入れの労働者がいた。一方で、ホーチュラヌスは、僧院内での自給自足的な食料だけでなく、院内の床にまく敷き藁やハーブなどの手配をする「セラーラー」と呼ばれる用度係の指揮下にあった。セラーラーは、院外の雇い入れの庭師も差配した。フランシス・エイダン・ギャスケイの『イングランドの修道院の生活』(一九〇四)によれば、この庭師の主たる仕事は、「冬と春には週に四日、修道院にハーブを切らさないようにすることであり、頻繁に台所をのぞいて必要な物を確かめ、野菜やハーブをきれいに、料理ができるようにしてもってくること」であった。台所で使用する食材を自給自足的に栽培する伝統は残っていたであろうが、組織が大きくなるとともに変化も生じていた。逆に、院内で使い切れない作物を市中で販売することもあった。

薬草園――治療院としての修道院

中世の僧院の果たしたもう一つの大きな役割に、薬草の収集と栽培があった。すでに物知りの主婦たちによって薬草は民間療法に用いられていたし、一方では付属の薬草園をもつ病院も存在していた。しかし、この時代に、各地で現在の病院の役割を果たしたのは、修道院であった。

修道院の多くは、身体の弱った人や病人のために救護院を備えており、ここで使用する薬草を栽培する庭をもっていた。薬草の利用は、最初はおそらく、近在の野原で効能のある野草を採集することから始まった。やがて、頻繁に利用される効能あらたかな薬草は、修道院の庭に移植されて大事に育てられたし、修道院間で種子や挿し穂の交換も行われた。修道僧たちは、薬草園で育てた薬草を乾燥させて保存し、さまざまな症状に合わせて使用したし、外国から乾燥した薬草を入手することもした。「薬」や「麻薬」を意味する英語の「ドラッグ」は、「乾燥した物」に由来するという説もある。

当時のイングランドの薬草園について語る資料はイギリスにはほとんどないが、おおよそ大陸の園芸に準ずるものであったと考えられている。庭園設計家で庭園史の研究者でもあるローズ・スタンディッシュ・ニコルズは『イングランドの快楽の庭』(一九〇二)において、スイスのセント・ジャイルズの修道院の古い見取り図に基づいて中世後期の修道院内の薬草園についてまとめ、「薬草園は、治療に携わる僧たちの居住棟の間近に位置していた。一六区画の長方形の植え床が配置され、ハッカ、ローズマリー、白ユリ、セージ、ヘンルーダ、グラディオラス、メグサハッカ、コロハ、バラ、クレソン（オランダガラシ）、クミン、ラビジ、エゾヨモギギク、インゲン、フェンネル、キダチハッカが栽培されていた。すべて医療に有用なハーブと見なされていた」と述べている。教団という大きな組織で動いている修道院の性格からして、イングランドの修道院の薬草園もおおよそこのようなものであったと考えられる。ただ、当時の薬草の世界には、引き抜くと悲鳴を上げるという伝説のある劇薬のマンドレイクのような、神秘と魔法の世界に属する植物も含まれていた。

民間治療において不確かな情報が流布していたなかで、薬草についての詳しい知識を伝えたのは修道僧であった。薬草についての知識の根幹には一世紀に活躍したギリシャの医師ディオスコリデスの『薬物誌』があったが、イギリスにおいては、『黄金の馬』で有名な二世紀の帝政ローマの作家アプレイウスによって補完されたラテン語版を底本としたさまざまな写本が存在していた。その土地の植物を加えるなどした、たとえば一一世紀後期のベリー・セント・エドマンズの修道院の僧による写本には、彩色

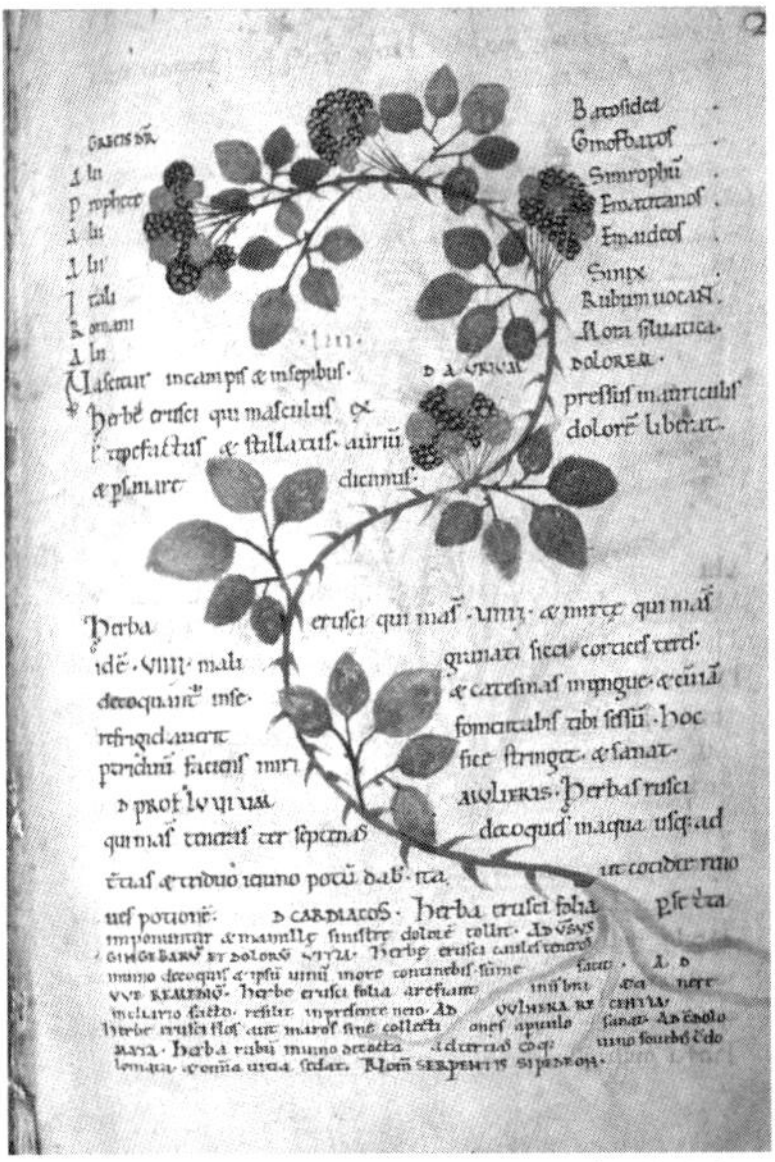

『薬物誌』のベリー・セント・エドマンズ修道院版写本に掲載された「ブラックベリー」の挿絵

された、その土地の植物の挿絵が加えられていた。

一二世紀の中頃には、ハンティンドンの大助祭、ヘンリーによってラテン語の韻文による「薬草誌」が書かれたし、一三世紀の初めには、サイレンセスターのオーガスティン派の修道院長、アレグザンダー・ネッカムによって『事物の本性について』がものされた。この書物は、あらゆる事物について記した百科全書の類であり、園芸植物や野菜、薬草についても触れている。実際にはイングランドの気候のもとでは育たない植物も含まれており、大陸の文献に依存している部分も多く、この本自体は、現代では「科学でも芸術でもないもの」とも評されているが、修道僧たちによって培われ、文字化された薬草についての知識は、次第に蓄積されて、一六世紀の活発な本草誌の出版につながった。

*……世俗の庭

快楽の庭――富裕層のかぐわしいくつろぎの場

さきに、ウェイヴァリー・アビーの菜園について語るコベットの説明を見た。故郷での少年時代に対する郷愁もあっただろうが、コベットは、創設当時を彷彿されるその菜園跡は、光と水に配慮した、世界中でもっとも美しい、興味深い場所であったと述懐し、その後に訪れたイングランドのどの庭にもひけをとらないものであったと回想している。遅くとも一三世紀の初めには、ただ実用のためだけでなく、審美的な、あるいは精神的な庭造りが行われており、その菜園が、今日のコテージ・ガーデンにつながる意味を帯びていたことがうかがえる。

当然のことながら、修道院の中庭に草花や花木が植えられることもあった。一二世紀初め、ウィルトシャーのマームズベリー・アビーの修道僧で歴代の王の業績などを書き残した歴史家であったウィリアム・オヴ・マームズベリーは、「草花は芳香を放って生を謳歌し、…果樹の滑らかな枝は星に向かって伸びる。…ここには自然と人の技のせめぎ合いがある」という園芸の意義を認める言葉を残している。

一二六〇年頃にはドミニコ派の修道士、アルバータス・マグナスによって「快楽の庭」の定義がなされている。その二〇年ほど前に書かれたバーソロミュー・ド・グランヴィルの百科全書『事物の特性について』を援用したものであると考えられている。

快楽の庭は主として二つの感覚の快楽のためにあった。視覚と嗅覚であった。まず必要とされたのが、かぐわしい草花やハーブの花壇、そして果樹の木陰やブドウの蔓の茂ったパーゴラの下にベンチのある、美しい芝生の庭であった。中央に噴水があり、水が石の水盤に軽やかな音を立てて流れ込む庭が最高であった。芝生の庭は、よく茂った芝草で一面におおわれねばならない。大きな木づちで叩き、足で踏み固め、もはや草には見えないようにする必要がある。

ノルマン人の時代になっても、ローマ占有時代のローマ風ヴィラの伝統が完全に消失したとは考えられず、芝生の庭と花壇、噴水などが何らかの形で存続していたのかもしれない。あるいは、快楽を求めるのは、人間の本性であるのかもしれない。いずれにせよ、修道院の求道的あるいは実用的な庭に、次第に審美的で娯楽的な世俗的要素が見られるようになる。そのなかで、草花や、果樹を含めた庭木を育てる今日的な意味での園芸を楽しむ庭が「快楽の庭」として現れるのである。

この頃になると園芸は市井の人々の間にも広がり、宮廷人や裕福な商人のなかに、壁やトレリス（格子垣）で仕切られた中庭をくつろぎの場として造る者が現れた。カンタベリーの大司教トマス・ベケットの書記であったウィリアム・フィッツスティーヴンの『ロンドンの描写』のなかにある「郊外に住んでいる市民は、家の周りやすこし離れたところに庭をもっている。大きな、美しい木がくっつくようにして植えられている」という記述からは、一二世紀末には、ロンドン市民が庭園や果樹園をもっていたことがうかがえる。

しかし、上流階級の間でブームとなった庭は、修道院の庭が世俗化したものというより、大陸の庭園文化の影響を受けたものであった。たとえば、ヘンリー二世は、ウッドストックにあった庭を、樹木を円錐形や球形に刈り込んだトピアリーの庭からバラの香りに包まれた塀と生け垣の迷路《メイズ》の庭に変えた。「ロザモンドの四阿《あずまや》」と呼ばれたこの庭は、中世騎士の武勇・恋愛物語であるロマンスの登場人物に擬して、愛人のロザモンド・クリフォードとの逢瀬を楽しむためのものであった。

また、実際にも、大陸の園芸文化がイングランドにもたらされた。エドワード一世の王妃エレナー・オヴ・カスティリャは、故国原産のスウィート・ロケット（ハナダイコン）を持ち込んだり、王と一緒に訪れたパレスティナからの帰途で見つけた「スペインのバラ」と呼ばれたタチアオイを持ち帰ったりするなど、多くの草花や果樹を移入した。彼女はまた、サリーのギルフォード・パレスでお抱えのイタリア人の庭師にさまざまな趣向を凝らした庭を造らせた。彼女の影響で、多くの貴族や司教たちの間に造園が流行したと言われる。

修道院から町に出た園芸と、上流階級を中心に大陸からもたらされた造園の流行が相まって、王侯貴族だけではなく、羊毛産業の隆盛のおかげで裕福になった地方の有力者や町の商人の間にも造園ブームは広がった。このブームを象徴的に物語るのが、ヘンリー三世の側近であったポーリン・ペイヴルの庭への執心である。卑しい身分から身を起こし、立身出世の階段を駆け上がったペイヴルが自らも広大な土地を入手し、造園を楽しんだことが、ベネディクト派の修道僧で、多くの歴史資料を残しているマシュー・パリスの『大年代記』に記されている。

現実逃避の庭――中世ロマンスの「秘密の花園」

一四、一五世紀は、苦難の時代であった。一三一五年の大飢饉の後、一三四〇年に百年戦争が始まり、一三四八年にイングランドに上陸した黒死病が猖獗《しょうけつ》をきわめた。一四五三に百年戦争が終わると、その余波で、今度はバラ戦争が始まった。人々は恐怖におののきながら暮らしたが、一方で、この恐怖は、世俗的な富の象徴としての派手やかな庭とは別の庭への渇望を生み出した。それは、修道院の隠遁の庭とは逆方向のものであったが、現実を逃避した想像力の庭という点では、中世ロマンスの愛の庭の伝統に与するものであった。

庭で「赤と白の花」の花輪を編むエミリー姫。ボッカチオ作『テセイダ』の1465年頃のフランス語版写本の挿絵

中世ロマンスにおいて庭は大きな役割を果たした。なかでも有名であったのが、一三世紀前半にフランスで書かれた、『バラ物語』である。それは、宮廷風恋愛の雰囲気のなかで「没落」を語る寓意物語《アレゴリー》である。花の五月、「恋する男」は、バラの衣装をまとった女性である「怠惰」によって開かれた木戸を通って、塀に囲まれた庭に招き入れられる。エデンの園と重ねられたこの庭には、花々が咲き乱れ、異国の果物がたわわに実っている。この「地上の楽園」で「恋する男」は、この庭の主である「歓楽」と楽しく時を過ごす。しかし、季節がめぐり、庭の花々は色あせ、愛は終わる。

一四世紀末に『バラ物語』を英語に翻訳したジェフリー・チョーサーの作品には、その影響が明らかに見られる。中世ロマンスでは、花咲く牧場を男女の愛の場として宮廷風恋愛が描かれるが、『善女伝』のプロローグでは、「五月の牧場で咲くすべての花のなかで一番好ましい花」であるヒナギクが称揚される。

また、『カンタベリー物語』における、ボッカチオの『テセイダ』を典拠にしたとされる「騎士の物語」では、エミリー姫をめぐる、いとこ同士の二人の騎士バラモンとアルシーテの恋のさや当てが、宮廷風恋愛の形で語られる。二人は牢獄の窓から、花輪を頭に載せて庭を逍遥するエミリー姫を見初める。しかし、五月の庭で摘まれた花輪の草花は「赤と白の花」とされるだけで、名前は明かされない。緑の衣装をまとったエミリー姫に草原や芝生のイメージがあるように、植物が寓意的な意味を帯びて描かれる中世ロマンスの流れを汲むこの物語において、「赤と白の花」も、現実の花ではなく、象徴的意味をもつ一つの小道具にすぎない。

「貿易商人の話」では、六〇歳を迎えた騎士のジャニュアリーが若い妻メイを迎える。冬の一月を表す老騎士ジャニュアリーは、木戸に鍵をつけた秘密の庭を造り、五月を表す若い妻のメイとこの「秘密の庭」で悦楽に耽る。しかし、メイはいつしか、若い執事のダミアンと通じるようになる。これは姦通愛を精神的なプラトニック・ラヴに高めた中世ロマンスの宮廷風恋愛のパロディーとも言えるもので、チョーサーにしばしば見られる、性愛の世界を暴露するものである。

このようにチョーサーの描く草花や庭の描写は、素っ気なく、中世ロマンスの寓意的な描かれ方に終わっていると言える。ただ、そこには、修道院の柱廊に囲まれた中庭の流れを汲むものであれ、中世ロマンスの「秘密の花園」の影響を受けたものであれ、周囲の世界から隔絶された別世界であるという庭のイメージが生まれていたことは確かである。世俗の庭には、日常生活の喧噪から離れた逃避の場所、距離をおいて日常生活を眺める一時的な隠遁の場となる一面があったが、さらに、それは、想像力のなかで、秘められた愛の場所の隠喩ともなったのである。

庭師と園芸書の誕生

しかし、皮肉なことに、このような現実逃避の文学を生み出した権力抗争の時代において、中世ロマンスの重要な要素であり、現実における権力拡大の重要な手段であった政略結婚が、イングランドの庭園と花の文化を大きく拡大させる。まさしく、政治的な婚姻関係によって、エドワード三世の領土は、一三四〇年代、ピレネー山脈にまで達し、その宮廷は芸術と音楽にあふれ、王宮の庭園は華やかに彩られるのである。エドワード三世の王妃、フィリッパ・オヴ・エノーは花が好きで、ローズマリーは彼女によってアントワープから持ち込まれた。母のジャンヌが、その効能を記した冊子とともにローズマリーの挿し穂をイングランドへ嫁ぐ娘に渡したというのだ。その冊子を英語に訳したのが、ドミニコ派の修道士ヘンリー・ダニエルであった。ダニエルは、ステップニーにあった自らの庭園で二五二種類の植物を育て、「植物誌」を含む数多くの手稿を残している。その庭は、イギリス最初の植物園であるとも言われている。

このような庭と園芸に対する関心の増大とともに、専門的な知識をもつ職人として庭師が登場し、植樹、接ぎ木、剪定、若木の越冬方法、実生による繁殖法、さまざまな道具の使い方などの園芸技術を実践するようになった。王侯貴族や裕福な商人は、お抱えの庭師をもち、下働きの女性や少年を雇っていたと考えられる。一三世紀の王室の出納帳には、その名前が古くは「庭」を意味し、後に四阿《あずまや》をも意味するようになった「アーバー」（arbour）に関係していると考えられるロジャー・ル・ハーバラーという庭師に賃金を支払った記録や、ウィリアム・ル・ガーデナーという庭師を介してロンドン塔の王室庭園における塀の設置費用や果樹園の植栽費用を支払った記録が残っている。王室お抱えの庭師たちは、誇らしげにその地位を姓としたのであろう。荘園屋敷の会計簿にも、トマス・デイジーやジョン・パークなど、仕事と関係した姓をもつ出入りの庭師の記録がある。

これらのお抱えの庭師をもつ貴族や裕福な商人、そして僧院は、下働きの女性や少年を雇って厨房をまかなっていたが、余剰分は売りに出すこともしたらしい。作物はセント・オースティン教会の前とセント・ポール教会墓地の門のそばで販売されていたが、販売時の大声や騒音に対する市民の苦情により禁止され、一三四五年に伯爵や男爵、司教所有の菜園の庭師や自家菜園をもつ市民からロンドン市長に対して、従来どおり作物を売ることを許可してほしいという嘆願書が出ている。この一件は、当時すでに職人ギルドのようなものとして、野菜や果物を栽培し、販売する庭師の組合が存在していたことをうかがわせる。

そして、一四四〇年頃、ラテン語ではなく英語で書かれた、イングランドで最初の造園・園芸の指南書が登場する。マイスター・ジョン・ガーデナーの『造園の技』である。自らの職業を姓とした実在の人物によるものか、内容にふさわしい筆名を用いたものであるかは定かではないが、およそ一〇〇種類の植物が取り上げられ、栽培上の留意点が韻文で簡潔に記されている。当時の「造園」の意味を反映して、リンゴやナシなどの果樹や、トネリコやサンザシなどの樹木、カブやホウレンソウ、リークなどの野菜、フェンネルやセージなどのハーブのほか、キバナノクリンザクラやユリ、バラなどの花卉も取り上げられており、草花を楽しむ園芸がすでに存在していたことがうかがえる。園芸の技術や知識が、育てた作物の料理法などとともに、口伝だけではなく、手書きのメモや指南書の形でも残される文化が存在したのである。実際、一四四六年にイングランド南部を旅行したボヘミアの貴族レオ・オヴ・ロジミタルはその旅行記に、「イングランドは四方を海に囲まれ、いわば、小さな閉じられた庭である」と記し、「ロンドンでは、さまざまな樹木や草花の植えられた見事な庭が見られる。ほかの国にはないことである」と書き残している。

第二章

王侯貴族の大庭園と大陸文化の影響（一六世紀から一七世紀）

*……権力者の虚勢と追従の庭・園芸文化の開花――テューダー朝

権勢誇示の庭――ヘンリー八世のノンサッチ・パレス

フランスとの百年戦争は一四五三年に終結する。ところが、今度は国内において、ランカスター家とヨーク家の王権をめぐる抗争が起こる。ランカスター家が赤バラを、ヨーク家が白バラを紋章に用いたため、バラ戦争と呼ばれたこの争いは、一四八五年、ランカスター家のヘンリーがボズワースの戦いでヨーク家のリチャード三世を敗死させ、ヘンリー七世として王位につくことで終結する。ヘンリーは翌年の一四八六年にエリザベス・オヴ・ヨークと結婚し、両家の合体を印象づける紅白のバラを組み合わせた「テューダー・ローズ」が紋章として用いられるようになる。その後も次々と王位継承権を主張する者が現れ、長きにわたる抗争の余波は続いたが、リチャード三世の側で戦った者が反逆罪で処罰されただけでなく、味方の諸侯も消耗したため、王権は強固になった。

反逆の芽を摘み取るためにヘンリーが城壁の破壊を命じたこともあり、周囲の田園とひと続きになった城や屋敷の周りに大規模な庭を造ることが流行した。謀反の意志のないことを示すために、諸侯は、戦闘的な城ではなく、平和的な城を強調したのであった。前世紀に流行したペストの危機が去り、バラ戦争の戦火が収まるとともに、人々が平和な時代の訪れを感じた時代でもあった。

ヘンリー七世は質実であったことで知られているが、居城としたリッチモンド・パレスの庭は、壮大なものであった。フランスへの対抗意識もあってか、かつて亡命していたブルゴーニュで流行していた庭園様式を真似た贅を尽くした庭園で、紋章にも登場するライオンやドラゴンなどのトピアリーの点在する幾何学模様の庭園が、寝室の窓から眺められた。珍しい果樹や草花も集められ、テューダー朝の特徴である権勢誇示の庭の様相をすでに呈していた。

一五〇九年に、一八歳で王位についたヘンリー八世は、自己顕示欲の強い、血気盛んな王であった。進取の気取りに富んだヘンリーは、画家のハンス・ホルバインや建築家のジョン・オヴ・パデュアなどを招聘したほか、大陸の進んだ学問や文化を積極的に取り入れた。庭に関してもこの傾向は顕著であり、フランス・ルネサンスのさきがけとなった、フランス王フランソワ一世のフォンテーヌブローの宮殿と庭園の向こうを張って豪壮な庭園を造った。

ヘンリーにとどまらず、有力な貴族たちは競って豪華で贅沢な庭園を造り、自らの権勢を誇示した。一五二一年に反逆罪で処刑された第三代バッキンガム公爵エドワード・スタッフォードも、グロスターシャーのソーンベリー城に広大な庭園を造っていた。要塞化された城壁の内側に、翼廊の付いた庭や果樹園があり、たわわに実を着けた木々や、たくさんのバラとさまざまな美しい花の間を縫うように設けられた小径を散歩することができた。スタッフォードは、ヘンリー七世の宮廷で若くして要職に就き、一四九五年にガーター勲章を叙勲されていたが、ヘンリー八世にも重用され、側近として信頼を得ていた。ところが、一五二〇年に反逆の容疑で逮捕され、さしたる証拠もないままに翌年には処刑された。王位に近い血縁にあったことが災いし、また、堅固な防御壁をもつ城の中で贅沢な庭を楽しんだのも一因であったと言われる。スタッフォードの処刑の後、諸侯は、謀反の意志のないことを示すために、戦闘的な城ではなく、解放的で、平和的な城であることを強調する庭を造りだした。

スタッフォードに代わって王の信頼を得たのは、彼のライバルであった枢機卿のトマス・ウルジーであった。ヘンリーの野心的な外交や独裁的な国内政治を支えて信任を得ただけではなく、富を蓄え、ヨーク・プレイスとハンプトンに壮大な庭を造り、自らの権勢を誇示した。しかし、ヘンリーの離婚問題の処理などによって王の不興を買い、王の信頼に不安を感じたウルジーはハンプトンの庭園を王に差し出す。それでも、「官位を利用して私腹を肥やしている」という批判が治まらず、ウルジーは、すべての官位を剥奪され、全財産を没収される。後に、大赦によってヨーク大主教の地位だけは認められるが、再び反逆罪で逮捕され、ロンドンへ護送される途中で病死する。

　栄華を誇っていたウルジーの失脚は、シェイクスピアの『ヘンリー八世』において、美しい花を着け、立派な実が熟すばかりになっていた果樹が霜に当たり、根をやられるという園芸のイメージで語られるが、後に王室宮殿のハンプトン・コートとホワイト・ホールになったウルジーの二つの庭園は、権勢を誇示し、権力者の歓心を買うための道具であったこの時代の庭の姿を端的に示すものであった。その様式や植栽された植物がイタリアやフランスの文化に通じていることを標榜していた点でも、それは虚勢の庭であった。

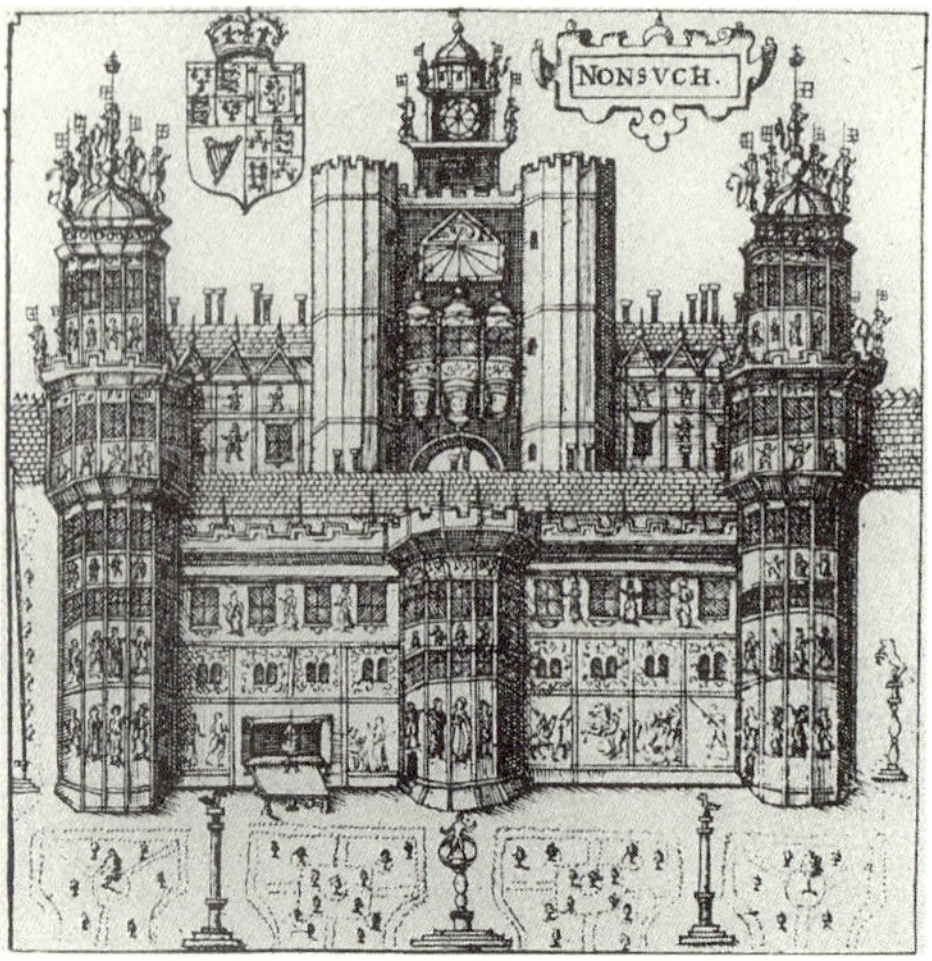

ジョン・スピードによって作成された英国地図（1611年）の挿絵に描かれたノンサッチ・パレス

　ヘンリー八世は、一五三八年にロンドンからほど近いサリー丘陵に、狩猟と来賓接待のための新たな宮殿の建設を始める。一六八〇年代に破壊されてしまったが、この宮殿は、「ヨーロッパ中のどこにもない宮殿を造れ」というヘンリー八世の意向に由来して、「ノンサッチ・パレス」と呼ばれた。実際には、その規模はそれほど壮大なものではなかったようであるが、フォンテーヌブローの庭園を意識し、イタリア風の様式を加えた「見せる庭」がそこにはあった。

国王紋章やそれぞれの土地の有力者の紋章を挿絵として用いた地図、豪華な衣装を身につけたヘンリー八世の肖像画などと同じように、自国意識の高揚したこの時代の庭は、権勢を誇示し、現世の欲望を実現するための道具であった。スタッフォードやウルジーの運命にはこの時代における庭のこのような政治的な意味が辿れるが、ウルジーの失脚後、ヘンリーのローマ教会からの離脱に尽力してヘンリーに重用され、修道院の破壊に力を尽くしたトマス・クロムウェルには、権勢を誇示する道具としての庭にまつわる、より露骨なエピソードが残されている。『ロンドン地誌』の著者ジョン・ストウは、ロンドンの自邸の庭を拡充しようとしたクロムウェルが、ストウの父が庭にしていた借地を何の予告もなしに一方的に取り込み、物置と四阿《あずまや》を断りもなしに撤去した事実を明かし、にわかに権力を手にした成り上がり者はしばしば傍若無人の振る舞いに及ぶものだと嘆息している。卑しい身分から身を起こし一五四〇年にはエセックス伯爵となった、立身出世の階段を駆け上ったクロムウェルもまた、権勢誇示の庭の呪縛を逃れていなかったのである。ちなみに、クロムウェルもまた失脚し、一五四〇年に処刑される。

女王を歓待する庭――エリザベス一世とケニルワース

ヘンリー八世の後、エドワード六世とメアリー一世の短い治世を経たエリザベス一世の時代においても、この「権勢誇示の庭」の流行は続いた。エリザベス一世はヘンリー八世のように自らの庭

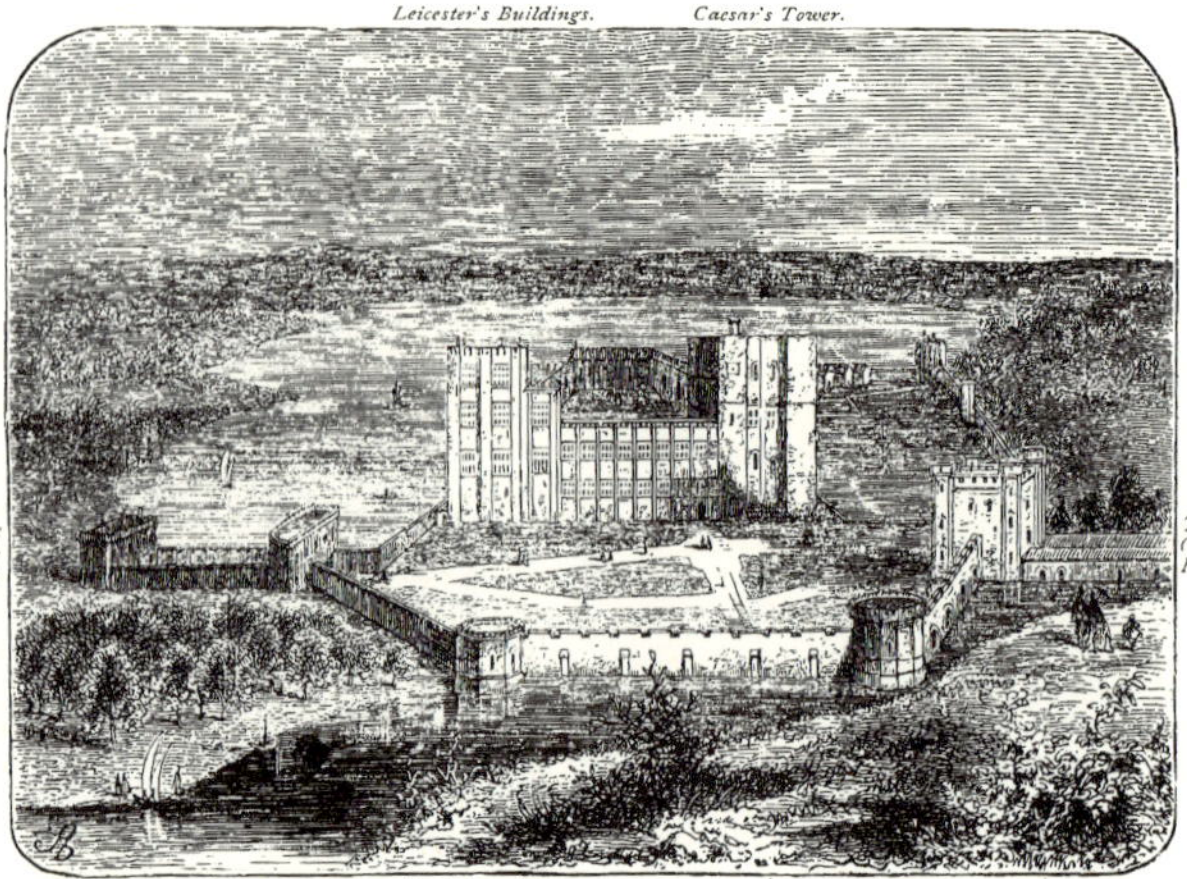

A RECONSTRUCTION OF KENILWORTH CASTLE AS IN A.D. 1620.
The Entrance through the Gallery Tower, Tilt-Yard, and Mortimer's Tower, on the left, are not shown.

ケニルワース（ラナム『書簡』挿絵）。現在はイングリッシュ・ヘリテージによって管理され、ラナムの記述にそって復元が試みられた庭園が公開されている

を造営したり、家臣の庭を強引に自分のものにするようことはなかったが、王権と密接に結びついた「権勢誇示の庭」は存続していた。女王はロンドン市中を行列行進したり、各地に行幸することで、自らの権勢を誇示し、王権の拡大をはかったことで知られているが、諸侯や地方の有力者たちは、狩猟好きの女王のために「チェイス」や「パーク」などの名で呼ばれた広大な猟園を準備し、趣向を凝らした庭園のある壮大な屋敷を造って、女王を歓待したのである。それは、女王の寵愛を受けていることの証であったし、さらなる嘆願をするための絶好の機会でもあった。

そのような庭の一つが、初代レスター伯爵ロバート・ダドリーのケニルワースの城の庭園であった。ロンドンの商人で、ダドリーに重用されたロバート・ラナムが一五七五年八

月のエリザベス女王歓待の様子をロンドンの知人に書き送った手紙から、当時の姿がうかがえる。

それは、狩猟好きの女王を歓待するためにアカジカや猟鳥が放たれた猟園、魚の泳ぐ大小の池、屋敷の全景が望める川にかかった橋、球技を楽しむことのできる芝地、城壁内の整形庭園を含む広大なものであった。整形庭園には建物から張り出したテラスが設けられており、そこから「結び目庭園《ノット・ガーデン》」と呼ばれる小区画で幾何学模様に造られた庭園を見晴らすことができた。この庭園にはオベリスクや四阿、散歩道、休憩用の台座などが、たいへんな技術と費用、知恵を尽くして巧みに配置されていた。至るところにイタリア庭園の影響が見られ、さまざまな寓意が込められていた。庭の一隅には瀟洒《しょうしゃ》なイタリア風の鳥小屋が造られ、花壇の草花については色彩だけではなく芳香にも配慮されていた。

ほかにも、女王の重臣、初代バーリー男爵ウィリアム・セシルのティブルズの屋敷は、宮廷での自らの威勢を知らしめ、また女王を歓待して、喜ばせるためのものであった。ティブルズの様子は、ドイツの法律家で、貴族の子弟の家庭教師として一緒にスイス、フランス、イングランド、イタリアを一五九七年から三年間かけて旅行したポール・ヘンツナーの旅行記からもうかがえる。

私たちは近隣の名所を見物するために、馬車でロンドンを後にした。最初に訪れたのは、大蔵卿のバーリー卿所有のティブルズであった。回廊には歴代のイングランド王の家系図が描かれていた。ここから、庭に入るのだが、それは、ボートに乗って、茂みを分けて漕ぎ進んで楽しむのに十分な幅のある、満々と水をたたえた堀割に囲まれていた。そこには、非常に多くの種類の樹木やその他の植物が植えられており、たいへんな労力をかけて迷路が造られていた。白い大理石の水盤の付いた噴水、庭のここかしこに立てられた、木材やその他の素材で作られた柱やピラミッドもあった。これらを見学した後、われわれは庭師に夏の四阿へと案内された。ほぼ円形に作られたこの建物の下部には、大理石で造られた一二体のローマ皇帝の像と、試金石の台座があり、上部には、円形の鉛の水槽が置かれていた。この水槽には導管で水が引かれ、魚が飼えるようになっていた。夏場には、水浴びに好都合になっていた。

このような「権勢誇示の庭」の流行は、王侯貴族や国家権力の中心にいる者にとどまらず、地方の有力者の間にも広がっていた。たとえば、ノッティンガムの炭鉱主、フランシス・ウィルビーは、所有地の丘陵の頂に、一五八〇年から一五八八年まで一〇年近くをかけて、当時の著名な建築家ロバート・スミスソンの設計になる壮大な建物ウラトン・ホールを造ったと伝えられている。女王の行幸を得ることが一種のステイタス・シンボルとみなされ、廷臣や地方の有力者の間には、壮大な建物とそれを取り囲む広大な庭の建設が流行したのである。また、羊毛産業の発展によって富を得た裕福な商人の間では、フランスやイタリア、あるいはオランダの庭園を真似た庭を造り、珍しい植物を植えることが流行った。規模は異なるが、財力を誇って、教養をひけらかす、見栄を張るための「権勢誇示の庭」の側面を帯びたものであった。

珍しい植物と新しい栽培技術の到来――市民の庭の園芸ブーム

一方、市民の間でも庭への関心は高まった。ウィンザーの主席司祭であったウィリアム・ハリソンが一五七七年に著した『イングランドの描写』に収められている「庭園と果樹園」は、園芸が盛んな当時のイングランド社会の様子をうかがわせる。

住宅に付属した庭を見れば、イングランドの庭がとても美しくなったことが分かる。珍しい花や、手塩にかけた植物だけのことではない。ここ四〇年の間にわが国では希少な、薬効あらたかな植物も求められてきた。したがって、今日の庭と比べると、昔の庭は家畜の糞やゴミの捨て場にすぎなかったと言える。…人間の技術が自然の手助けをして、わが国の草花を日々色彩豊かに、七重八重にし、サイズを大きくしたのである。信じられないが、今日ではわが国の庭師は非常に好奇心旺盛で、自然に対して敢えてやりたいようにふるまい、まるで自分たちが優位にあるかのように自然のやり方を抑えたりもする。

いまはまた、たくさんの目新しい植物や季節の果物がインドやアメリカ、セイロン、カナリア諸島など世界中のあらゆる場所から毎日のように持ち込まれる時代である。…いまでは、このような外国産の草花をたくさん栽培していない貴族や紳士、商人はほとんど一人としていない。これらの植物は、わが国の風土に次第に馴れ、ほとんどわが国の産物だとみなされているのである。

当時の園芸ブームを支えたのは、品種改良を含む園芸技術の向上であり、外国から珍しい植物を移入し、イングランドの風土に適応させる試みであった。一五世紀の中頃に印刷技術がもたらされた後、植物誌や栽培技術書が出版されるようになっていたことや、イングランドの国力が増し、フランスやイタリアの先進文化を取り入れる状況があったこと、羊毛産業を中心とした産業の発展が植物の移入を商業として成立させるにいたっていたこと、などの背景があった。

さきに見たように、テューダー朝の王侯貴族や裕福な有力者の庭園では、邸の窓やテラス、そして庭園内の「マウント」と呼ばれる高台から幾何学模様の整形庭園が見渡せた。しかし、庭園全体としては、その向こうに広がる果樹園や猟園、菜園や養魚池を含む広大なものであった。彼らは、専門の庭師を雇い、自ら出掛けたり、専属の収集家を送り込んだりして外国の新しい植物を入手し、さまざまな意味づけをした凝った整形庭園を造っただけではなく、趣味や豊かな生活のための庭も維持していた。

オレンジをイングランドで最初に育てたのは、先に紹介したティブルズのウィリアム・セシルと、要職には就かなかったがセシルの友人の宮廷人フランシス・カルーであったと考えられている。カルーは、一五六一年にフランスで入手したオレンジの苗を、サリーのベディントンにあった自邸の庭に露地植えにし、冬には木製の枠で囲い、ストーブで温めて育てたという。カルーは、絶妙の技で温度と湿度を管理し、季節外れの秋に、エリザベス女王にサクランボを献上したことでも知られている。一方、セシルには、フランス在留の知人に、すでにオレンジの木は手に入れたので、レモンの木とザクロ、ギンバイカを購入してくれるよう依頼した一五六二年の手紙がある。

トルコ起源のチューリップがオランダで大流行して価格が高騰し、一六三〇年代にいわゆる「チューリップ狂時代」が起こることになるのだが、この植物がイングランドに移入されたのは一五九〇年代で、品種改良で有名であったフランドルの医師で植物学者のカロルス・クルシウスを介してであったと考えられている。この頃、アメリカ大陸からカンナやパッション・フラワーが、インドからインパチェンスやハイビスカスが移入された。

このような植物への関心の増大は、決して、王侯貴族や一部の有力者にとどまるものではなかった。紳士階級や自作農もより豊かな生活のために、外国の進んだ技術を取り入れ、有用な植物を競って移入した。ジャガイモやトマトが移入されたのもこの頃であった。このような新しい植物の移入や大陸の優れた栽培技術の導入に見られる植物への関心の増大は、植物栽培や園芸の指南書が次々と出版された状況にも辿れる。

ナシやリンゴの苗木で有名だったウェストミンスターのヘンリー・バンベリーや、カーネーションをはじめとする花の苗や種子で知られたレイフ・タギーなど、得意分野をもつ種苗業者が現れ、多くの場合、その事業は親子、兄弟などで行われ、一族に引き継がれるようになる。シェイクスピアの『ヘンリー四世』第二部において、フォールスタッフの力を買いかぶった地方判事のシャローは、「どうか私の果樹園をご覧になってください。そこにある四阿で私が自分で接ぎ木をして育てた木になったピピンリンゴを召し上がってください。ヒメウイキョウの種の一皿などもお出ししますよ」と言って、フォールスタッフを自慢の屋敷へ招待する。商業としての種苗業が成立し、園芸は地方の名士に広がっていたことが想像できる。

この頃になると、園芸を楽しむための、いわゆる庭造りの指南書も現れる。一五七七年に出版されたトマス・ヒルの『庭師の迷宮』である。「定評のある書物からディディマス・マウンテンにより収集された、一年を通じての庭仕事、種子の選別方法、個々の薬草の効能について記した庭師の生活についての説明」という副題が続くタイトルからも推測できるが、これは先行する指南書の寄せ集めである。ディディマス・マウンテンという筆名を用いたのは、焼き直しあるいは剽窃の非難に対処した配慮であったとも言われている。プリニウスやキケロなどのギリシャ・ローマ時代の園芸知識に言及しながら新しい方法を説明するかと思えば、ひと昔前の魔術的な薬草についての説明も含むものであり、園芸論や具体的な植物栽培の方法など、文字どおり「迷宮」を成している書物である。

庭造りの指南書『庭師の迷宮』の挿絵。一段高く土が盛られた花壇の準備をする男たちの向こうに、つる性植物で木陰の作られた四阿が見られる

ただ、ヒルが園芸を愛する人であったことは、土の善し悪しを判断する方法や水やりの方法などに、実践を踏まえた具体的な方法が述べられていることからも分かる。新しい植物がどんどん移入され、新しい栽培法が紹介されたエリザベス朝のイングランドにおいて、庭は紳士階級や裕福な商人などの間でステイタス・シンボルとなりつつあった。そのようななかで、この書物は広く読まれ、版を重ねたのである。

「ハズバンドリー」の伝統――造園マニュアルの流行

ヒルには、『庭師の迷宮』の前に、いくつかの造園についての指南書があり、これらがまとめられて装いを新たにし『造園技術』というタイトルで一五九〇年に出版される。その後も版を重ねたこの書物は、屋敷内の整形庭園、果樹園、菜園、場合によっては猟園をも包含するこの時代の庭の概念に対応した総合的な園芸書であるが、植樹や剪定の方法、養蜂術や農事暦を含む、いわゆるハズバンドリーの伝統に属するものでもある。「一家の主」に由来する「ハズバンドリー」という語は、農業社会における「農夫」のさまざまな仕事を意味し、次第に家庭を切り盛りする主婦のさまざまな仕事や家政の術をも意味するようになるのであるが、一六世紀の初め頃から、外国の進んだ栽培技術や醸造法、養蜂術などに関する翻訳本や換骨奪胎した書物を通じて新たな意味を帯びるようになり、その概念と知識がイングランド社会に広がった。

一五〇五年頃にアントワープで「接ぎ木と植樹の技術」に関する文書が印刷され、その写本やウインキン・ド・ウォードによる活版印刷版などが出回っていたことが知られている。一方、一五六九年には、レナード・マスカルによるフランス語版の翻訳を中心にしてまとめられた『植樹と接ぎ木の技法』が出版される。マスカルは、カンタベリーの大主教、マシュー・パーカーの屋敷で要職に就いていた人物で、家畜の管理、魚の捕獲や育成、あるいは衣服の染み抜きなど、さまざまな分野のハズバンドリーの方法について、大陸の先進的な技術を紹介したことで知られている。

マスカルの本は、先行する書物からの引き写しであるとか、さまざまな書物の寄せ集めであるとかとしばしば批判されるが、大陸の進んだ技術や知識を伝える点で時代の要請にそったものであった。今日では疑問視されているが、食用魚としてのコイも、『ヘンリー四世』のシャロー判事が接ぎ木で育てたというピピンリンゴも、マスカルが移入したものであると信じられていた。それはさまざまなハズバンドリーの書物を紹介したマスカルの仕事が作り上げた一種の伝説であった。

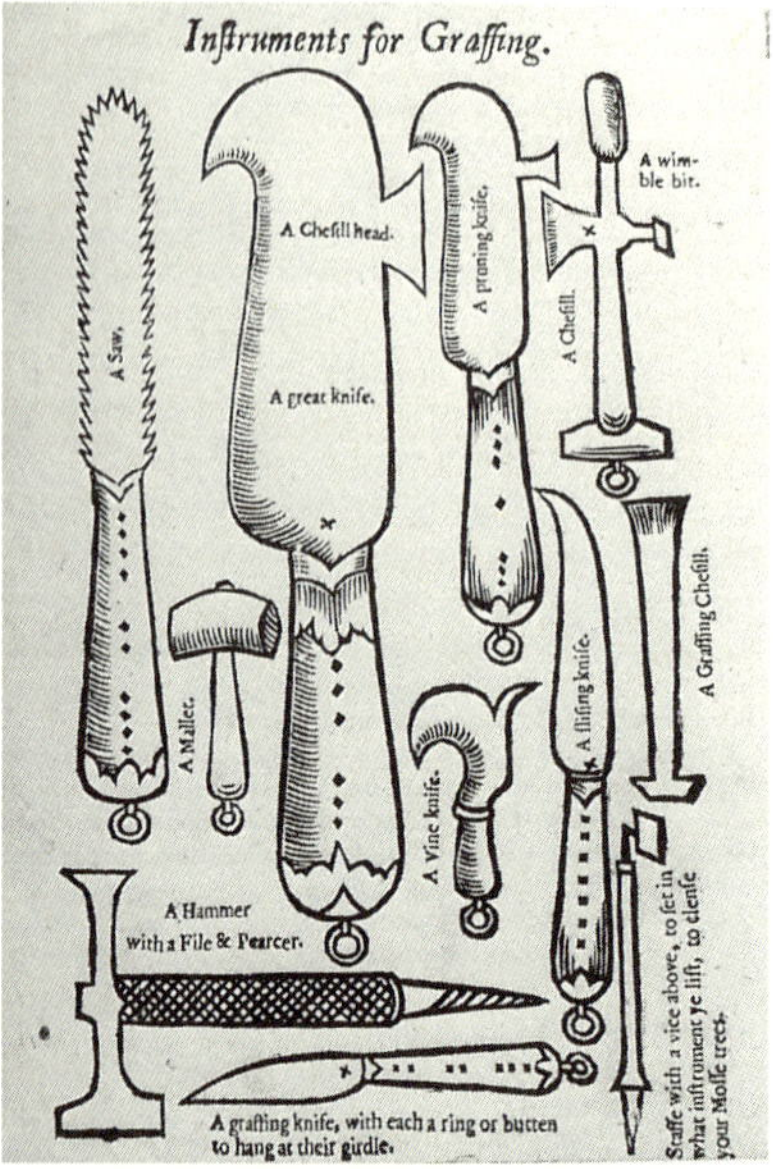

ハズバンドリーのマニュアル本『植樹と接ぎ木の技法』の挿絵。接ぎ木作業に用いられるさまざまな道具がその名称とともに描かれている

農業や家政の指南書としては、一五二三年に出版されたジョン・フィッツハーバートの『ハズバンドリーの本』、一五五七年に出版されたトマス・タッサーの『ハズバンドリーの百の要点』などがある。これらのハズバンドリーの書物は、農業に直接かかわる紳士階級や自作農だけではなく、大邸宅付きの庭師や、さまざまな分野の職人たちにとっても有用な教科書であったが、園芸や植物栽培の方法は、農業や家政のほんの一部として語られるにすぎなかった。ところが次第に、植物栽培のさまざまな分野において、より専門的なハズバンドリーの書物が現れるようになる。

大邸宅の果樹園においても、シャロー判事の庭のようなささやかな虚栄心を満足させる地方紳士の庭においても、あるいは家族を養うための農家の果樹園においても、果樹の新しい栽培法が注目された。果樹作りには特別な技が必要とされたが、整形庭園にフランスやイタリアの大陸の庭園の影響が見られたように、果樹についても大陸の進んだ栽培技術が取り入れられた。ユグノー派の種苗業者が、フランスの修道院で品種改良された矮性の果樹をイギリスに持ち込み、一五三〇年代にはイギリスの在来種への接ぎ木が盛んに行われるようになっていた。また、それぞれの果樹に応じて水平の棚状に仕立てたり、放射状に扇を広げたような形に仕立てたりする方法が一五五〇年代には行き渡っていた。

果樹の栽培法については、一六一八年に初版が出版され、一七世紀半ばすぎまで幾度か版を重ねたウィリアム・ローソンの『新しい果樹園と庭園』があり、野菜の栽培についても、三〇ページほどの小冊子であるが、個々の野菜について説明する『家庭菜園の耕作、種蒔き、栽培のための有益な指針』が一五九九年に出版されている。

　このようにハズバンドリーの書物がより専門的なものとして分化する傾向の一方で、「ハズバンドリー」が家庭内で主婦の行う「家政」の意味で使われることが多くなり、一六一五年に出版されたジャーヴァス・マーカムの『イングランドの主婦』や一六三五年に出版されたローソンの『田舎の主婦の庭』など、女性を対象としたハズバンドリーの書物が現れるようになる。実際、台所仕事や掃除、洗濯、家畜の世話、エール造りなどとともに、庭仕事、果樹の手入れ、養蜂、収穫物の保存などの仕事も主婦に任されるようになっていた現実を反映するものであろう。

『新しい果樹園と庭園』の挿絵。前庭、果樹園、結び目花壇、菜園などの庭の構成要素を例示したもの（上）と、果樹園での植樹と接木作業の様子（下）

本草学の登場――ジェラードの薬草百科

一六世紀の中頃から、ピサ、パデュア、モンペリエ、ライデンなどヨーロッパ各地に植物園が創設され、大学で薬草学が講じられるようになる。やがて薬草としての植物から植物そのものへと関心が拡大する。そのような先駆的な役割を果たしたのが、ヨーロッパ各地で活躍したクルシウスや、後にジェイムズ一世の国王付植物学者となったフランドル出身のマティアス・ド・ロベルである。ちなみにロベリア（サワギキョウ）は彼の名にちなんでいる。従来の薬草としての有用性の研究を越えて、植物そのものを研究する植物学が、イングランドにもその影響を及ぼす。

シェイクスピアの『ロミオとジュリエット』（一五九七）には、ひと昔前の薬草の役割が語られている。中世において薬草の知識は主に修道院で伝えられてきたが、ロミオとの結婚を願うジュリエットが頼った僧ロレンスは、野原で薬草を摘む修道僧であり、事態解決のためにジュリエットに仮死状態をもたらす薬草を与える。一方、ジュリエットが本当に死んだと思い込んだロミオは、町の怪しげな薬屋で一瞬にして死をもたらす毒薬を入手する。さまざまな薬草や動物で秘薬や麻薬がひそかに作られていた時代がそこにはうかがえる。結局、不幸な偶然の重なりによって、僧ロレンスの計画は幸せな解決をもたらさず、ロミオが入手した毒薬は悲劇の仕上げに手を貸す。薬草の知識が、不確かな伝承によるものであり、『マクベス』の冒頭の魔女たちの釜の中身と同じく、魔術と境界を接していた。

イングランドでは一五二五年に、薬草の効能を伝える本草誌が登場する。著者は不明で、それまでに流布していた口伝や写本を集成したものと考えられ、ロンドンの印刷業者リチャード・バンクスによって出版されたため、「バンクスの本草誌」と呼ばれている四つ折り版である。一五二六年には、ピーター・トレヴェリスの『大本草誌』が出版される。しかし、本文はフランス語文献から、序文や結論はドイツ語文献からの英訳であり、植物学的にも信頼のおけるものではないとされている。

ところが、ウェールズの主席司祭であったウィリアム・ターナーが、一五五一年から一五六八年にかけて『新本草誌』を出版する。これは、他の文献からの引き写しではなく、ターナー自身が自ら観察したことに基づいて、ラテン語ではなく英語で書いた科学的な本草誌であり、イングランドにおける新しい植物学の萌芽が見られた。ターナーが、「イギリス植物学の父」と呼ばれるゆえんである。

しかし、この時代に広く知られ、人気の高かった本草誌は、ジョン・ジェラードが一五九七年に出版した『本草誌』であった。他の文献からの引き写しが多く、正確さに欠けるとの非難もあったが、それまでの薬草の効能中心の記述に加えて、観賞用や食用の植物も取り上げ、博物誌としての興味も誘ったこの本には、友人であったロベルやフランス王室付植物学者のジーン・ロビンの影響が大きかった。

これが単に本草誌としてのみ読まれたのではないことは、そのタイトル・ページからも分かる。当時、タイトル・ページの図版や口絵にその本の内容を語らせるという慣例があったが、図版中央

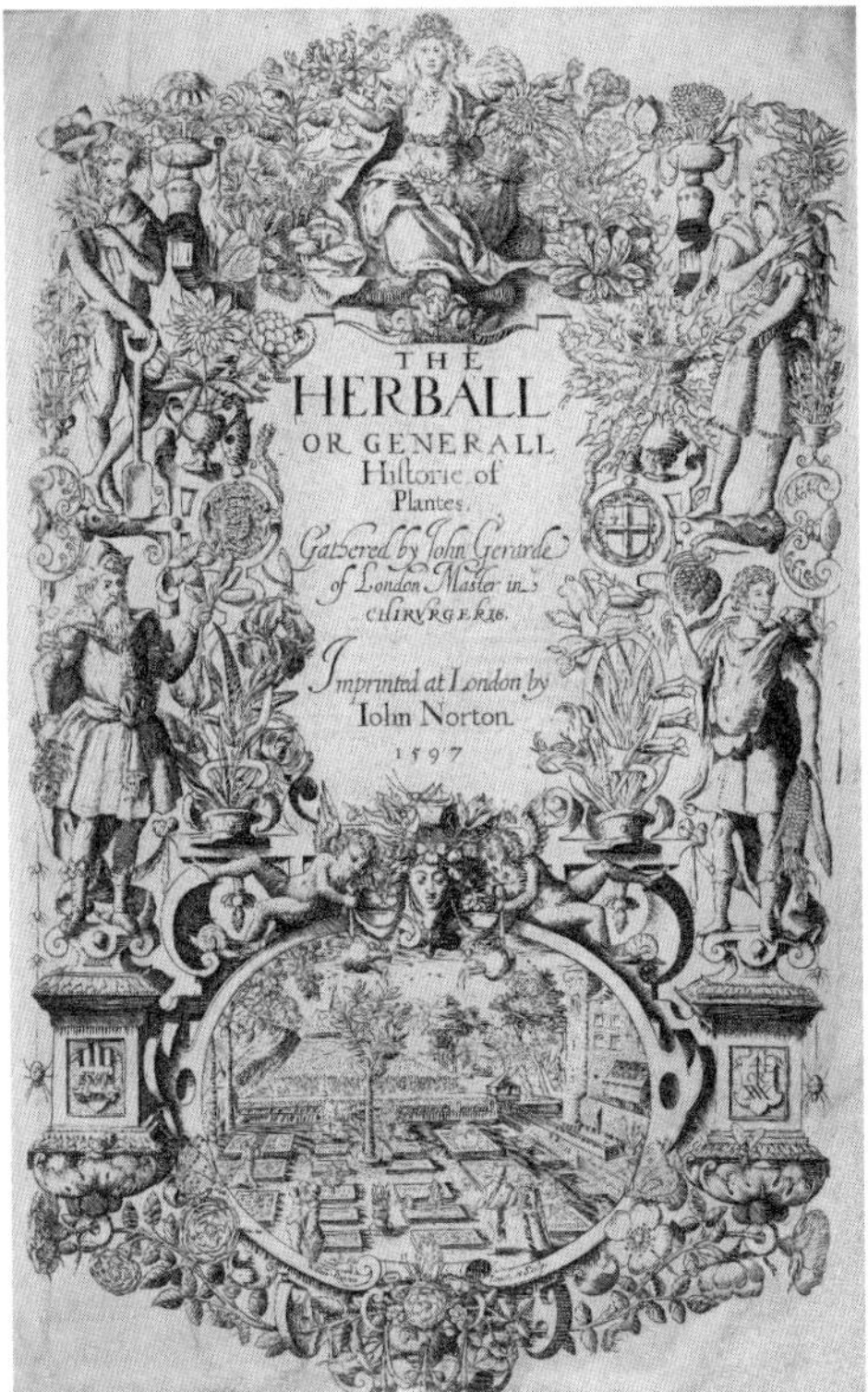

ジェラード『本草誌』のタイトル・ページ。咲き乱れる花々や庭の光景が美しく描かれている

の上部に描かれた花の女神は、アメリカから移入されたハナツメクサ、スズラン、ヒマワリを手にしており、その下に描かれた庭師たちはアネモネ、オキナグサ、マドンナリリー、ラッパズイセン、トウモロコシの実を手にしている。中央下部の楕円形の挿入図にはジェラードがかつて働いたティブルズのキッチン・ガーデンと覚しき庭が描かれており、作業をする庭師と散策するカップル、果樹や麦畑、堀割、そして遠くには教会の尖塔が見える。このタイトル・ページの図版は、園芸の本ではないが、園芸への関心がこの本の存在価値を支えていたことを物語っている。

ジェラードは、植物の栽培に関して進んだ知識をもっていた大陸からの旅行者や難民から積極的に学んだし、自ら大陸へ植物収集の旅に出掛けることもした。また、植物学についての豊富な知識と経験を買われて多くの庭園の管理を任されただけでなく、ハムステッド・ヒースなどに所有した土地で自ら植物を育て、そこで観察した一〇〇〇種類以上の植物のカタログを残している。一六三三年には『本草誌』のトマス・ジョンソンによる改訂版が出版され、これは一九世紀になっても広く利用された。おそらくは、後で見るジョン・トラデスカントによって代表される珍品収集の伝統や、一九世紀に活発になるアマチュア・ナチュラリストの博物学的な興味の拡大が関係していると考えられる。

さきに、ターナーが「イギリス植物学の父」と呼ばれると述べたが、『オックスフォード英語大辞典』によれば「植物学者」(botanist)の初出は一六八二年であり、「植物学」(botany)の初出は一六九六年である。ターナーを「植物学者」と呼ぶのは、後に歴史を俯瞰して述べた後知恵の言葉であろう。むしろ、ターナーやジェラードは、同辞典に「薬草や植物の知識に精通している者。植物の収集家や植物についての著述家」と定義されている「本草家(ハーバリスト)」(herbalist)と呼ぶべきであるが、この「本草家」という語の初出用例自体が一五九二年のものである。

「科学として植物を研究する者」である植物学者とちがって、ジェラードがかつてセシルのティブルズの庭園で働いたように、本草家は、薬草の栽培や販売により深くかかわっていた。逆にまた、新しい学問の洗礼を受けた本草学者として、有力者の庭園で働くことは、社会的信頼を示す名誉なことであった。しかし、一方で、植物に対する関心の増大、園芸の流行は、園芸に関するさまざまな仕事を専門的に分化させ始めていた。

*……イタリア式整形庭園の流行――前期ステュアート朝

ティブルズとペンズハースト・プレイス――ジェイムズ一世時代の庭

一六〇三年にエリザベス一世が死去すると、スコットランド王ジェイムズ六世がジェイムズ一世としてイングランド王位につき、同君連合が成立する。ジェイムズ一世は庭園や植物に関心が強く、初代バーレー男爵ウィリアム・セシルがエリザベス一世を歓待することを大きな目的の一つとして造ったティブルズの屋敷に心をひかれる。エリザベス一世の重臣であった父のウィリアムがそうしたように、ジェイムズ一世に重用された初代ソールズベリー伯爵ロバート・セシルは、一六〇六年の夏、父から引き継いだこの屋敷で、ジェイムズ一世とその賓客であったデンマーク王を贅を尽くしてもてなす。すると、この屋敷の壮麗さに心を奪われたジェイムズ一世は、ロバートにその譲渡を執拗に迫り、王の執心に抗しきれなくなったロバートは、王の屋敷であったハットフィールドとの交換に応じることを余儀なくされるのである。翌年の一六〇七年五月二二日、盛大な儀式とお祭り騒ぎのなか、ジェイムズ一世はティブルズの屋敷に入り、生涯ここを居城とする。

血縁によってイングランド王位についたが、仇敵のスコットランドからやってきた新王に対してイングランドの人々の多くは不信の念を抱き続けたし、スコットランドの人々にはイングランド王への即位は背信行為と映るところがあったらしい。王権神授説を唱え、自らを「グレイト・ブリテン王」と名乗ってユニオン・フラッグを制定するなど、新たな王権の確立に努めるが、政治的な配慮によって得られたその王位は本来不安定で、ジェイムズの思いは空回りするばかりであった。そのようななかで、ヘンリー八世やエリザベス一世の治世においてと同様に、庭は、自らの威光を示すシンボルであり、権力を得るための政治的な機会を得る場の役割を果たした。王侯貴族の間では、恭順や友情を表すために屋敷を譲ったり、交換したりすることが相変わらず行われ、権勢誇示のための庭の建設が競って行われたのである。

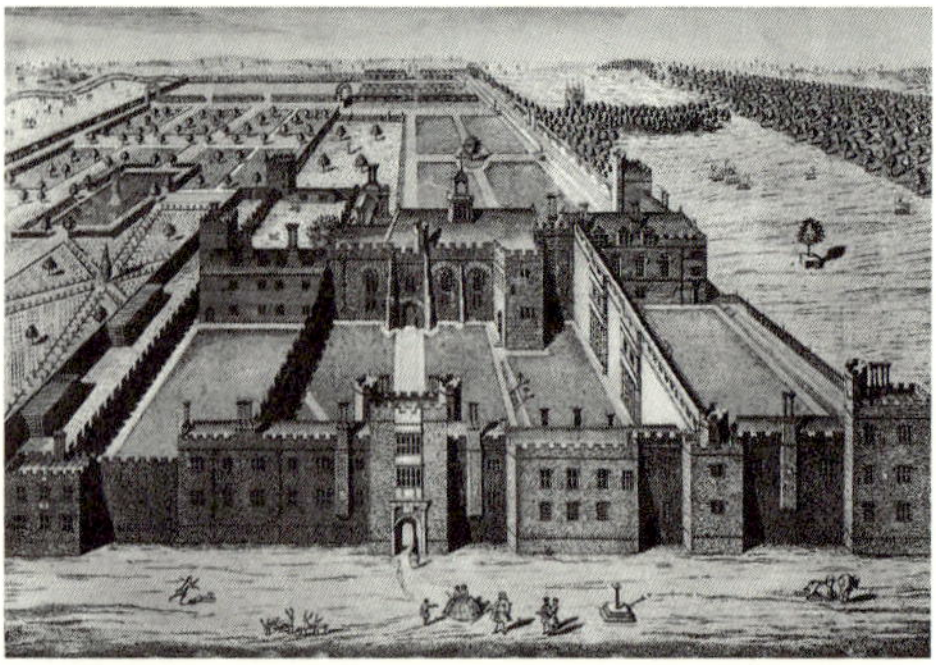

18世紀中頃のペンズハースト・プレイス（1747年に書かれた「ケント地誌」の挿絵）

この時代の庭は、外国風であり、とりわけイタリア式庭園への憧憬が色濃く表れていた。イタリア・ルネサンスの文化・芸術の波がこの北方の国の岸部を洗うようになり、造園においてもその影響が見られるようになっていたのである。エリザベス朝のイングランド社会においてイタリア・ルネサンスの文化の導入に大きな役割を果たした人物に、牧歌ロマンス『アーケイディア』で知られる詩人のフィリップ・シドニーがいるが、一族の屋敷の庭もこの時代の様相を如実に反映している。

その屋敷ペンズハースト・プレイスは、一五五二年に、フィリップの祖父ウィリアム・シドニーがヘンリー八世から贈与されたものであり、一五六〇年代に、エリザベス一世の宮廷で重きを成した父ヘンリー・シドニーによって、その原型が造られた。その後、この屋敷は、長男のフィリップが一五八六年にスペイン軍とのジュトフェンの戦いで戦死した後、次男のロバート・シドニーによって相続される。ジェイムズ一世の重臣であったロバートは、その庭をイタリア式にする大掛かりな改修を加えたこの屋敷でジェイムズ一世を歓待する。その後ペンズハースト・プレイスはいったんは荒廃するが一九世紀初めに復旧され、イギリスの代表的な史跡として絵のように美しいケントの田園にいまも残っている。

イタリア・ルネサンスの息吹

イタリア式庭園の流行に寄与したのが、この地を訪れ、イタリア・ルネサンスの息吹に触れた芸術家や外交官などの知識人であった。王室営繕局長官として王室および多くの貴族の邸宅の設計にかかわったイニゴー・ジョーンズは、一五九八年から一六〇三年まで絵の修業のためにイタリアに遊学し、一六一三年から翌年にかけて美術品の収集家であった第二一代アランデル伯爵トマス・ハワード夫妻に同行してイタリアを再訪している。ジョーンズがイタリア遊学中に大きな影響を受けたのはイタリア・ルネサンスの流れに棹さす建築や美術であった。とりわけ古代のローマ建築を模範にして新しい建築を提起したアンドレア・パラーディオに強い感銘を受け、メモ書きを加えたパラーディオの著作『建築四書』をイングランドに持ち帰っている。ジョーンズは「宮廷マスク」と呼ばれる当時宮廷で流行していた仮面劇の舞台装置や登場人物の衣装のデザインにおいても才能を発揮したが、実際に宮廷マスクの背景として庭が描かれることも多かった。庭自体に仮面劇と同じようにさまざまな象徴的な意味が込められたのである。

ちなみに、当時、宮廷マスクの作者として活躍したのが、かつてエリザベス朝の演劇界でシェイクスピアと人気を二分した、劇作家で詩人のベン・ジョンソンであった。ジェイムズ一世の信任を得たジョンソンは、王のために多くの宮廷マスク作品を書いた。一六〇六年にロバート・セシルがジェイムズ一世とデンマーク王をティブルズで歓待したとき、彼の作品が余興の一つとして演じられたし、ティブルズをわが物にしたジェイムズ一世が一六〇七年に入来したときにもジョンソンの作品が演じられた。

宮廷マスクの背景としてイニゴー・ジョーンズがデザインしたパーテアの庭園

ヘンリー・ウォットンも、この時代のイタリア式庭園の流行に大きな影響を与えた。ウォットンは、「大使とは国益のために外国で嘘をつくために派遣される誠実な紳士である」という言葉で有名であるが、ヨーロッパ各地で外交官として過ごした、当時の卓越した知識人の一人であった。ウォットンは、一六〇四年から一六二四年まで、途中二回の中断はあるが、ヴェニス大使を務め、イタリアの文化・芸術に魅了されていた。なかでもイタリア建築についての関心が深く、一六二四年に『建築の諸要素』を著した。これは、紀元前一世紀頃のローマの建築家ポッリオの『建築十書』に基づいており、ルネサンス期に再評価され、新古典主義建築においても大きな影響を与えた書物である。

ウォットンの『建築の諸要素』は二部構成になっており、その第二部は建築物の内外の装飾、すなわち庭や噴水、木立について説明している。冒頭部分にある次の提言は、この時代の多くの庭に反映されている。

最初に、建築と造園の間にある一つの矛盾に注意しなければならない。建物は規則的であるべきだが、庭は不規則的であるべきである。少なくとも自然なままの規則性のなかに置かれねばならない。この考えをある庭で例証してみよう。その庭には、テラスのような高い散歩道から入る。そこからは庭全体を見渡すことができる。その眺めは愉快な混乱と言うべきもので、各部分の区別は次第に明確になってくる。

ステュアート朝の宮廷の庭は、ふんだんに植物を使った幾何学模様の整形庭園と彫像や噴水を組み合わせたもので、自然を支配する意味合いを帯びていた。セシルがジェイムズ一世に差し出したティブルズにおいてすでに、水の支配がすばらしい出来映えを見せていたが、代償として与えられたハットフィールドは、セシルの意趣返しともとれる熱意によって、この点においてもさらに優れ

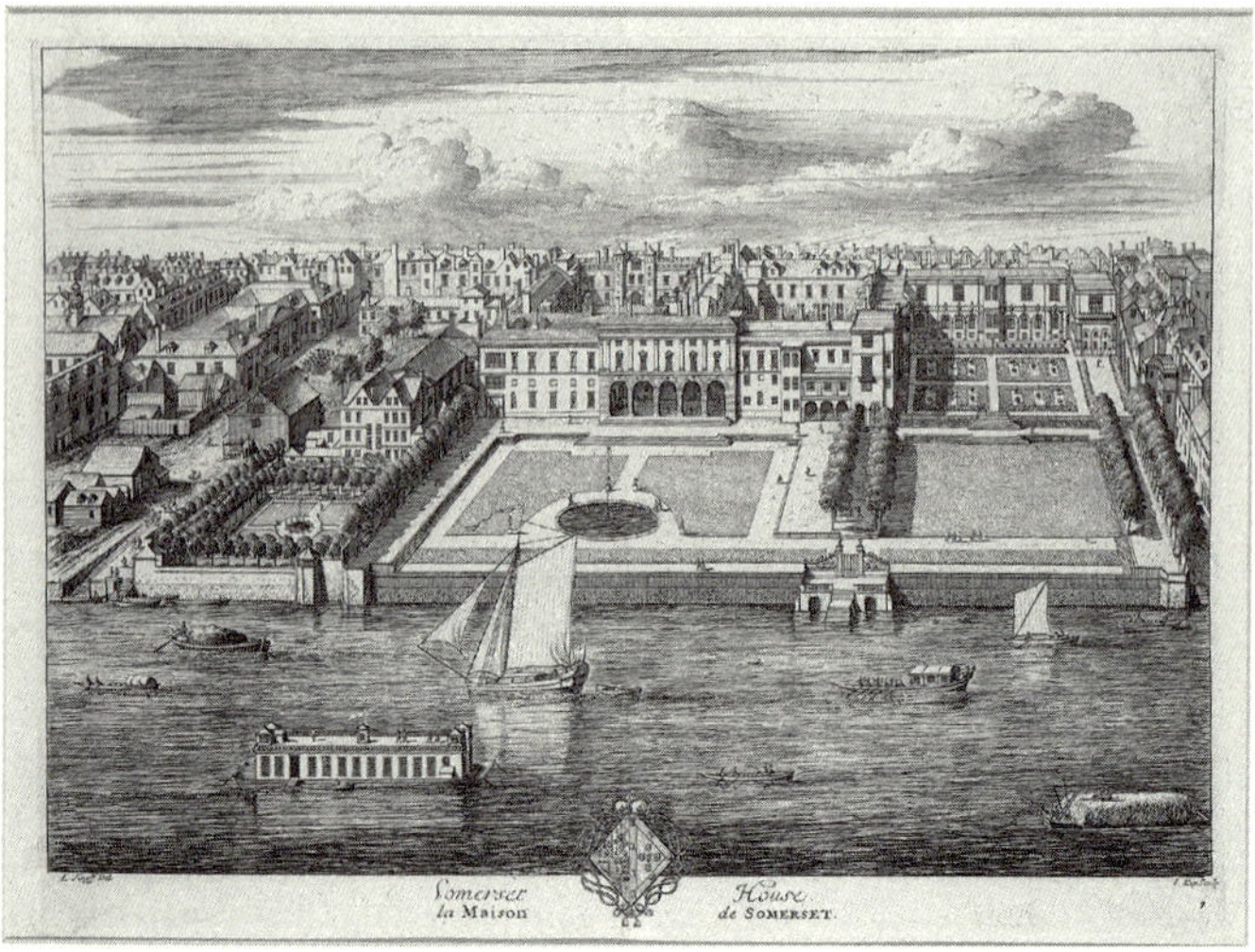

18世紀初めのサマセット・ハウスの庭園。テラスに囲まれた西側の庭園、水門まで延びる並木道、イギリスの4大河の流れるパルナッソス山がそびえていた東側の区画という構成にコーの設計の名残が見える

たものになっていた。噴水や流水を巧みに配したこのすばらしい庭を設計したのは、ノルマンディー出身のユグノー教徒で、イタリアで水力工学と建築学を学び、ヨーロッパ各地で噴水や流水を含む庭園の設計で定評を得ていたサロモン・ド・コーであった。一六〇七年にイングランドへやってきて、イニゴー・ジョーンズが設計した、イングランドで最初のパラーディオ風の建物であったグリニッジ・パレスの庭園や、一六世紀半ばにサマセット公爵エドワード・シーモアによって創建され、当時はジェイムズ一世妃の居城となっていたサマセット・ハウスの庭園の設計を行っていた。たとえば、サマセット・ハウスの庭園では、アポロとミューズ、芸術の九女神を中央においたパルナッソス山の頂からイギリスの

主要な川が流れるモチーフによって、王妃の地位が象徴的に示されていた。

フィリップ・シドニーの甥で、この有名な叔父の名にちなんで名付けられた第四代ペンブルック伯爵フィリップ・ハーバートが、一六三〇年代に一族の代々の居城であったウィルトン・ハウスの改造を手がけたが、この時その庭園の設計をしたのはサロモンの親族で、おそらくは弟だと考えられるアイザック・ド・コーであった。ここでもテューダー様式の小径は取り払われ、ヴィーナスやダイアナ、クレオパトラなどの古典神話や聖書などに由来する女神像やヒロイン像の配置された、象徴的で、壮大な庭園への改造が行われた。

権勢誇示の庭への批判――ベーコンの庭園論

この頃に、イギリスで最初の庭園論とされる「庭園について」が発表される。著者は、ジェイムズ一世の治世に大法官を務めたフランシス・ベーコンである。ベーコンはウィリアム・セシルの甥で、第二代エセックス伯爵ロバート・デヴァルーの腹心であった。しかし、一六〇一年にエセックス伯爵が反乱を起こすと、これを告発し、この事件を明らかにする公開書を作成したことで知られている。その後、しばらく不遇の時期があったが、一六〇七年に法務次長になった頃から次第に高位につき、一六一八年には大法官となる。しかし、一六二一年、汚職の嫌疑を受けて失脚し、一六二六年に死去する。

ベーコンは、「知識は力なり」という言葉とともに、学問の体系化をめざしたことで知られ、「経験哲学の祖」として高く評価されている。一五九七年に初版、一六一二年に第二版、一六二五年に第三版が出版された『随筆集』は、ベーコンの哲学のエッセンスが見られるものであり、「庭園について」は第三版に収められている。いわば、失意の隠遁生活のなかで書かれたものであり、かつて権勢を誇った頃の自らの生活に対する反省がのぞいているところもなきにしもあらずであるが、王侯貴族や地方の有力者、裕福な商人たちが権勢を誇ったり、虚栄心を満足させたり、ときにはそれを政治の道具にしたりした「権勢誇示の庭」に対する批判となっている。そのような庭園にも所有者や設計者、造園に携わった庭師の自己主張は含まれていたし、創造的な理念もあった。しかし、ベーコンのこのエッセイによれば、当時の有力者の庭園は、おおむねフランスやイタリアの先進的な庭園の様式にならった次のようなものであった。

すなわち、庭園全体を見下ろす工夫としてテラスがあったほか、小高い築山のマウントが設けられていることがあり、その上には四阿が建てられていることもあった。また、建物をつなぐ回廊から、塀に囲まれた中庭が眺められるようになっていた。いくつかの区画に分けられた整形式の中庭にはさまざまな草花が植えられたり、一面に芝生が植えられ草花や灌木で縁取られたりしていた。この時代の庭園の大きな特徴であるとされる「迷路《メイズ》」が樹木や灌木で造られていることもあった。これは、「エルサレムへの道」を象徴的に表したものと考えられているが、むしろ、刺繍やカーペットの意匠に由来する結び目庭園の系譜に属するものであるとも考えられている。また、庭木を動物や鳥などの形に刈り込んだトピアリーの庭もあったし、噴水や大理石の彫像が置かれたりもしていた。この時代の大規模な庭はまた、ケニルワースにその典型的な姿が見られるように、観る人を驚かせ、目を楽しませるだけではなく、アーチェリーやテニス、ボーリングなどの遊びの場でもあった。塀の外には猟園が広がっていた。また、果樹園や薬草園、養魚池などもあった。

ベーコンが批判したのは、要するに、フランス式の庭園に、ルネサンスの影響を受けたイタリア式の庭園の要素が加えられたごた混ぜの様式であった。それは、テューダー朝の大庭園の特徴であったし、ジェイムズ一世の時代にも引き継がれていたものであった。ウォットンの『建築の諸要素』が出版されたのが一六二四年であったが、庭園の美学あるいは哲学が語られる風潮のなかで、庭園の現実の姿を見て、その理想、すなわち「王侯にふさわしい庭園」のあるべき姿を語ったのがこのエッセイ「庭園について」であった。

しかし、ベーコンは、テューダー様式の庭園を否定しているわけではない。芝生や「ヒース」と呼ばれる手を加えないままの草地の在り方について述べ、これを囲む生け垣の作り方や、緑地を小径で区切る方法などについて細かい注文をつけるが、要は、「どのような形にするにせよ、ごてごてした、手を加えすぎたものにならないように」と忠告しているのである。庭木をさまざまな像に刈り込むトピアリーは好まないと言うが、マウントや噴水については否定しない。ただ、水をよどませて、庭を不健全にしてはならないと言う。ヒースについては、「できるだけ野生の自然に合うよう」に配慮し、そのなかに樹木は植えない方が望ましいと言う。工夫次第では果樹を植えることに賛成しないわけではないと言う。「庭園を囲む塀は胸の高さにして、外の野原が眺められるのが望ましい」と述べる。

突き詰めれば、ベーコンの主張する庭園とこの時代の王侯貴族の庭園のコンセプトには大きな違いがないと言える。また、実際に、好古家で情報通であったジョン・オーブリーの残した『名士小伝』(一八九八)に記されているように、ベーコンの愛した庭は、「さまざまな樹木や果樹の間を縫う遊歩道はこのうえなく巧妙に趣向を凝らしたものであり、眺望のよい場所にはローマ風の四阿がある」など、贅を尽くしたものであった。逆に、ベーコンの指摘を待つまでもなく、ケニルワースの城は、丘陵や池などに溶け込むように配慮され、テラスからは、庭園の塀越しに、野生の残る猟園が望めるように配慮されていた。ベーコンの「庭園について」はそのような意味で当時の庭園の姿を具体的に伝える貴重な資料であると言えるが、このエッセイの要諦は、冒頭で「庭園を一年のすべての月にふさわしいものにし、美しいものがそれぞれに盛りを迎えるようにすべき」だとして、各月に適した植物を具体的に例示し、「彩りだけでなく、香りも重要である」と述べているように、「庭は自然であることを旨とすべし」ということであろう。それは、権勢誇示のために庭園を飾ることへの批判であったと言える。

ジェイムズ一世およびチャールズ一世の時代のイングランドの王侯貴族の庭園は、このようにテューダー朝の壮大な権勢誇示の庭の伝統を引き継いだものであったが、イタリア・ルネサンスの影響のもとに知的な芸術としての意味づけがなされ、芸術に対する造詣の深さや教養の高さを誇示するものともなった。様式としてはテューダー朝におけるフォンテーヌブローなどのフランス庭園の様式をとどめたうえに、イタリア式庭園の要素が取り込まれたものとなった。

さらに、ベーコンのこの随筆が出版された後、そしてベーコンの死後のことであるが、チャールズ一世に嫁いだフランス人の王妃アンリエッタ・マリアが、新たなフランス様式の庭園をもたらしたことも付け加えておくべきであろう。芸術に強い関心をもち、造園に熱心であった彼女は、フランス人の造園家アンドレ・モレを招き、セント・ジェイムズ・パレスとウィンブルドン・ハウスにフランス式庭園を造らせたが、そこで取り入れられた芝生を縁切りした独自の幾何学模様庭園の「パーテア」が広まり、イングランド風パーテアと呼ばれるようになった。また、オートランズの新宮殿に造らせたオレンジ庭園が、イギリスの庭園の大きな要素となる「オランジェリー」の伝統の形成に大きく関与した。当初はオレンジ栽培用の温室であったオランジェリーは次第に発展し、建物付属の豪華なサン・ルームや大温室に発展するのである。

本草学から植物学への橋渡し——パーキンソンの役割

このような文化先進国、とくにイタリアやフランスの庭園様式の導入はテューダー朝の時代からの傾向ではあるが、庭園の設計、庭園の構成要素に芸術的あるいは宗教的意味づけがなされる傾向がこの時代にはより強くなった。庭が想像力と結びつき、庭園が創造物とみなされるようになったのである。それは新しい先進文化との接触とその理解・吸収を誇示するものでもあった。

また、この時代には植物に対する新しい関心も起こった。即位に至る経緯からも分かるように、そこには新たな自国意識の涵養に努めるジェイムズ一世の姿があった。自らの不安定な国王の地位のゆえか、ジェイムズ一世は国威を高めることに熱心で、新しい芸術や科学に対する関心が高かった。権勢を誇示するために庭を用いた一方で、セント・ジェイムズ・パークにブドウを植樹したり、絹織物産業を興すためにクワの木の栽培を奨励したりした。外国の新しい文化とともに産業技術を積極的に取り入れ、植物の分野でも殖産をはかったのである。

一六世紀の末に、中世以来の本草学の分野に大陸の新しい植物学が取り込まれ、ジェラードの『本草誌』にその徴候が見られたこと、果樹栽培の分野でも大陸の新しい技術が取り入れられ、ハズバンドリーの書物にも変化が起こっていたことはすでに述べたが、この傾向はジェイムズ一世の治世においても着実に続いた。一六二九年に出版されたジョン・パーキンソンの『日のあたる楽園、地上の楽園』は、実用書から快楽のための園芸書、すなわち庭いじりを楽しむための手引き書に第一歩を踏み出した本であった。

パーキンソンは一五六七年にヨークシャーで生まれ、一四歳のときにロンドンへ出て、薬剤師の徒弟修行をし、ついにはジェイムズ一世の薬剤師となった人物であり、一六一七年に結成された薬種商協会の設立メンバーの一人であった。このように、パーキンソンは旧時代の本草学を学び、その頂点を極めた人であった。彼の植物に関する探求心は強く、その関心の範囲は広かった。彼は、ウィリアム・コイズやジョン・ジェラード、ジョン・トラデスカント（父）、ヴェスペイジャン・ロビン、マティアア・ド・ロベルなど内外の本草学者、植物学者と親しく交遊し、新しい植物学、栽培技術も積極的に吸収した。彼はまた、ロンドン市内に自らの植物園を所有し、植物栽培に関する実践的な研究も行った。

新しい植物学にも通じたパーキンソンは、チャールズ一世の信頼を得て、「国王第一植物学者」の称号を与えられている。一六二五年にチャールズ一世の王妃としてイングランドへ輿入れしてきたアンリエッタ・マリアに園芸の手ほどきをしたのがパーキンソンであり、自らの園芸の経験をまとめて出版した『日のあたる楽園、地上の楽園』を彼女に献呈している。副題の「イングランドの風土で栽培可能な全種類のいとしき花の庭」からもうかがえ

パーキンソン『日のあたる楽園、地上の楽園』のタイトル・ページに描かれたエデンの園

るように、それまでにはなかった現代的な意味での園芸の指南書であった。

タイトル・ページには太陽の光に囲まれたエデンの園が描かれている。そこには、ナツメヤシやブドウ、リンゴあるいはナシの木立の間を川が蛇行して流れ、手前には、ヨウラクユリやチューリップ、パイナップルなどが描き込まれている。本文は、「楽しい花の庭」「キッチン・ガーデン」「果樹園」の三部から成り、第一部の花卉《かき》の説明に大きな部分が割かれている。多くは外国から移入された植物の紹介で、木版画で示された植物の図鑑的な説明とともに実際の栽培法も記されている。実際にパーキンソンはロンドンのロング・エーカーにあった自分の庭でタバコ、ナスタチウム、カンナ、パッション・フラワー、ユッカなどの珍しい植物を育てていたと伝えられている。

博物学の夜明け——トラデスカントの珍品収集

この時代の傑出した庭師の一人が、さきに名前の出たジョン・トラデスカント（父）である。サフォークの出身であったらしいことのほかには、それ以前の詳しい経歴は不明であるが、トラデスカントは、一六一〇年にはセシルのハットフィールドで庭師として働いていた。その頃、セシルは、手塩にかけたティブルズの代わりに与えられた、放置されて荒廃していたハットフィールドの改造に取り掛かり、ベーコンの助言を受けながら、サロモン・ド・コーに噴水や流水の設計を、イニゴー・ジョーンズに建物の南口正面や時計塔の設計を依頼していた。フランス大使夫人から三万本のブドウの木、フランス王妃から五〇〇本の果樹の苗が送られた記録があるが、セシルは、ハットフイールドの主任庭師であったトラデスカントをフランスや現在のベルギーやオランダに派遣し、果樹や草花をどんどん購入させた。これは、従来の庭師の仕事を逸脱したものであったと言えるが、トラデスカントに大きな役割を果たさせ、「庭師」という語に広義の意味を加えることになる。植物収集とそれにともなう「珍品収集」の始まりであった。

セシルが一六一二年に死去した後も、トラデスカントはセシル一族のロンドンの屋敷やその他の有力者の屋敷で庭師を務めるが、一六一八年、ジェイムズ一世による大西洋と太平洋を結ぶ航路の開拓調査隊に同行してロシアに向かい、植物の標本採集とともに好奇心をそそる珍しいものの収集を行っている。その後もいくつかの調査隊の遠征や冒険旅行に加わって、地中海やイスラム圏、アジアまで出掛け、植物だけでなくさまざまな種類の「珍品」を収集している。一六二五年頃からは、ジェイムズ一世とチャールズ一世の二代の国王に仕えて重きをなした初代バッキンガム公爵ジョージ・ヴィラーズに重用され、その屋敷で庭師として働き、公爵のためにオランダへ樹木の購入に出掛け、熱心に「珍品」の収集

ジョン・トラデスカント（トラデスカント（子）によって編纂された展示館カタログ掲載）

に従事した。一六二八年に公爵が部下に暗殺された後は、国王と王妃の庭の庭師となった。

同時期に、トラデスカントは、ランベスで種苗店を始め、カンタベリーのキングズ・スクールで教育を受け、植物学を修めた庭師となっていた長男が彼を助けた。父と同名のジョン・トラデスカント（子）は、パトロンはもたず自前でアメリカへ植物採集旅行に出掛け、アメリカツタやアメリカスズカケノキ、タイサンボク、イトスギ、ユリノキなどの樹木、フロックスやアスターなどの草花をイングランドへ移入した。トラデスカント親子の種苗店は繁盛し、今日ではイギリス在来の植物であると思われている多くの植物を普及させるうえで大きな役割を果たした。

トラデスカント（子）もまた、父同様、植物にとどまらず、ネイティブ・アメリカンの民族衣装など、数多くの「珍品」を収集して戻り、親子は後に自分たちの収集した「珍品」をランベスの屋敷で展示公開した。ノアの方舟にちなんで「アーク」と呼ばれたこの展示館は、イギリスで最初に一般公開された博物館であった。その後、その収集品は紆余曲折を経てイライアス・アシュモールの手に渡り、オックスフォード大学のアシュモリアン博物館の核となった。トラデスカント父子の仕事内容に見られるように、この頃、庭師は庭の設計や管理にとどまらず、種苗の生産や販売、さらには新しい植物を探索するプラント・ハンターの仕事を守備範囲に収めるようになる。

ロンドン庭師組合の誕生

一三四五年に庭師の組合が存在したことを示す記録があることをさきに見たが、一六〇五年には、ジェイムズ一世の勅許を得てロンドン庭師組合が結成された。庭師の仕事はすでに多岐にわたっており、主任庭師は庭園の設計者、そして現場の責任者として配下の庭師の指導・監督にあたるほかに、花壇を耕したり植物を植え付けたりする労働者、小径の砂利をならす少年、新しい塀を作ったり、その補修をしたりするレンガ職人、ラティスを作る大工などを統率しなければならなかった。さらに国王の行幸などの行事に際しては、盛り花の手配などの特別な準備をしなければならなかった。また、当時、種や苗を供給する種苗業者が職業として成立し、種苗の生産や販売に手を広げる庭師もあった。このようにして、「庭師」という語は、専門的な知識と技術を有する職業人として容認されるようになる一方で、造園にかかわる者のほか、野菜や果物、花卉の生産者やそれを扱う商人、農耕・園芸道具を扱う業者、植物の種や苗の生産者やそれを扱う商人、薬草を扱う薬種商や草本学者などに対しても用いられるようになっていた。

ロンドン庭師組合の結成は、このように拡散する庭師の仕事を再定義し、自己規制する意味合いもあったものと考えられる。その設立趣意書には、組合の活動は、造園、植樹、種苗の育成、四阿やマウントなどの建設や造成、生け垣の管理などにあると記され、「上記のような仕事を請け負う者のなかに、修養を積まずに、枯れたり腐敗したりした苗や種を売りつけるような、無知で未熟な者がいる。このような悪習を阻止するため、ロンドン市内およびロンドン市より六マイル以内の庭師は、上記の呼称のもとに組合を結成した」と述べられている。

組合は次第にその権限を強め、一六一六年には、乾燥しすぎていたり、病気にかかっていたりする種子や、発育の不全な苗木を処分する権限をもつにいたる。このとき、種苗を販売するまでには七年間の徒弟としての経験を必要とし、一人前の庭師として認められた者にはその証として濃紺のエプロンの着用を許すなどの、庭師の育成制度に及ぶ規定も設けられることになる。その活動によって信頼を得たロンドン市庭師組合は、王の戴冠や結婚の際の儀式において花束を献上する名誉を得た。

しかし、職業集団としての発展の一方で、トラデスカント親子の仕事に見られるように、単なる庭園の管理・運営にかかわるだけではなく、庭園の設計に頭角を現す庭師や、海外からの植物の移入に貢献する庭師、植物学に精通する庭師など、時代を表象し、時代を先導する者として庭師が新たに大きく活躍する時代が近づいていた。

*……不穏な時代の庭——共和政の時代

アップルトン・ハウス——革命派軍人の庭園

やがて、王権神授説を唱え専制色を強めるチャールズ一世の治世は、カトリック寄りの政策のために、議会との亀裂を深め、次第に騒然としたものになる。しかし、王妃の宮殿の造園のほか、一六三〇年代までは、大陸風の豪勢な庭園はまだ盛んに作られていた。さきにも述べたようにペンブルック伯爵フィリップ・ハーバートはアイザック・ド・コーを使ってウィルトン・ハウスを噴水や

1615年頃のウィルトン・ハウスの庭園。この後、1630年代にコーの設計によって噴水や流水が取り入れられるが、18世紀には風景式庭園への改造のために取り除かれる

流水を配した壮大な庭園に変えた。また、後にチャールズ一世の処刑に同意するが、当時は、国王の側近であったジョン・ダンヴァーズは、チェルシーの自邸の庭にイタリア式の大庭園を造った。ダンヴァーズは、一六二一年にオックスフォードに整形式のイギリス最初の薬草園を作ったヘンリー・ダンヴァーズの弟であり、若い頃にフランスやイタリアに遊学したこともあって庭園に造詣が深かった。ウィルトン・ハウスの庭園もダンヴァーズのチェルシーの庭園も、大陸の庭園様式を取り入れた権勢誇示の庭の伝統に属するものであった。しかし、一六四〇年代になって議会と国王の対立が高まり、内乱状態になると、そのような庭の建設は影を潜めた。

一六四九年ジェラード・ウィンスタンリーをリーダーとするディッガーズの運動が起こった。それは、土地の個人所有を否定し、サリーのセント・ジョージズ・ヒルの共有地で耕作に従事し、一種の原始共産的な黄金時代を再生しようとするものであった。しかし、当地の地主たちの怒りを買い、作物を踏みにじられ、作業小屋を破壊されて挫折した。議会軍もこの過激な運動の鎮静に向けて動いたが、一方では、一六五一年に、チャールズ一世のオートランズの庭園のオレンジの木やバラを引き抜き、花壇を踏みつけて破壊した。贅沢な庭は王侯貴族の奢侈の象徴であり、植木を引き抜き、草花を踏みつけることは、その特権を根こそぎにすることの象徴的な行為であった。

1655～60年頃のアップルトン・ハウスとその庭園

これらは、芸術や文化に理解を示さない軍事政権の時代を語るのに都合のよい事例ではある。しかし議会派のなかにも当然庭を愛し、園芸への愛着を持ち続けた人々はいた。議会軍の司令官であった第三代フェアファックス男爵トマス・フェアファックスは、そのような人であった。一六四九年にウィンスタンリーがディッガーズの活動に対する抑圧を止めるよう議会軍の司令官に宛てて陳情書を送っているが、当時議会軍の司令官であったのが、フェアファックスであった。彼は、百戦錬磨の軍人として名を馳せたが、政治的な野心はなく、チャールズ一世の処刑には関与しなかった。共和政の時代、とくにチャールズ一世の処刑後に国王に代わる元首として「護国卿」であるオリヴァー・クロムウェルが国を治めた、いわゆる護国卿政治の時代には、積極的に政治にかかわることをしなかった。芸術・文学を愛し、静かにときを過ごすのを好んだと言われ、オックスフォードで王党軍と戦ったときには、ボドリアン図書館の資料に危害が及ばないように細心の注意を払ったことでも知られている

フェアファックスは、形而上詩人で政治家でもあったアンドルー・マーヴェルの「アップルトン・ハウスについて」などの詩によって広く知られた庭園を所有していた。フェアファックスの娘マライアの家庭教師としてこの屋敷に滞在したマーヴェルは、その庭園を扱う詩に、隠遁した生活と国家建設の意欲がない交ぜになっているフェアファックスの葛藤を読み込んだことで知られている。

トランプに描かれたチューリップを手にするランバート

数々の戦いでクロムウェルを助け、護国卿政治において中心的な役割を果たした議会派の将軍ジョン・ランバートも、花と庭を愛する人であった。一六五七年には軍政監に任命されるが、政治的な権力を拡大しようとするクロムウェルに異を唱え、ついにはすべての職を解かれ、隠棲する。やがて、護国卿政治が崩壊すると議会軍の中心

部に復帰するが、王政復古をめざすジョージ・マンクとの戦いにおいて敗退し、王政復古後ロンドン塔に投獄される。その後も、ロンドン塔を脱走し挙兵するが失敗し、いったんは死刑を宣告されるが、後に減刑されて余生を獄中とガーンジー島での穏やかな幽閉生活のなかで暮らす。変化の激しい時代において、ランバートも浮沈の激しい人生を送ったが、静かに庭で過ごすのを何よりも愛したと伝えられている。もともとはフェアファックスの部下であったランバートは、フェアファックスに手ほどきを受け、花を育て、花の絵を描いて楽しんだと言われる。議会派を風刺するトランプのハートの「八」に、チューリップの花をもっている姿で描かれ、「黄金のチューリップのランバート・ナイト」というキャプションが付けられていることでも知られている。

隠棲の庭——試練に耐える王党派

王党派の人々のなかにも、この時代、静かに花作りを楽しみながら、試練に耐えた人たちがいた。たとえば、妻がチャールズ一世妃アンリエッタ・マリアの侍女であり、准男爵であったトマス・ハンマーは、フリントシャーのバティスフィールドで園芸を楽しみ、庭で育てている個々の植物について、自らの観察と経験に基づいて、その特質や栽培上の留意点を書き残した。一九三二年に偶然発見され、翌年に『サー・トマス・ハンマーの園芸書』として出版されたその記録は、実に二五〇年余りも経って日の目を見たわけである。何らかの理由で不思議にも出版されないままであったのだが、ほぼそのまま出版できる形になっていたその原稿には、植物の分類方法、土壌の使い分け、種子の選別・播種の方法、花卉の増殖方法、さらには植物の搬送方法などの説明の後、個々の植物について、博物的な知識を添えながら、実践的な栽培方法が記述されている。また、おそらくは序文として準備されていたのであろう手稿には、新しい植物の移入の状況、フランス式とオランダ式のパーテアの優劣、新しい噴水についての説明など、当時の庭と園芸の状況を伝える貴重な資料が書き残されている。

ハンマーの親しい友人で、シュロップシャーに種苗店をもち、植物収集に熱心な園芸家であったジョン・レイもそうであった。彼は、共和政の時代を不愉快に思い、「われわれの長い冬」だと呼び、花についての知識を深めそれについて執筆することで時を過ごした。王政が復活し、再び「春」が訪れた後、一六六五年に出版した『フローラ、あるいは花の栽培』の冒頭には「知識が愛着を生み、愛着が知識を増やす。不毛な荒れ地に植えられようと、私の草花や樹木は愛情によって繁茂する」と述べられている。「不毛な荒れ地」は、「長い冬」同様、共和政の時代の隠喩であり、それまでの鬱積がやっと晴れた思いが吐露されている。レイは、この本の読者への辞で、園芸を「楽しいレクリエーション」「正直なレクリエーション」と呼んで、四〇年間いそしんできた園芸家としての生活を振り返っている。

内乱中はフランスやイタリアを旅行して過ごし、当時の世相を知るうえで貴重な日記を残した作家のジョン・イーヴリンもそのような一人であった。イーヴリンは理想主義者であり、教育、科学など多分野で社会改革をめざして活動していた、共和主義者のサミュエル・ハートリブのグループとも交流があった。しかし、確固とした信念に基づいてはいなかったが、どちらかと言えば王党派に属しており、共和政の時代は外国を旅行し、庭園や農場を見学して過ごした。一六五一年に帰国するとサリーのウォットンにあった兄の屋敷や妻が相続したエリザベス朝風のカントリー・ハウスに、イタリア様式を取り入れた庭園を造ったりして、いわば隠棲の生活を送っていた。この二つの庭園における実践に基づいて、イーヴリンは『園芸暦』を執筆した。園芸に関しては、すでにフランスの造園書を翻訳し、一六五〇年代以降には自らの経験を盛り込んだ『イギリスの楽園』を執筆していたが、王政復古後の一六六四年に出版されたこの書物は、園芸家イーヴリンが同好の士に向けて書いた手引き書であり、乱世を避けて庭仕事を楽しんだ隠棲の記録であった。

実益への傾斜——果樹栽培と森林保護

共和政下における庭の様相は、明らかにそれまでの王政下におけるものとは異なっていた。新たに庭園が造られることは次第に少なくなり、むしろ、さきに述べたように王室庭園を中心に多くの庭園が破壊されたり、売却されたりするようになった。ノンサッチとウィンブルドンは売却され、ハンプトン・コートも売却の危機にさらされた。H・イニゴー・トリッグズの『ヨーロッパにおける庭園技術』(一九一三)によれば、チャールズ一世の治世の間、造園には大きな進歩はなかったが、共和政の間には園芸を改良するために多くのことがなされた。清教徒はパーテアのような軽薄なものは何も望まず、庭を純粋に実際的な見地から考えたのである。この実用本位の庭の追求は、果樹の栽培においてとくに顕著であった。

この時代精神を反映して広く読まれたのが、一六五三年に出版された、レイフ・オースティンの『果樹論』であった。オースティンは、スタッフォードシャー、リークの出身で、急進的な清教徒であった。内乱時、チャールズ一世は王党派を支持するオックスフォード大学に本拠を置いたが、

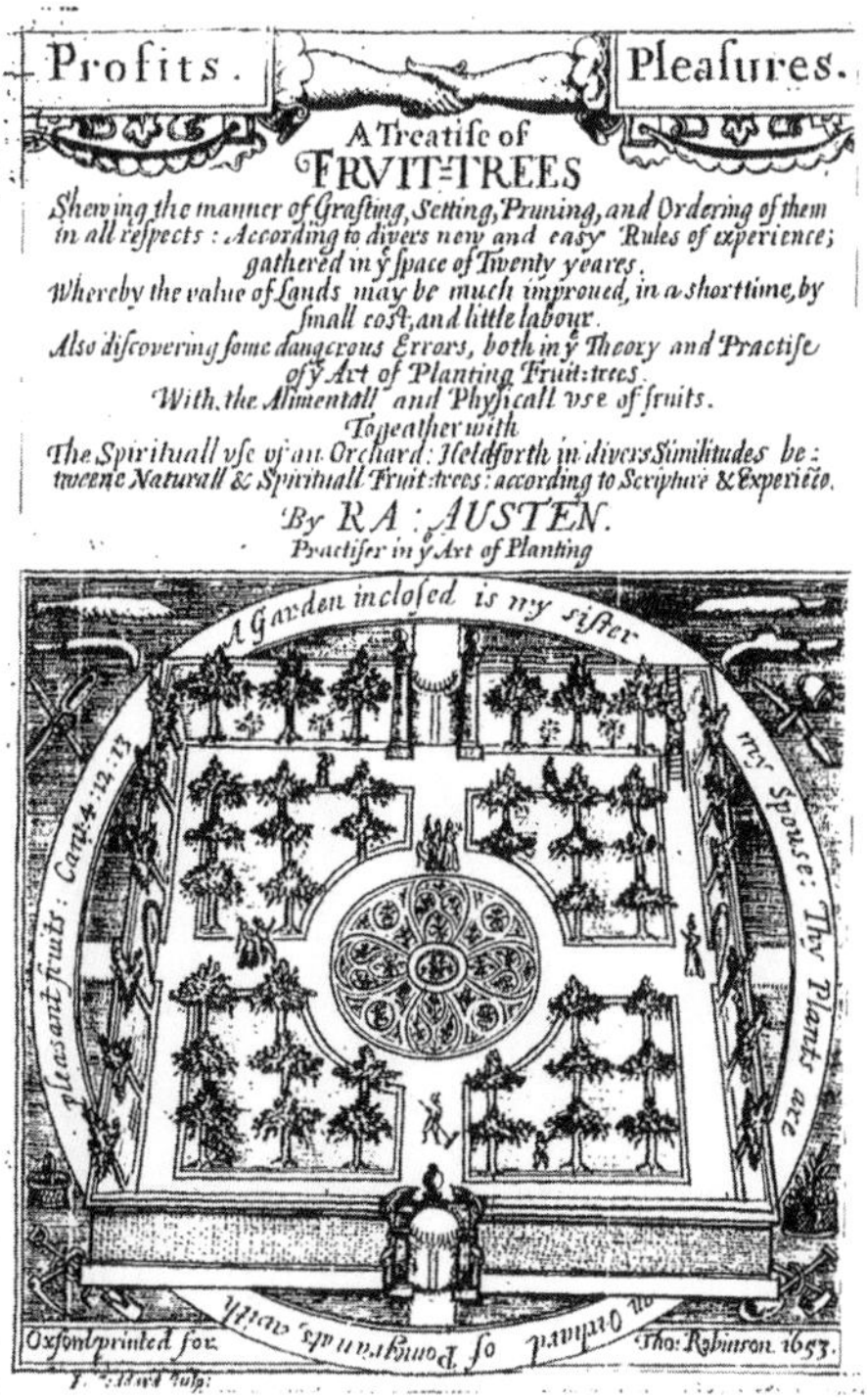

オースティン『果樹論』のタイトル・ページ。中央に結び目花壇、その周りに果樹が植えられた庭の図版が添えられている

一六四六年のオックスフォード攻囲後、オースティンはオックスフォード大学内の王党派の排除のために働き、その後、オックスフォードを中心に、議会派を支持する活動をした。サミュエル・ハートリブのグループにも属し、この本は、「荒れ地にいろいろな果樹を植えれば、貧者には安らぎ、富者には恩恵がもたらされる。すべての者に喜び

が与えられ、イングランドは〈神の庭〉になる」というハートリブの主張にそうものであった。ハートリブに捧げられた献辞には、「いまは不毛な荒れ地であるが、良質のリンゴや他の有用なもので満たされるならば、この国も約束の地カナンになるかもしれない」という言葉が見られる。

その説明的な長いタイトルは、「果樹論。二〇年間に集積された経験による新しくて容易な規則に従って、接ぎ木、植樹、剪定、整枝に関するあらゆる方法を教示する。これによって土地の価値は短期間に、小さな費用、少ない労働で大いに改善される。果樹栽培の理論や実践上の危険な誤りを指摘する。果物の栄養学的、医薬的な利用についての説明を含む」である。そして、「果樹園すなわち果樹による庭園の霊的効用」についての論が加えられていることが記されている。この長いタイトルと「栽培術の実践者であるレイフ・オースティンによる」という著者名の説明的な表記から、この本が実用的で、実質的なものを好む議会派の求める庭の手引き書であることは明らかである。タイトル・ページの最上部に大きな活字で記された「実益」と「快楽」が手を結んでいる図は、そのような意図を象徴的に示している。

果樹の品種改良、果樹の栽培の奨励は、ハートリブのグループの殖産活動の一環であったが、とりわけリンゴの増産は重要視された。リンゴ酒すなわちサイダーの供給を増やすことで外国からのアルコール飲料の輸入を減らすためであった。オースティンの『果樹論』のほかにもいくつかの書物が出版されたし、ハートリブのグループ内で情報が回覧された。同時に、サイダーの醸造法の改良が奨励され、多くの提言がなされた。出版されたのは王政復古後の一六七八年のことであるが、農学者ジョン・ワーリッジの『イギリスの果実酒、すなわちサイダー論』は、植物栽培に実益を求めた共和政の時代の政策の一つの表れであった。

実益という点では、森林資源の確保こそ喫緊の要事であった。初期ステュアート朝時代に始まった森林破壊はとどまるところを知らず、議会勢力は森林保護を繰り返し訴えていたが、実際には何の方策も講じていなかった。そこで大きな役割を果たしたのが、造園や庭園設計に造詣の深かったイーヴリンの活動であった。

ワーリッジ『イギリスの果実酒、すなわちサイダー論』の口絵。サイダーを作るためのリンゴの搾汁作業が描かれている

イーヴリンは、ハートリブのグループと交流があったし、創設にかかわった王立協会（ロイヤル・ソサイエティー）の熱心なメンバーであったように、本来社会改革の意識の強い人物であった。イーヴリンは内乱を避けて海外に避難し、帰国後は隠棲生活を送っていたが、王政が復古すると直ちに活動を開始し、一六六一年には、『フミフギウ

ム、あるいはロンドンの不快な大気と煙の解消』において、ロンドンの汚れた空気を植物によって浄化することを提言していた。そして、イーヴリンは、一六六四年に『シルヴァ――森林についての話』を出版し、植樹の必要性を訴える。この本は実は、一六六二年一〇月に王立協会に提出した報告書に基づいたものであった。

この報告書が生まれた背景には、イギリスの森を蘇生させようとする気運があった。植物による大気汚染の改善も切実な問題であったが、イギリスの森林の減少はのっぴきならないところにきていたのである。木材の不足に危機感を覚えた船大工組合が国王に提出した嘆願書に触発されて、海軍の委員会が王立協会にこの問題の検討を依頼し、王立協会の依頼でイーヴリンが作成したのがこの報告書であった。共和政の時代に製鉄と軍艦の製造のために森は乱伐されていたのである。イーヴリンは、この本で、木材の商業的な価値を説き、植樹が愛国的な行為であることを訴えた。しかし、同時に、樹木が金銭的なだけではなく精神的な豊かさをもたらすことも忘れずに訴えた。たとえば、ヴァージニア・ウォルナットやアカシヤは木材として有用であると同時に、見た目にも美しいとして植樹を勧めたし、トラデスカントの時代にトルコから入っていたセイヨウトチノキを街路樹として推奨した。

イーヴリンのこの本は十分に啓蒙的な役割を果たし、この時期に何百万本もの木が植林された。一六九〇年八月四日のサンダーランド伯爵夫人アン・スペンサーへの手紙で、イーヴリンは、「この本は良識ある人たちに迎えられて四度も版を重ね、チャールズ二世殿下も、この本が、広く植林者の心を動かし、貪欲な反逆者が消耗し、荒廃させた屋敷林や森を修復させたことをいたく喜ばれました」と誇らしげに明かしている。

しかし、現実には、森林伐採の勢いは決して止まらなかった。チャールズ二世の治世が終わる頃には、「アーデンの森」はほとんど姿を消した。その後、産業革命が本格化するとともに、イギリスの森林はさらに大きく破壊されることになる。

*……大陸文化への憧れと自国意識の芽生え——後期ステュアート朝

壮大なフランス式庭園の模倣——チャールズ二世のセント・ジェイムズ・パークの改造

クロムウェルの死により、内乱の続いた共和政が崩壊した後、一六六〇年の王政復古によってチャールズ二世が王位につくが、亡命中のフランスで、チャールズは、財務卿ニコラ・フーケのヴォー・ル・ヴィコント城の庭園やルイ一四世のヴェルサイユ宮殿の壮大な庭園に心を奪われていた。それらは、アンドレ・ル・ノートルによって設計されたもので、壮大な整形庭園が、本来は「猟場」を意味していたがこの頃になると邸宅を取り囲む林や池のある広大な敷地を意味するようになっていた「パーク」に溶け込み、さらに田園へと広がる眺望をもつものであった。

即位後、チャールズ二世はル・ノートルをイングランドに招いて、ヴェルサイユ宮殿に負けない庭園を造ろうと考えるが、ル・ノートルがフォンテーヌブローの改造にかかり切りになっている間にその情熱が薄らぎ、大内乱の前に母のアンリエッタ・マリアの庭師として働いていたアンドレ・モレと弟あるいは甥であったと伝えられているガブリエルを招いて、セント・ジェイムズ・パークの改造に取り掛かった。公園内に人工の水路を造る大掛かりな工事について、当時イギリス海軍の高官で、後に王立協会の会長も務めたサミュエル・ピープスは、一六六〇年九月一六日に進捗状況を見に出掛けたこと、ほぼ一カ月後の一〇月一一日には、水を汲み上げるために稼働していた巨大なエンジンに驚嘆したことをその日記に書き残している。そして一六六二年の七月二七日には、「新しい水路によって、公園が日増しに快適になってゆく」ことを記している。この頃から「パーク」が都市の「公園」の意味を帯びるようになる。

詩人にして、世の中の動きに敏感な政治家でもあったエドマンド・ウォラーはさっそく「国王陛下によって改良されているセント・ジェイムズ・パークについて」という詩を作った。そして、「エデンの園のそばを流れる川とは異なり、／ここには潮が流れ込む。／常に国王の帝国に奉仕した海が／いま、現国王にも貢ぎ物を捧げる」「将来の緑陰、新しい流れの土手の若木は／整然と並んで見える」「偉大なる所有者の名声がいやましに高まるのと同じく／木々がすみやかに大きく成長し、大枝を広げますように。／国王が命長く、宮殿が高くそびえ／木々が木陰を作るのをご覧になりますよう」「ノアの方舟やペテロの大きな布を満たした／すばらしきものたちがこの公園に棲みますよう」などの詩行を連ねて、チャールズ二世のセント・ジェイムズ・パークの改造を喜び、王政復古を言祝いだ。

ウォラーはもともと王党派ではあったが、共和政下でクロムウェルにおもねるような行動をとったために、大規模な庭園の改造を王権の表象として歌い上げるこの詩をチャールズ二世は素直に受け入れようとしなかったと言われる。しかし、このような献詩の存在そのものが、王侯貴族の居城やその庭園がなおも権勢を誇示し、追従を呼び込むような政治的な役割を果たしていたことを示している。

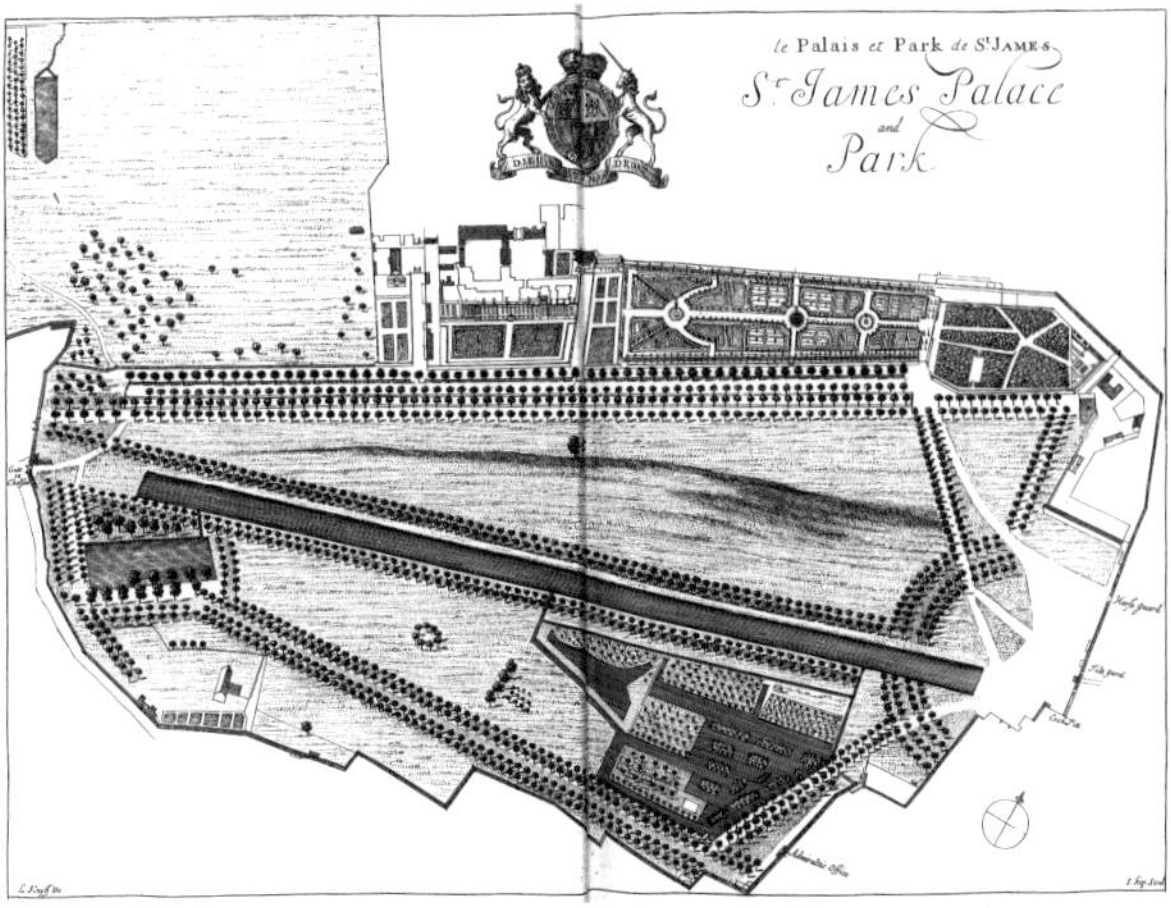

セント・ジェイムズ・パーク（ヤーン・キップ／レオナート・ニフ『ブリタニア・イラストレイタ』（1708年）所収）

実際に、貴族や有力な土地所有者が、国王の嗜好にならって造園に励むことがこの時代にもまた繰り返された。初代ボーフォート公爵ヘンリー・サマセットは、グロスターシャーのバドミントン・ハウスに放射状の並木道を造ったし、チャールズ二世のフランス大使であったレイフ・モンタギューはノーサンプトンのボートン・ハウスに莫大な費用をかけてヴェルサイユ宮殿の庭園を模した庭を造った。

しかし、フランス様式は実際にはイングランドでは定着しなかった。明瞭な遠近感を出すのには光が弱すぎたし、起伏のある地形は無限に続く並木道を演出するのには向いていなかったからだと言われる。また、イギリス人はこんもりとした林の点在する自然な風景を好んだし、囲われた小さな庭でくつろぐのを愛したからだとも言われる。

花を愛でる園芸――エピクロスの庭

王侯貴族や地方の有力者の間で壮大な庭園が復活する観があった一方で、この時代には、自ら花を育て、花を愛でる園芸に対する関心が明らかになってきた。当時の有力な政治家で熱心な園芸家であったウィリアム・テンプルは、一六八五年に書いた『エピクロスの庭』において、同時代の整形式の庭園について述べた後、「完全に不規則で、それでいて、ほかのどれよりも美しい別の形態があるかもしれない」と述べ、中国庭園の不規則性に注目している。次の時代に起こる、「不規則性」を特質とするイングランド式風景庭園の萌芽を感じさせるものである。

この書物は、「不規則性」の可能性を示唆するだけではなく、眺望を誇る権勢誇示の要素とは正反対の庭の役割を提起している。テンプルは、チャールズ二世の治世において外交官として活躍し、オラニエ公ウィレム三世（後のイングランド王ウィリアム三世）とチャールズ二世の姪でヨーク公ジェイムズ（後のイングランド王ジェイムズ二世）の長女メアリー（後のイングランド王メアリー二世）の結婚にも尽力した。しかし、政界の紛争に嫌気がさし、一六八一年には引退し、一六八八年の名誉革命には一切関与せず、執筆に専念するとともにサリーのファーナム近郊の庭園、ムア・パークで庭仕事を楽しんだ。

書名が古代ギリシアの哲学者エピクロスが弟子たちとともに哲学の研究に励み、質素な生活を送った「エピクロスの園」に由来する『エピクロスの庭』は、平静で自足した生活を表象する園芸について語るものである。ベーコンの「庭園について」の系譜に属する観念的な庭園論やアイザック・ウォルトンの『釣魚大全』と同様に、哲学的な内省と実践的な快楽を語る書物であり、内乱の時代に世の中の喧騒を避けて、園芸にいそしんだハンマーやレイ、イーヴリンらが、王政復古とともにその実践を語った書物に通じるものである。

一六六四年に出版された、イーヴリンの『園芸暦』の五月の項には、「オレンジの木や、その他の寒さに弱い外国産の植物はいつ外に出すべきか」という質問に、「クワの木をよく観察していて／芽が出て、葉っぱが開き始めたら／その時こそ好機である」と答える詩行がある。カレンダーの日付けによるのではなく、自然を観察し、自然の知恵に学ぶことが助言されているのである。自ら庭に出て、植物と話をしながら園芸を楽しむ庭師のみができる助言である。

一六六五年に出版された、レイの『フローラ、あるいは花の栽培』の冒頭には、「フランス風の新しい様式の多くの庭は贅を尽くした塀や散歩道、芝生を作り、噴水やグロットー（四阿に類する洞窟《どうくつ》）、彫像を備えているが、花を大事にしていない」という指摘がある。そこにはまた、「選りすぐりの生きている美、珍しい植物、草花や果樹こそ、庭の富、栄光そして喜びなのである」という言葉が見られる。このようなレイの園芸観は、一六七六年の第二版の冒頭に掲げられた親友ハンマーの夫人に寄せた献辞の「あなたは、お庭に降り立ち／めいめいの植物や花と語り合い／美しさを愛でられる。それぞれから／稀なる瞑想を起こされ、その性質を語られる。／どの植物が、美しいかだけではなく／あなたと同じように気高いかを／見分けることがおできになる」という詩行にも辿れる。

ここには、庭全体の眺望とか花壇の配置などの観点から庭を楽しむのではなく、自ら育てた植物や草花の一つひとつを知り、その性質や成長を楽しむ、庭の植物を自らの内面に感応させる喜びとしての園芸、つまりレクリエーションとしての園芸の芽生えが見られる。庭には古来、現実世界からの逃避の場という側面があったが、それは、この時代に、現実を冷静に見つめ直し、場合によっては新たな活力を得て、現実に戻るための場、すなわちレクリエーションの場の一つになってゆく。そして、自ら土を耕すだけでなく、庭や植物について考え、それについて情熱を込めて文章を書く、そのような「快楽」を人々は見出し始めたのである。

農学者として知られていたが、花卉園芸にも一家言をもっていたジョン・ワーリッジも、一六七七年に出版した『花の栽培法』において「多くのカントリー・ハウスでは、自然の奇跡であり、屋敷を快適にする最良の装飾であることが周知されている草花を庭園から追放してしまった。ほかの多くの虚飾とともに、この新しい、無益で不愉快な様式が流行外れになることが望まれる」と言って、大陸からもたらされた庭園様式に不満をもらしている。大庭園ではいまだフランス様式の庭園

ケイペル男爵の家族の肖像画（コーネリアス・ジョンソン画、1640年）。右上の背景に当時流行していたイタリア式庭園の影響を受けた自邸の庭が描かれている

が大勢であったこと、しかし、そのようななかにも、気を配って植物を手に入れ、自ら手をかけて育てる庭への愛情が生まれつつあったことが分かる。

この時代のこのような庭への愛着の変化、植物とくに花への関心の高まりを示す格好の例が、イーヴリンと親交のあった初代エセックス伯爵アーサー・ケイペルの一族の人生に辿れる。上の家族の肖像画は、一六四九年に処刑されたが献身的な王党派であった同名の父、初代ハダムのケイペル男爵が描かせたものである。肖像画の背景に、自慢の整形式の庭が描かれているように、一族は庭と園芸の愛好家であった。画面の一番左に描かれているのがエセックス伯爵だが、庭好きで知られ、イーヴリンが彼のハーフォードシャーのカシオベリー・ハウスの庭について助言したこともある。その右手に描かれている弟のヘンリー・ケイペルが一六七〇年代にキューにあった自邸の庭に造った温室は、イギリスで最初の温室と言われ、この庭が後に王室の所有となり、世界的に有名なキュー植物園に発展した。

注目すべきは、画面の一番右に描かれている、ボーフォート公爵ヘンリー・サマセットと結婚した姉のメアリーが、当代きっての女性園芸家として知られ、珍しい花に夢中になったことである。彼女は女王にひけをとらない温室を造り、西インド諸島やヴァージニア、喜望峰から、グアバ、ポポー、バナナ、アロエ、ハイビスカスなど何千という植物見本を取り寄せた。チェルシーのボーフォート・ハウスの花壇にはさまざまな花を植えていたという。彼女はまた、チェルシー薬草園のハンス・スローンなどの一流の植物学者や植物収集家と交流があり、バドミントン・ハウスの植物園には、南アフリカ原産のゼラニウムなどを植えた特別な庭をもっていた。そして、画面右から二人目の、第二代カナーヴォン伯爵チャールズ・ドーマーと結婚した妹のエリザベスは、花を好んで描くアマチュア画家であった。

王侯貴族が、権勢を誇示するため、イタリアやフランスの庭にならってこれ見よがしの庭を造り、珍奇な文物を収集することはいまに始まったことではないし、貴婦人たちが花を愛好し、珍しい外国の草花を移入するうえで大きな役割を果たしたことにも、アンリエッタ・マリアの例がすでにある。ボーフォート公爵夫人メアリーの花への愛着もそのような流れのなかでとらえることができよう。しかし、有為転変の激しい内乱の時代を経て深まった、隠棲の園芸愛好家の実際に自分で花を育てることへの愛着とは意味合いは異なるが、ここにも「エピクロスの庭」の一つの姿が浮かび上がってくる。

オランダ式庭園の流行――メアリー二世とウィリアム三世によるハンプトン・コートの改造

チャールズ二世が一六八五年に死去し、弟のジェイムズがジェイムズ二世として王位につくが、議会との対立が高まり、ついには名誉革命が起こる。ジェイムズ二世はフランスに亡命し、代わって、一六八九年ジェイムズ二世の娘であるメアリー二世と夫ウィリアム三世の共同統治が始まる。ウィリアムはオランダ統領、オラニエ公ウィレム二世とジェイムズ二世の姉メアリー・ヘンリエッタ・ステュアートの子供であり、メアリー二世とウィリアム三世はいとこ同士であった。

王位につく前から植物の愛好家で熱心な造園家であったウィリアムとメアリーは、即位するとさっそく居城としたハンプトン・コートの改造に取りかかる。一六六六年のロンドン大火の後に再建されたセント・ポール大聖堂の設計者として有名なクリストファー・レンによる、建物の東側正面の改築にともなって、チャールズ二世のパトドウワ、すなわち半円形の庭園はオランダ式に変えられた。つまり、それまでの草花によるパーテアはツゲを刈り込んだパーテアに変えられ、セイヨウヒイラギとイチイの刈り込みで縁取られた大噴水庭園に変わった。ウィリアム三世はまた、即位の年にケンジントン・パレスを買い取り、大陸の造園様式に通じ、後に王室付き庭師となったジョージ・ロンドンとヘンリー・ワイズの師弟コンビに委嘱してその庭を改造した。このとき、花の植え込みと緑の芝生、ツゲのパーテアによる市松模様、水路と噴水、オレンジやレモン、そしてさまざまな種類の矮性の樹木などが見られるオランダ式庭園が誕生した。

オランダ式庭園はフランス様式の系統に属するもので、ともにイタリアのルネサンス庭園にその

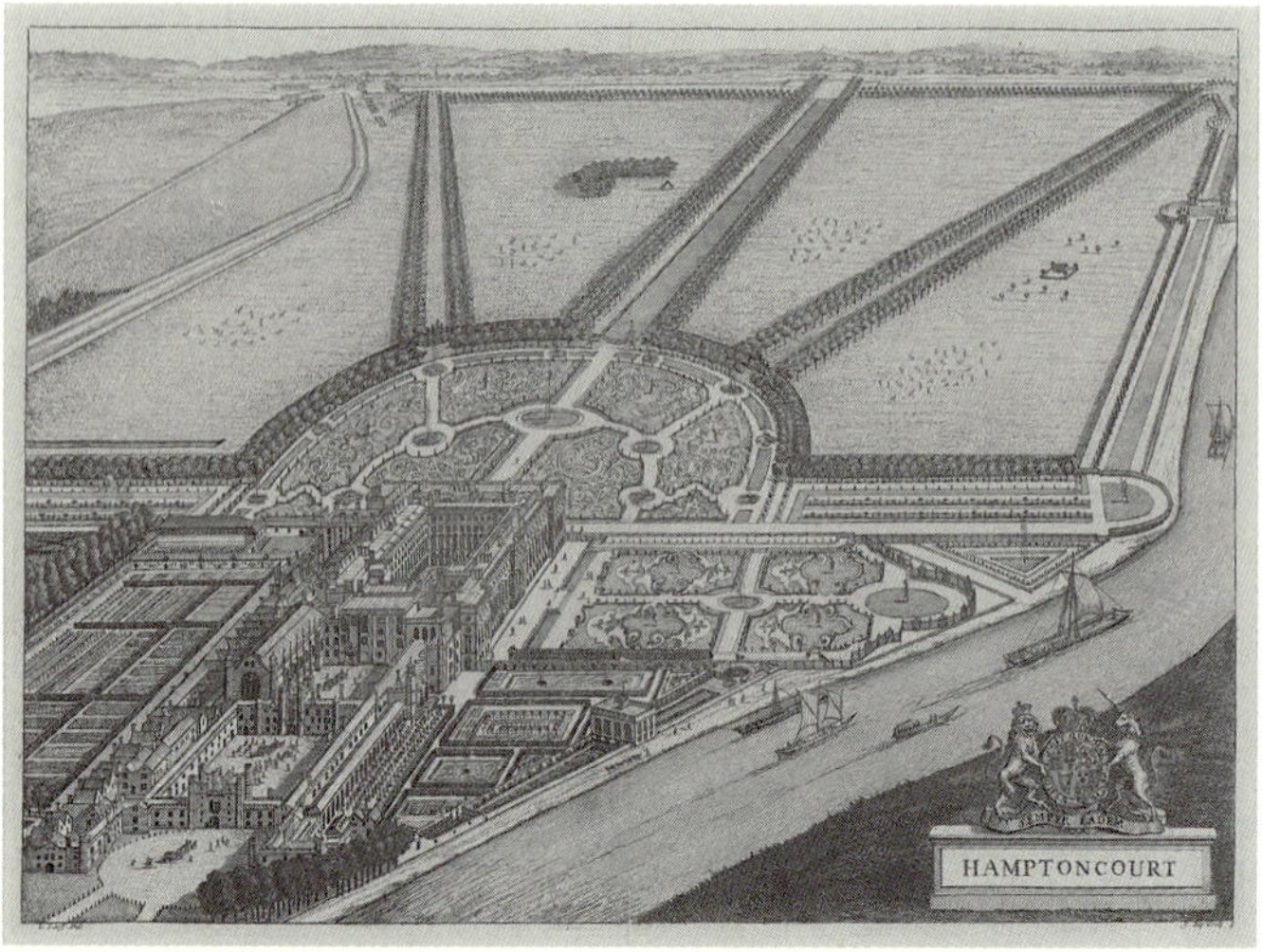

チャールズ2世、ウィリアム3世の時代にフランスおよびオランダの庭園様式にそって改造されたハンプトン・コート

起源をもつものであるが、オランダでは樹木が少なく、国土が低地で運河が縦横に走っているために敷地が狭く、眺望をもち、パークに溶け込むようなフランス式の庭園のような壮大さは望むべくもなかった。一般にオランダ式であると考えられている庭園は、中庭と装飾的な水路、手の込んだトピアリー、温室、桶に植えられたギンバイカやセイヨウキョウチクトウなど、比較的小さい敷地にあらゆる要素を詰め込こんだものであり、ツゲやイチイなどの常緑樹がびっしりと植え込まれた、水路や噴水のある整形庭園がその典型であった。トピアリー、すなわち常緑樹を奇妙な形に刈り込んだものがオランダ式庭園の特徴とされ、イチイやセイヨウヒイラギが、それまでの単純なボール状やピラミッド状だけではなく、鳥や動物、王冠や帆船の形など、以前

にもまして奇妙な形に刈り込まれていた。

常緑の植物への愛着は、オレンジ栽培の流行にも見られ、テラスや、水路にそった土手に鉢植えにして並べられていた。イングランドでも、オレンジやレモンはエリザベス朝から栽培されていたが、この時代に本格的に流行した。冬期には、単にガラスで囲われただけではなく、オランダで発達したストーブを備えた温室が利用された。また、ウィリアムとメアリーは非常な植物愛好家で、外国の珍しい植物の収集にも熱心であった。ウィリアムは、オランダにおいて一六七五年に、オランダ東インド会社に対する外国産植物の移入の規制を解除した。ヘットロー宮殿の有名な庭で、彼とメアリーはさまざまな植木鉢にさまざまな植物を植えて楽しんだ。メアリーは女王としてイングランドに戻る際、これらの珍しい植物の数々を持ち帰り、床下暖房を施した温室をはじめとして三つの小庭園を造った。また、アメリカや東インド、カナリア諸島などにプラント・ハンターを派遣し、サボテンなどの多肉植物、ヤシ、アロエ、リュウゼツラン、ユッカ、さまざまなラン、ノウゼンカズラ、パッション・フラワーなどの珍しい植物を入手した。

それまでのフランス様式の大庭園に対して、彼女の愛した庭は、広い空間をトレリスや生け垣、鉄製のフェンスなどで小さく区切って、いくつかの空間を組み合わせたものであった。オランダ同様、フランスのように広大な敷地の確保が難しいイングランドでは、これが受け入れられやすかったらしく、ハンプトン・コートなどの王侯貴族の中庭にこの方式が好んで取り入れられた。私室につながる中庭は、ごく親しい人たちだけを招き入れる場所であり、それゆえに重要な政治的な役割を果たすこともあった。

やがてウィリアムとメアリーのオランダ式庭園は、貴族や地方の大地主、裕福な都市の商人の間にも広がっていった。大噴水を備えたパーテア、水路、放射状に延びる並木道などは別にしても、オランジェリーや鋳物細工の柵や門は、地方の有力者の間に広く取り入れられ、中央に彫像を据え、芝生と小径で幾何学模様を描いた比較的小さな中庭が盛んに造られた。

この頃にイングランド各地を騎馬旅行したシーリャ・ファインズの旅行記には、一六九七年にベドフォード公爵のウーバーンの屋敷を訪れた際の記録に、「食堂の窓のすぐそばにある方形の庭には、あらゆる種類の鉢植えの草花、珍しい常緑樹、立派なオレンジやレモンの木、ギンバイカ、縞模様のフィリレアそして見事なアロエが並べられている」という記述が見える。

ファインズはまた、市井の人々の庭についても書き残している、一七一二年にハンプトン・コートに向かう途中のエプソムで立ち寄ったルース氏という市民の庭についての、「庭の周囲には、縁取り花壇とすてきな砂利径がある。芝生の区画は大きく、中央には楕円形や円形の砂利を敷いた部分があり、石像の大きな噴水があって、水がほとばしっている」という描写や、「矮性の果樹や草花、常緑樹」「短く刈り揃えた生け垣」などもあるという説明には、オランダ式庭園の流行の名残をうかがわせるものがある。また、スティーヴン夫人という市民の庭についても、「ここには、矮性の果樹に囲まれた三本ずつ、六本の芝生の散歩道がある。正面には、きちんと刈り込まれたイチイの生け垣とてっぺんを金色に塗った鉄製の柵から成る胸の高さの塀がある。柵には扉がついており、さまざまな形や結び目模様に刈り込まれたもう一つの芝生の庭につながっている。この庭は、草花やいろいろな形のあらゆる種類の常緑樹の刈り込みで飾られており、砂利の小径がこの庭の幾何学模様を作っている。左側には防寒用の生け垣があって、オレンジとレモンの木を守っている」などという描写があり、ここにもオランダ式庭園の特徴が見える。

さきにも述べたように、オランダ式庭園というのは限定的なものでない。たとえば、この時代に流行したトピアリーはオランダ人ではなく、フランス人の庭師のウィリアム・ボーモンによって一六九〇年代に設計されたものであるし、その原型はイタリア・ルネサンスの庭園にも存在し、テューダー朝時代のイタリア式庭園にも取り入れられていた。また、この時代にも、王侯貴族や有力者たちの多くは、ジョージ・ロンドンやヘンリー・ワイズなどの専門の庭園設計者を使って、競って大規模な庭園を造っていた。「イタリア式」、「フランス式」、「オランダ式」などと、為政者の経歴や嗜好に結びつけてその時代の特徴として語られがちであるが、実際にはそれらは融合し、庭の所有者や設計者によって恣意的に、それぞれの庭に取り入れられていたのが現実であった。しかし、そこに時代を物語る特徴はやはり見られたわけで、いわゆるオランダ式庭園が、規模の違いはあれ、地方の有力者や、裕福な商人の庭にも広がっていたのは事実であった。

アン女王の時代における庭園美学の変化——アディソンとポープの大陸様式への批判

一六九四年にメアリー二世が死去し、以後はウィリアム三世の単独統治となる。そして、一七〇二年にウィリアム三世が死去すると、メアリーの妹アンが即位する。アンは王位につくと、ワイズに命じてハンプトン・コートの手の込んだパーテアを取り除けさせる。アンはツゲが嫌いであったからであるとか、ウィリアム三世のように庭にうつつを抜かすのを嫌ったからであるとか伝えられているが、大陸様式の装飾庭園を維持するのには莫大な人手と費用を要したことが確実な理由の一つであった。大陸での戦費を調達するために地租が導入され、土地所有者の間に淘汰が起こり、多くの貴族や大土地所有者にとっても、親の世代に造られた装飾的な整形庭園を維持するのが困難になっていた。

しかし、造園に対する熱意は決して冷めていなかったようである。ロンドンとワイズは次々と大庭園の造園を手がけ、共同で一六八一年に設立したブロンプトン・パーク種苗店が大盛況を呈していた。ワイズが、王室庭園をはじめ、各地の庭園への植物の供給を引き受け、ロンドンは各地をまわって造園の相談にのった。先行するフランス語の園芸書を翻訳し、イギリスの風土に合った技術についての記述を加えて、二人が共著で一七〇六年に出版した『引退庭師』は、何度も版を重ねた。

ロンドンが一七一四年に死去した後も、ワイズは精力的に活動した。富を蓄えたワイズはウォリックシャーで荘園屋敷を購入し、一七二七年の引退後はそこで暮らした。一七三八年に死去したとき、その遺産は、かつて造園を請け負ったり植物を搬入した顧客の財産を越えるほどであったと言われている。ワイズの成功は、造園に対する依頼が変わらずあったこと、植物に関する人々の関心が高かったことを示すだけではなく、もう一つの大きな変化を示している。それまではオランダの業者に頼っていた種苗の生産が、イギリス人の手によってもなされるようになったことである。

しかし、庭園の規模やその様式に変化が起こりつつあったことは確かであった。そこには経済的な理由のほかにもいくつか理由があった。一七〇七年のスコットランドとの連合、つまりイギリス（ブリテン）の成立にあたって、新たに自国意識を醸成する必要があった。それまでの大陸ヨーロッパ様式の庭園を模倣する、文化的追従の姿勢を脱する機運が高まっていたのである。また、イギリス社会そのものにも変化が起こり始めていた。つまり、大陸での戦争の結果、経済的な実権が貴族・宮廷から市民・議会に移りつつあった。一六九四年にイングランド銀行が創設され、世紀が変わった頃から全国紙やさまざまなジャーナルが発行されるようになった。コーヒー・ハウスが流行し、市民社会での議論が世の中を動かす力となった。そして、コーヒー・ハウスでの話題の一つが園芸であった。

そこから生まれてきたのが、自国意識と結びついた庭園の新しい美学であるのだが、その発端は、自然な庭を求めるこの時期のジャーナルに辿ることができる。それらの主張の代表的なものの一つが、エッセイストで政治家でもあったジョウゼフ・アディソンが、友人のリチャード・スティールと創刊したエッセイ誌『スペクテイター』の一七一二年六月二五日号に書いた記事である。ここでアディソンは、庭園と森林が好ましく調和した、眺望のあるフランスやイタリアの庭園は、人工の粗雑さが感じられるものの、イギリスの庭園の整然とした優雅さよりも面白いと述べる。そして、人が多く住み、耕作の進んでいるイギリスにおける庭園の在り方について一つの提案をする。

植樹を頻繁に行って、所有地全体を一種の庭園にしてしまえないであろうか。それは、所有者の楽しみにも、利益にもなるかもしれない。ヤナギの茂った沼地、オークの木陰のある丘は、荒れ地のままであるより、美しいだけでなく、有益でもある。小麦畑は心地よい眺望を作る。畑を結ぶ散歩道に少し手入れをしたり、牧草地の自然なままの周辺に少し人工を加えて改良したり、あるいはいくつかの生け垣に木や花を添えたりして、その土地がそれを受け入れてくれれば、人は自分自身の美しい風景(ランドスケープ)を造ることができる。

ここにはまさしく、次の時代にイギリス特有の庭として流行し、イギリスらしい風景を作り出す風景庭園の出現を予感させるものがある。この考えが生まれた背景には、「イギリスの庭師たちは、自然に合わせるのではなく、できるかぎり自然から離れることを好む。イギリスの庭木は、円錐形や球形、ピラミッド型に仕立てられ、ことごとく鋏《はさみ》の跡が残っている」というアディソンの失望がある。記事の最後の部分では、アディソンもまた中国庭園の「人工を隠した自然」の考え方にひかれていたことを明かしている。

さらに、アディソンは、『スペクテイター』の一七一二年九月六日号において、耐寒性の外国産の珍しい花よりも素朴な草花を植えた自然にまかせた野生の庭、収穫は減っても小鳥たちが群れる果樹園、日々の野菜を育てる菜園を好むことを明かしている。この嗜好は、中世の修道院の庭にさかのぼれ、やがて、コテージ・ガーデンというもう一つのイギリスらしい庭の伝統を作り上げてゆくものである。
アレグザンダー・ポープもまた、スティールが一七一三年に創刊した雑誌『ガーディアン』の一七一三年九月二九日号において、「飾らない自然の気持ちのよい素朴さには確かに何かがある。それは、人工の精妙な情景によって引き起こされるよりも崇高な種類の静謐《せいひつ》、より高尚な愉悦を心に広げる」と述べて、人工によって飾られていない自然の美を称揚する。ポープが腹に据えかねているのが、当時流行していたトピアリーである。

現代の造園の方法は、素朴さにいかに反していることであろうか。われわれは自然から離れることに腐心しているように見える。常緑樹をこのうえなく規則的で、型どおりのさまざまな形に刈り込むだけではなく、とんでもないことに、人工の届かないところに分け入ろうとしているのである。彫刻を重視し、樹木をこのうえなくぶざまな人や動物の姿にすることをよしとし、樹木を一番自然な形のままにしておかないのである。

このような主張は、いま新たに起こったものではない。すでにベーコンが自然な庭を推奨し、「さまざまな色の土で結び目模様や彫像を作って、庭に面した窓辺の下に置くことについて言えば、そんなものは取るに足らないものだ。果物やジャムの入ったタルトでも、同じような楽しい光景が見られることがよくある」という言葉を残しているし、イーヴリンも一六五八年一月二八日の友人への手紙において、「わが国のロンドン市民の庭や小さな花壇に置かれているあの突出物には嫌悪を覚える。まるで厚紙と砂糖菓子の庭のように見え、花や新緑のではなくペンキの匂いがする」と言って嘆いている。この時代にもその傾向は続き、造園業の発達とともに、トピアリーが商品として造園業者の庭に並んでいた。

「創造的な才能の持ち主は自然を好んだ。一方、並みの理解力しかない者は、人工の精妙な出来映えや奇想天外な働きを喜んだ」というポープの言葉にうかがえるように、アディソンやポープの主張は、俗事を批判する評論家の言葉であり、少数意見であったかもしれない。しかし、ジャーナルで庭園や園芸が論じられるようになったことは、その後のジャーナルの発達を考え合わせると、非常に大きな意義を含んでいたと言える。時代は大きく変化しつつあった。

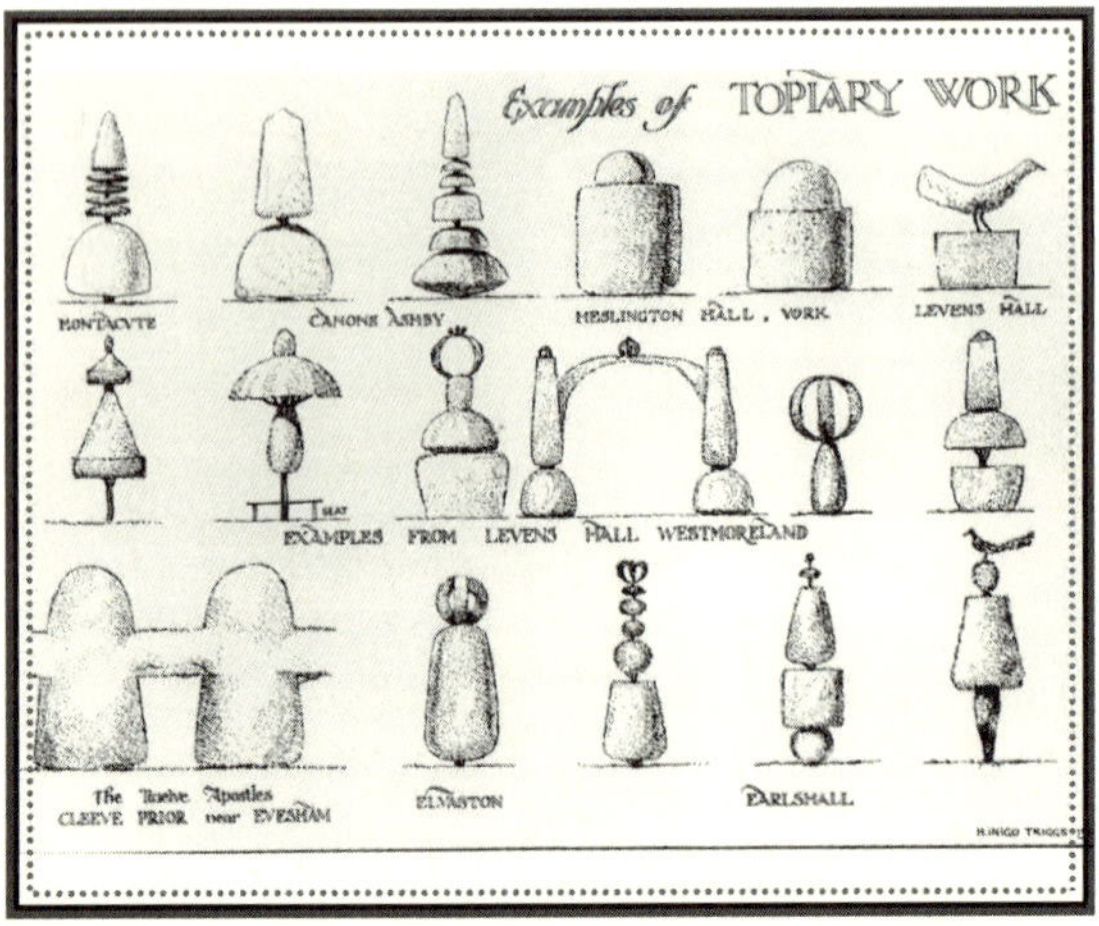

さまざまなトピアリー。20世紀の初めに「整形式庭園」の復権を主張したH・イニゴー・トリッグズが紹介する、各地に古くから残る実例

第三章

イングランド式風景庭園と自国意識の高まり（一八世紀）

風景庭園の誕生と発展

田園風景に溶け込む庭――「ハーハー」とブリッジマン

一七一四年にアン女王が死去した後、ハノーファー家出身のジョージ一世が王位につく。この新しい王朝の始まりとともに、これまでになかった非常にイギリス的な庭園様式が生まれる。大陸のバロック風の整形庭園に代わって、より自然な、周りの田園風景に溶け込んだ風景庭園がイギリスで発展し、大陸諸国でも流行するのである。

その流行はハノーヴァー王朝の誕生と時期を同じくしているが、その誕生に新しい王室が直接関与していたわけではない。テューダー朝やステュアート朝の時代においては、王侯貴族や新興の支配階級の庭園や植物への関心がその庭園史を左右したが、もはや、そのような時代は去りつつあった。政治における国王の求心力は後退し、立憲君主制が実質的に稼働しつつあり、ジャーナルの発展もあって世論が社会を動かす大きな力を得つつあった。そのようななかで、一七世紀末には、従来の大陸の影響を受けた整形庭園に不満が募っていたことはすでに見たところである。

ハノーヴァー朝が発足した当時も、従来の整形庭園の建設は続いていた。そこではロンドンとワイズ、そして彼らの種苗店であるブロンプトン・パークが大きな役割を果たしていた。しかし、一七一八年に、ブロンプトン・パークで働いていた庭師のスティーヴン・スウィッツァーが『イコノグラフィア・ルスティカ、あるいは貴族、紳士、庭師のレクリエーション』を出版し、その序文で「最近多用されすぎているが、塀で囲むこと、押し込めることは勧めない。できれば、庭は、すべての視界、束縛のない至福の眺望、広大な自然に対して開かれているようにしたい」と述べて、アディソンやポープの庭園論に賛意を表す。また、一七二八年には、もう一人の庭師のバティ・ラングリーもその著『造園の新原理』の序論において、「庭の楽しみは、さまざまな部分の多様性にある。したがって、それぞれの性質をよく考えて、足を踏み入れるごとに新しい、楽しい場面が目に入るように、さまざまなものが調和しながら混ざり合って続くように配慮すべきである。これは整形庭園では無理なことである。堅苦しい整形庭園ほどひどいものはない」と述べて、従来の整形庭園に異を唱える。しかし、造園に実際にかかわるスウィッツァーもラングリーもその主張を具体化できたわけではなかった。相変わらず従来型の整形庭園は造られ続けていたのである。

しかし、曲線と自由を根本理念とする「自然な庭」は、着実にこれまでの整形庭園の伝統をくつがえしつつあった。その変化は当初、慎重に瀬踏みをするようにして始まった。この過渡期を代表する造園家がチャールズ・ブリッジマンである。ブリッジマンも、ロンドン亡き後、ブロンプトン・パークや王室庭園の維持管理においてワイズを助けた一人であった。著述家で、当時の世相を知るうえで貴重な膨大な量の書簡を残したホラス・ウォルポールは、一七八〇年に出版した『造園における現代的趣味の歴史』において、ブリッジマンは「直線の遊歩道や刈り込まれた高い生け垣にこだわった」けれども、「新しい嗜好の夜明けを力強く示す多くの透徹した考え」をもっており、なかでも注目すべきは、「耕作された畑や森の姿」を取り入れたこと、「ハーハー」を使用して、「自然」を庭に取り込んだことだと述べた。

ハーハー。視界を妨げることなく、牛や羊、鹿などの動物の邸内への侵入を防ぐ塀の一種である

「ハーハー」とは、庭と田園を分ける明確な境界壁の代わりに、庭と田園の間に落差のある、目には見えない塀を作り、庭と田園風景との一体化をはかったものである。その呼称の由来について、ウォルポールは、突然行く手を遮られた人たちが、これを見て驚き「ハ、ハ」と驚きの声を発したことに由来する

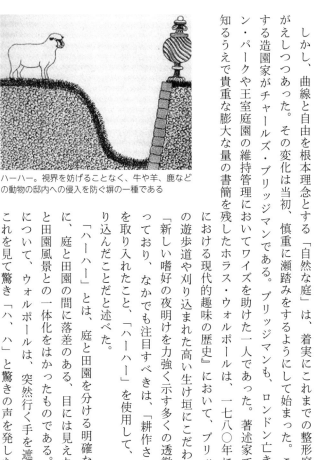

と述べている。もっとも、これが防御壁として古くから存在していたこと、ブリッジマン以前にも、たとえば、ヴェルサイユ宮殿の庭の設計者ル・ノートルの弟子のギヨーム・ボーモンが一六九〇年代にレヴァンズ・ホールの庭園でこれを用いた先例があることなど、いくつかの指摘がなされている。しかし、この仕掛けが、この新しい庭園様式の目立った特徴となったのは確かである。

ブリッジマンが「ハーハー」を用いたのは、一七一四年、初代コバム子爵リチャード・テンプルがバッキンガムシャー、ストウに所有していた屋敷の庭園においてであった。「風景庭園」はいくつかの段階を経て発展するのであるが、後世から見れば、まるでその発展の後を辿れるかのように、ストウの庭園の先駆的な改造が行われている。一七一〇年、一七二〇年代は、ブリッジマンを中心にして、それまでのバロック様式の庭園の形式へのこだわりを緩やかにし、庭を田園に向かって開いた段階である。次が、一七三〇年代における、ウィリアム・ケントが大きく貢献した、より果敢に周りの田園・自然風景を取り入れた段階である。

ギリシャ神話の理想郷の再現——ケントの牧歌的造園

ケントは、スウィッツァーやラングリー、ブリッジマンのような庭師としての修行を積んでいなかった。ケントが造園にかかわったのは一七三〇年代になってからであり、それまでは建築設計や室内装飾のデザインに携わっていた。彼は、スウィッツァーらとちがって、庭園設計者としての性格の強い庭師であった。その庭園設計者としての経歴は、イタリアで絵の修行中であったケントが、一七一六年に、イタリア滞在中の第三代バーリントン伯爵リチャード・ボイルに出会ったことから始まる。一七世紀から一八世紀にかけて、イギリスの上流階級の間では、教育の総仕上げとして「グランド・ツアー」と呼ばれるヨーロッパ大陸旅行に子弟を送り出すことが流行していたが、ボイルのイタリア滞在もこの慣行によるものであった。そして、一七一九年にボイルが二度目のイタリア訪問をした際、二人は一緒に帰英し、以後、ケントは、一七四八年に死去するまでずっとボイル邸で暮らした。

当時、ボイルの屋敷は文人や画家、建築家、そしてグランド・ツアーを経験した貴族や知識人などが集まるサロンのような状況を呈しており、ポープや詩人で劇作家のジョン・ゲイなどもそこに集まる常連であった。ある意味では、そこで交わされる会話や情報から、噴水やグロットーに代わって、湾曲した池やS字型に蛇行する流れ、土地の起伏、廃墟などを取り入れた新しい庭園形式の嗜好は方向づけられたとも言える。庭園は芸術作品として眺められ、風景画と結びつけて考えられるようになった。

イングランド式風景庭園は、ケントによってのみ創出されたのではない。前章で見たように、それまでにもアディソンがすでに、『スペクテイター』において、「小麦畑にはすばらしい眺望があるし、牧草地の自然に少し人工の手を加えることによって美しい風景を造ることができる」と述べているし、ポープは、一七三四年にオックスフォード大学植物園を訪れた際に、そこで絵のような光景を目にし、「庭を造ることとは、風景画を描くことである」と言ったと伝えられている。このような時代の嗜好を捉まえて、これを造園における新しい潮流にしたのがケントであった。ウォルポールは、「そんなとき、ケントが登場した。風景の魅力を玩味するにたる画家であり、堂々と意見を述べる勇気と信念をもち、もやもやとした不完全な意見にはっきりとした道筋をつける才能をもって生まれた人物であった。彼は垣根を跳び越え、すべての自然が庭であることを知った」という言葉で、イングランド式風景庭園の発展においてケントが果たした役割に言及している。

ケントは、整形庭園における人工の規則性から離れて、風景画のような自然な庭を造った。しかし、ケントの造った風景は、イングランドの自然な風景ではなかった。ケントがめざしたのは、ギリシャ神話の理想郷であるアルカディアの風景であった。そのために、ケントは、古代の神殿やパラーディオ風の石の橋、さまざまなモニュメントをあちこちにおいて風景にアクセントをつけた。これは、絵画的、古典的、隠喩的な様式とでも言えるものであり、イタリア遊学中のケントの経験や知識が大きく作用していた。この新しい造園方法は「イングランド様式」と呼ばれ、ドイツ出身の美術史家、ニコラウス・ペヴスナーが『英国美術の英国性』において論述しているように、きわめてイングランド的要素の強いものである。しかし、これまでの大庭園の場合と少し意味合いが違うものの、やはりイタリアやフランスの芸術・文化の影響を強く受けていたのである。

この新しい風景庭園の様式は、いわば画家の眼を通して自然を見たものであり、前世紀のフランスの風景画家、ニコラ・プッサンとクロード・ロランの影響がよく引き合いに出される。いずれも生涯の大半をイタリアで過ごし、木立があり、光り輝く川が流れる、穏やかなイタリアの風景を好んで描いた。古典的な神殿や廃墟、水道橋が描き込まれていることも多く、ウェルギリウスなどの古代ローマの牧歌・田園詩の世界への憧憬や、古代ギリシャ哲学の理念を具体化しようとする試みを含んでいた。その作品は、ボイルのようにグランド・ツアーでかつてイタリアを訪れた貴族や、その引率者、あるいはパトロンを得てイタリアで絵画や建築、あるいは文学の修行をしていた者たちの間で人気を呼んでいた。

クロード・ロラン『アポロの神殿で娘を捧げるプシュケの父』。ギリシャ神話を題材に牧歌的な風景が描かれている

ケントは、ストウのほかにも、オックスフォードの近くのラウシャムや、サフォークのユーストン・ホールに風景庭園を造った。当初、これらの庭は、「頽廃した町を離れて無垢に満ちた田舎に隠遁し、質朴な牧歌的生活を送っている」という幻想を抱かせるものであった。ウォルポールは、「水路や円形池、大理石の階段を流れ落ちる滝にはおさらばし、穏やかな流れがまるで好きなように弧を描いている」と言ってラウシャムの庭を称賛した。

しかし、このような庭園も、幾何学的な整形庭園と同じように費用がかかった。ケントによって行われていた、チジックにあったボイルのパラーディオ風のヴィラの改造は、費用がかさみ、負債が二〇万ポンドを越えたために、一七三八年に打ち切られた。しかし、テンプルのストウの改造は継続されており、ケントはそこでブリッジマンの後を継いで、風景庭園の発展に寄与した。

壮大なスケールの風景庭園——ケイパビリティ・ブラウンと田園の変貌

イングランド式風景庭園の成立に大きく貢献したのが、土地のもつ美的な可能性《ケイパビリティ》を主張したことから「ケイパビリティ・ブラウン」と呼ばれた、ランスロット・ブラウンである。ブラウンは一七一六年にノーサンバーランドで生まれ、ケントのもとでストウの庭師として働いた。多忙で留守がちなケントに代わって仕事をし、次第に信頼と名声を得たブラウンはやがて、独立して造園の設計をするようになり、国中の大邸宅の造園や改造を手がけるようになる。彼の料金は莫大なもので、依頼主は有力な貴族階級であった。一七六〇年代にはジョージ三世のハンプトン・コートも手がけた。

ブラウンの風景庭園は、広くて解放的であり、パークでは鹿や羊がハーハーの許すかぎり近くまできて草をはんでいた。見渡すかぎりの緑で、木陰をつくる木立は、大きな一本立ち、あるいは林の状態で点在していた。林は、貧しい農家の家やキッチン・ガーデンなどの現実の田舎の生活を隠す役割もした。風景庭園は花には無関心のように見えるが、ブラウンは、花の咲く灌木の茂みや、

1781年にブラウンによって風景庭園に改造されたヘニンガム・ホール

絡み合うスイカズラやノバラ、キングサリやライラックのトンネルを通る散歩道など、ロマンスの雰囲気を漂わせ、香りのある花は推奨した。

おそらくストウの壮大なスケールにブラウンはやりがいを感じていた。彼の仕事の特徴は、大胆さと莫大な費用であったからである。ウィルトシャーのロングリートでは、パーテアや刈り込まれた常緑樹のあった整形庭園を破壊して、灌木と木立を配置した広大な芝地に変え、運河を勢いよく流れる川に変えた。ダービシャーのチャッツワースでは、ゆるやかに起伏する丘の麓《ふもと》を蛇行して流れる川の景色を造るため、川床をあげ、丘を削った。オックスフォードシャーのブレナム・パレスではワイズの広大な装飾庭園を芝地に変え、川をせき止めて、谷に水を満たし、二つの大きな湖を造った。こうして出来た湖には、美しいアーチをもつ橋を架けた。ケンブリッジのセント・ジョンズ・コレッジでは、コレッジの建物の背後のケム川沿いにあったボーリング用の芝地と整形庭園を、現在も「バックス」と呼ばれて親しまれている、川辺の自然な景観に変えた。ドーセットシャーのミルトン・アビーでは、景観を損なうという理由で、村全体を移動させることもした。代償として村人はブラウンによって設計された新しい住宅に移り住んだが、皮肉なことに、現在ではその村、ミルトン・アバスは、理想の田園風景として観光客を集めている。

バックス辺りのケム川でパント（平底舟）での川遊びを楽しむ人々

　このようなブラウンの様式に危惧と不安を表す人たちも多くいた。風景庭園の建設という大規模な自然の改造は、多くの人には破壊的で、傲慢なものであり、真の園芸の対極にあるとみなされた。一七八五年にウィリアム・クーパーが著した長詩『課題』の「庭」と題された項には、「時代の寵児、改良によって／どんどん犠牲者が出ている。ほら／全能の魔術師、ブラウンの登場だ。／私たちの先祖の住居、立派な館が／取り壊される。…／彼の一声で、前方の湖は芝地になり／森は消える。丘は沈み、谷が盛り上がる」のような詩行がある。

また、一七八〇年代には、初期の風景庭園に求められた「ピクチャレスク」の中味が変容をきたしていた。「絵になる風景」、すなわち「ピクチャレスク」を求める風潮は、次第に、クロード・ロランらの穏やかで、牧歌的な風景に飽きたらず、険しい崖や、荒涼とした渓谷などの「荒々しい自然」に向かい、サルヴァトール・ローザの絵が注目されるようになった。実際に、アルプスへの旅行も流行した。それは、峻厳な山や、奔流、断崖などの風景に「崇高美」を見る、初期ロマン派の詩人の作品やゴシック・ロマンスともつながっていた。ウェールズ、湖水地方、スコットランド、そしてニュー・フォレストなどを取り上げたウィリアム・ギルピンの一連の「ピクチャレスク旅行記」が出版されたのはこの頃のことである。ギルピンの紀行文に教えられて、自分たちの国にある「絵になる景色」を求める旅行者が急増した。

1790年頃の、断崖絶壁からなるホークストーンのピクチャレスクな風景

しかし、このような傾向は、一七七〇年代にすでに起こっていたと言うべきであろう。コーンウォールでは、模造の廃墟やイタリア風の階段、プリマス・サウンドを見晴らす崖の上の石

の座席などを備えたマウント・エッジカムが人気を集めていたし、シュロップシャーのホークストーンでは、准男爵のローランド・ヒルと息子のリチャードが持ち山の砂岩の崖をロマンチックな庭に変えて、人気を呼んでいた。当時の文壇の中心人物で、その言動が大きな影響力をもっていたサミュエル・ジョンソンは、一七七四年にホークストーンを訪れ、その様子を、「どきっとするような光景やものすごい雄大さでいっぱいの場所である。常に崖の縁にいるか非常に高い岩山の下にいるかであった。…岩山の周りには、石を削って造られた狭い小径があり、いたるところで階段状になっている。しかし、人工は、次々に現れる驚異に安全に近づけるようにするだけで、それ以上のことはしていない」と日記に記し、「崇高である、並外れている、巨大であるといった意識が心に迫ってくる」と書き残している。

一方で、専門家としての立場からの風景庭園に対する批判や反発もあった。ブラウンのライバルであったウィリアム・チェンバーズは、一七七二年に出版した『東洋の造園についての論述』において、風景庭園には「感覚をそそるものはほとんどないし、情熱に触れるもの、理解を満足させるものはさらに少ない」ため、そこを初めて訪れた者は、「自分が歩いているのが、ただの芝生の共有地なのか、たいそうな費用で造られ、維持されている遊び場なのか迷うことがしばしばである」と言って、ブラウンを攻撃した。一方で、チェンバーズは、多様性に富み、「面白いものや恐ろしいもの、びっくりさせるもの」などさまざまな趣をもっているとして、当時やはり流行していた中国庭園を称賛していた。

風景庭園への批判――レプトンとピクチャレスク論争

このような批判や不安の声はあがっていたが、風景庭園の造園熱は続いた。その衰えることのない勢いは、ブラウンの場合と同じように、その後継者のハンフリー・レプトンの華々しい活躍に対する批判や風刺からもうかがうことができる。

一八一四年に刊行されたジェイン・オースティンの小説『マンスフィールド・パーク』に、地主のラッシュワースが庭の改良に心を動かされ、資産家のヘンリー・クロフォードがそれに同調する場面がある。ヘンリーの歓心を買おうとするバートラム嬢の、「こんなときにはまずレプトン氏に相談するのが一番いいのではないかしら」という言葉は、当時のレプトンの人気を物語るものである。ヘンリーは、したり顔でラッシュワースの庭の「改良の可能性」を語るが、「改良の可能性」というのはレプトンが依頼主に提案する計画書の決まり文句であった。オースティンは、資産はあるが不誠実なヘンリーと、家名と資産で結婚相手を選ぼうとするバートラム嬢を否定的に描いており、ここには風景庭園に対する批判が表明されている。改良のために現在の屋敷の並木を切り倒すことへの主人公ファニーの批判も続く。

一八一六年に出版されたトマス・ラヴ・ピーコックの小説『ヘッドロング・ホール』には、レプトンに擬せられた庭師のマイルストーンが登場し、地主のヘッドロングに次のような言葉で、所有地の改良を申し出る。

どうか、あなたの庭に魔法の杖を振るわせてください。たちまち、岩は砕かれ、樹木は切り倒され、荒れ地とそこにいるヤギは霞のように消えます。その跡に、パゴダや中国風の橋、砂利の遊歩道と灌木、ボーリング用の芝地、水路、そしてカラマツの木立が姿を現します。

前述のウィリアム・クーパーはブラウンを「全能の魔術師」にたとえて破壊的な「改良」を批判したが、ピーコックは、レプトンの「改良」も「魔法の杖」によって行われるとし、風景庭園の建設ラッシュを風刺している。

しかし、レプトンはこの改良に大まじめに取り組んだ。一七九五年に出版した『風景式造園についての点描と助言』の序論の冒頭に、次のような言葉が見られる。

ある国の景観を改良し、本来の美しさを引き出してみせることとは、イングランドで起こった芸術である。それゆえに「イングランド式造園」と呼ばれてきた。しかし、この用語は、適切であるとは言い切れない。この国では、造園は、より限定的な「園芸」という意味でも、同じように完璧な域に達しているからである。そこで私は、もっとも適切な用語として「風景式造園」という言葉を用いたのである。

これによれば、「風景(式)庭園」は彼の造語である。ほかにも、一八〇三年出版の『風景式造園の理論と実践についての断章』や一八〇六年出版の『風景式造園における趣味の変遷の探究』などの多くの著作があり、レプトンが理論と実践を通して風景庭園のレベルを引き上げようとしたことが分かる。

レプトンにはブリッジマンやブラウンのような庭師としての修行の経験はなかった。どちらかと言えば、その成功は、ケントのように芸術的な才能によるところが大きかったと言える。レプトンは一七五二年ベリー・セント・エドマンズで生まれ、父の仕事の都合で一〇歳のときにノリッジへ移り、そこで学校教育を受けた。一二歳のときにオランダ語の習得と商人としての手習いのためにオランダにやられるが、むしろ美術や造園に興味を強く抱くようになった。帰国後、さまざまな職業に就くがうまくいかず、生活も困窮した。

友人の助言で植物学と造園を独学したレプトンが、風景庭園の設計を始めたのは、一七八八年、三六歳のときであった。一七八三年にブラウンが死去した後、その仕事を継承する者がいないことを知ったレプトンは自ら名乗りをあげたのであった。オランダ滞在時に関心をもち、その後も趣味として楽しんでいた絵画や園芸、読書に助けられ、本格的に庭園設計の仕事を始めると、レプトンはたちまち頭角を現した。彼の成功は、「レッド・ブック」と呼ばれた豪華な計画書によるところが大きかった。庭園設計の依頼を受けると、その土地の「改良の可能性」を綿密に調査し、得意の水彩画と文章で一冊の計画書にまとめ、赤い革表紙で装幀して依頼主に渡したのである。

レプトンは生涯、ほとんど旅装を解くことはなかったと言われる。駅伝馬車を「いつもの机」にし、一カ月に五〇〇マイルから六〇〇マイル移動して回り、三〇年間におよそ四〇〇〇件の仕事を請け負ったという。いずれも数年をかけた、何度も足を運ぶ必要のある仕事であった。彼は、現実的で、「美」にこだわるだけでなく「利便性」も考慮し、たとえば、家の近くにキッチン・ガーデンを造ることもした。一八一一年の馬車の事故の後は、車椅子での生活を余儀なくされたが、その後も身体の不自由な者にも配慮した庭園を設計するなど相変わらず精力的に仕事をした。彼は庭やパークが外の世界につながっていることを求め、テラスからの眺めのなかに船の行き交う運河や荷馬車が往来する街道、工場から煙の立ちのぼる町の

レプトンがエセックスにあった自分のコテージに行った改良。上が施工前、下が改良後である。柵を取り払って自然な眺望を取り入れ、つるバラで目障りな商店の店先を隠している

風景など、動きのある生き生きとした場面が含まれるよう配慮した。

レプトンの庭園設計は、ケントやブラウンに連なる壮大な方法を継承していたが、造り上げられる景色は、土地の所有者の思いを受け入れて、臨機応変に姿を変えられた。レプトンの設計した庭園には、地味なものもあったし、風変わりな異国風のものもあった。晩年に手がけた庭には、パーテアや温室、鳥小屋、ビリヤード室や音楽室、図書室を備えた、有閑階級の嗜好に配慮したものもあった。このようなレプトンの方法は、ブラウンの存命中にすでに起こっていた風景庭園への批判や、「ピクチャレスク」に対する考え方の変化に対応するものであったとも言える。

このようななかで、一七九〇年代に、いわゆる「ピクチャレスク論争」が起こるのである。ヘレフォードシャーの地主であったユーヴデイル・プライスとリチャード・ペイン・ナイトが、ブラウンの風景庭園は単調だとして批判の声をあげ、すでにブラウンは亡くなっていたので、レプトンがその批判を受けて立ったのである。

プライスは、一七九四年に発行された『ピクチャレスク試論』において、ブラウン式の造園法について、「それは地面を滑らかに、平らにすることである。これによってブラウン氏やその後継者は大きな名声を得たのであるが、この機械的で、平凡な作業が始まるや、たちまちのうちに画家の称揚する、精妙な複雑さ、形や色合い、光と影などの美しい多様性はすっかり消失する」と述べ、「荒々しさ、意表をついた逸脱、不規則」を追求する「ピクチャレスク」を主張した。

ナイトは、一七九四年にプライスに宛てて作られた、英雄詩体の『風景――教訓詩』において、

「苔色のテラスよ、再び立ちのぼれ。／ラビリンスの複雑な迷路よ広がれ。／変幻自在のイチイは真っ直ぐにそろえよ。／昔の並木を再び植えよ」などの詩行で、かつての整形庭園を憧憬した。

彼らは、レプトンについて、絵画風の鑑賞力をまったく欠いており、昔の不規則な美を破壊したとして攻撃した。不規則性のもつ美しさこそが、古来から自然に備わったイギリス人の権利と自由に結びついていると主張したのであった。この論争はやがて、ホラス・ウォルポールと『マンスリー・レヴュー』がレプトンを擁護し、『ジェントルマンズ・マガジン』がナイトとプライスを支持するなど、ジャーナルを巻き込んだものになった。しかし、彼ら三人はもともと親しい友人であり、レプトンはすでにブラウンの様式からはずれ、プライスやナイトの主張に近づいていた。ジョージ・W・ジョンソンがその著『イングランド造園史』（一八二九）において、「ナイトとプライスの主張する原則は、公平に見れば正しいし、近代の設計者の普遍的な同意にそったものである。一方、レプトンもその円熟期の造園において同じ原則にそって造園を行っており、…彼らの間には重大な相違は一つとしてない」と指摘しているように、この論争は実質的には不毛であった。

＊……風景庭園とイギリス社会の変化

不屈のイングランド精神の主張——風景庭園の政治学

風景庭園が自然な風景の美しさを重視する考えから生まれたことは確かである。しかし、それは、ギリシャ・ローマの牧歌的世界を再現するものであり、言うならばアルカディアへの憧憬を具体化するものであった。すなわち、裕福な有閑階級が学識や芸術趣味を披瀝《ひれき》するために行った人工による自然の大改造であった。ある意味では、それは、莫大な浪費とも言うべきものであった。確かに、風景庭園の造営は、土地の所有者にとって経済的な意義ももっていた。森や林は狩猟用の鳥獣の隠れ場となったし、芝地は家畜の餌場として貸し出され、樹木は木材用に切り出された。しかし、これらによる収入は、その莫大な造園費用からすれば微々たるものであった。芸術・哲学を風景によって具体化しようとするその奢侈には、テューダー朝やステュアート朝の王侯貴族や権力者の壮大な整形庭園と同じように、それを可能にする富や力を誇示する側面もあった。しかし、そこには、この時代特有の別の政治的意味も内包されていた。

たとえば、当時のストウの所有者であったリチャード・テンプルは、ストウを風景庭園に造り直すために池を掘り、丘を盛り、古代風の寺院を造るために何年にもわたって何百人もの労働力を注ぎ込んだ。それは、確かに、富と権勢を誇示する行為であった。しかし、テンプルは筋金入りのホイッグ党員で、ロバート・ウォルポールと袂を分かった後は、不屈のイングランド精神を主張し、反対勢力を主導した人物であった。この庭園の改造には、自らの憂国の情を表明し、政治的信条を訴える政治的意味が盛り込まれていた。

ストウのある山陰には、ギリシャ神話の冥府の川・ステュクスに見立てたせせらぎの畔に理想郷のエリュシオンの野が造られ、一七三四年にケントのデザインによる、ホメロス、ソクラテス、リカルガス、エパメイノンダスの彫像を収めた「古代の美徳の御堂」が、廃墟と化した「近代の美徳の御堂」と対峙して建てられた。これは、ウォルポール政権によって頽廃した時代を暗示するものであった。

さらに、エリザベス一世やフランシス・ドレイク、ウィリアム三世、ジョン・ミルトン、アイザック・ニュートンなどのイギリスの偉人の胸像が並んだ「イギリスの賢人の御堂」も一七三四年にケントのデザインによって建てられた。これは、ローマ皇帝の胸像を並べた、イタリアのヴィラ・ブレンゾの庭園の例にならったものだと考えられており、一六八九年にウィリアム三世とメアリー二世のプロテスタントの王位継承によってイギリスの自由を守った自負を語り、海洋国家としてのイギリスの発展を志向するテンプルの意志表明でもあった。大英帝国時代のイギリスで第二の国歌として広く歌われた「ルール・ブリタニア」の起源である、ジェイムズ・トムソンとデイヴィド・マレットの合作とされている一七四〇年初演の仮面劇『アルフレッド』には、さまざまな古の英雄的国王が登場し、自国意識を鼓舞するが、押し並べられたイギリスの賢人の胸像にも同じ意図があったと考えられる。

かくあれかしと海洋国家としての発展を望む「ルール・ブリタニア」が、次第に大英帝国の国歌としての様相を帯びるように、羊がのどかに草をはむ田園風景を取り込んだ風景庭園は、やがて、数十頭の猟犬が一匹のキツネを追うキツネ狩りの場となる。風景庭園の巡回路のところどころに設けられた御堂ではお茶が振る舞われ、ドームのある円形の建物であるロタンダでは食後のコーヒーが供せられるなどの歓待が行われたが、それはキツネ狩りの日の歓待へとつながっていった。キツネ狩りは、多くは土地の有力者であった主催者が招待客やその地の人々すべてをもてなす権勢誇示の場であり、人々が連帯感を確認する祝祭の意味も帯びていた。

このような風景庭園の意味について、ペヴスナーは『英国美術の英国性』において、「イングランドの温和な気候がイングランドの野外スポーツと造園術を生み、イングランド人は風景造園術の創始者、そしてピクチャレスクの創始者となった」と述べ、「イングランド式庭園は、不均整で、非整形で、多様性に富んでいて、蛇状の池や曲折する散歩道など、…〈曲線〉と〈驚き〉がその大きな要素である」と続ける。そして、「造園に自然らしさや意外性を求めることは、大陸ヨーロッパでは一八世紀半ばにイングランドから入ってくるまではなかった」と指摘したうえで、この「不規則性」が、「イングランドは自由の国であり、フランスは圧政の国である」というプロパガンダに利用されたと論述する。確かに、外に向かって拡大し、国内の産業構造に大きな変化が起こりつつあった当時のイギリス社会において、旧社会の伝統の保持においても、新しい社会の変化への対応においても、風景庭園はまことに都合よく利用されたのである。

囲い込みによる田園の荒廃——農民を閉め出す風景庭園

しかし、これは支配者側の統治の論理であり、現実には、風景庭園への変化は、貧しい人々から生活の手立てを奪い、父祖の地から彼らを追い立てるものになった「囲い込み」と微妙に絡みあっていた。資本主義経済の発展のなかでより大きな収益を上げるためには大型の農業用機械の使用できる大規模な耕地が必要であった。そこで、議会法を根拠にして一八世紀後半から一九世紀前半にかけて、小規模な農地や共有地をまとめるためにいわゆる「第二次囲い込み」が起こり、一七六〇年から一八〇〇年までの間に、それまで貧しい農民たちに、野菜を作ったり、家畜を育てたりする入会権が認められていた共有地を含む二一〇〇万エーカーもの土地が囲い込まれた。この変化は、広大な土地の利用を前提とする風景庭園の進展には好都合に作用し、一方で、自国意識と結びついて人気を得た風景庭園の隆盛は、囲い込みを容認し、後押しした。しかし、いずれも「改良」の名のもとに強引に土地の変容を推し進めるものであった。さきに、風景庭園への「改良」の可能性を示唆されて田園が風景庭園に変貌することに対する不安と風刺の声があったことを見たが、「改良」の名のもとに共有地の権利が犠牲にされ、貧民の苦境を生み出したことに対しても同じような声があった。

オリヴァー・ゴールドスミスの一七七〇年の詩である「廃村」はそのような「改良」のもたらした結果に誘発されて生まれたものである。少年時代を過ごしたアイルランドの村での生活への追憶が含まれているが、一説では一七六〇年代の初めに、初代ハーコート伯爵サイモン・ハーコートが屋敷を改修するために、オックスフォードのニューナムに古くからあった村を移動させたことに対する批判として書かれたものであるという。確かに、この作品は当時のイギリスの農村の状況を映し出すものであると言える。

「廃村」は、「懐かしきオーバン、草原で一番美しい村。／健康と豊かさが働く若者たちを元気溌剌にし／花咲く春がもっとも早く訪れ／夏はいつまでも去らずに花を咲かせる／無垢と安らぎに満ちたいと美しき場所」という詩行で始まる。しかし、その牧歌的な生活は、当時の多くの農村がそうであったように、囲い込みの結果、次第に荒廃し、「これらの魅力はすべて消えてしまった」ことが告げられる。そして、ついには、「ただ一人の主人がすべての土地を支配した」ために、「荒れ果てた入会地に入ることさえ拒否される」ようになった人々が生活に窮し、やがて昔からの「田舎風の美徳」を失い、「憂鬱な一群となって」村を出て行くことが悲憤を込めて語られる。また、農業改革の一方で進められたケイパビリティ・ブラウンの風景庭園のために立ち退きの憂き目にあった村を嘆く、「虚栄心の強い金持ちが／

ゲインズバラ『木こりの帰宅』。聖母子像を連想させる母親の胸に抱かれた幼子と子供たちの姿には、貧しいけれども清らかなコテージの生活が暗示されている

多くの貧しい者が差し出した土地を取り上げ／湖を造り、私園のパークを広げ／馬や馬車、猟犬のための場所にする」のような詩行もはさまれている。

同時期に活動したトマス・ゲインズバラは、肖像画家として有名であるが、故郷のサフォークの田園を愛し、人々の暮らしを描き込んだ風景画もたくさん残している。そのなかには囲い込みのために共有地から閉め出された貧民の生活を描いたものがかなりある。粗末な小さな家であるコテージの戸口に集う家族と、森で集めた薪を背負って戻った男性を描いた『木こりの帰宅』（前ページ）や、左腕で子犬を抱きかかえ、右手に欠けた水差しを下げた、ぼろをまとった少女を描いた『犬と水差しを持つコテージの少女』などである。いずれも、一見したところでは素朴な生活を描いた、郷愁を誘う絵であるが、囲い込みによって貧しい生活を強いられた人々の厳しい現実を垣間見させるものである。

アロットメント運動の始まり――コテージの貧民は救われるか

このような下層の人々の苛酷な状況を目の当たりにして、囲い込みによって昔からの共有地さえも取り込んだ上流階級や中産階級の者たちのなかにも、何らかの形でその償いをし、窮乏を和らげねばならないと考える者もいた。一七三一年創刊の総合誌『ジェントルマンズ・マガジン』の一七六〇年四月号に掲載された「土地の囲い込みにともなう功罪」という記事には、盛んに議会に申請される共有地の囲い込みは、「農業生産物の増収をもたらし、牛肉や羊肉の価格を抑えるのに有効である」などの理由によっておおむね肯定的に捉えられているが、「耕作可能地が囲い込まれると、零細農民やコテージに住む貧民はすぐさまあるいは徐々に追放されることになり、その土地は荒廃する」という指摘もすでになされている。また、囲い込みと新農法を奨励したアーサー・ヤング自身が、一八〇一年に出版した『荒れ地を貧民の擁護と支援に利用する妥当性の研究』において、一片の土地が「勤勉と倹約、忍耐と努力を誘引する」ことを認めていた。

敢然として囲い込みに異を唱えたのが、政治改革を訴えたジャーナリストのウィリアム・コベットであった。自らが一八〇二年に創刊した週刊紙『ポリティカル・レジスター』において囲い込みを批判する論陣を張ったコベットは、たとえば、一八二一年五月二六日号において、ハンプシャーのホートン・ヒースにおける囲い込みについて、「なんとむごいやり方なんだろう。イングランド紳士がこんな情け容赦のないことをするとは！〈荒れ地〉だと言って取り上げて、そこで生計を立てていた者たちを追い払ってしまうとは！　本当に〈荒れ地〉だろうか、そんな呼び名は犬にくれてやればよい。ホートン・ヒースは荒れ地だっただろうか。およそ一〇〇人もの少年・少女が日曜日に楽しく遊んでいたのに。都会の路地で邪悪にそまって徘徊することにはならなかったであろうに」と述べて、激しく弾劾した。囲い込まれてしまったその共有地には、およそ三〇軒のコテージが含まれていた。

結局のところ、囲い込みは一八三〇年代まで続くのであるが、このような非難に対して、一八一九年には、議会において、各教区で二〇エーカーを住民用の貸し地として残す権限を教区長に与えることが承認され、一八三〇年に農業労働者たちが低賃金と物価高に反対して起こしたスウィング暴動の後、限度は五〇エーカーまで拡大された。

その後、一八三〇年代にヤング・イングランド運動が起こる。大昔から容認されていた土地の回復だとして、大土地所有者に労働者や貧民への土地の割り当てを求めたこの運動は、後に述べるウィリアム・モリスの主張同様、産業革命以前の古き良き時代を理想化する中世主義に根ざしたものであり、支配者層にノブレス・オブリージュ（高貴な者にともなう義務）の倫理感を求めるものであった。これらの運動がどれほど実質的な影響を及ぼしたかは不明であるが、一八四五年の一般囲い込み法は、「公正に判断して貧しい労働者に必要なだけの土地を割り当てねばならない」と規定した。

このような動きのなかで、いわゆる「アロットメント運動」が盛んになる。この運動は、主として囲い込みによって暮らしを奪われた貧民に一定の土地を与え、その生活を助けるために起こったものであるが、産業構造の変化にともない、その対象にも、運動主体にも変化が生まれる。囲い込みの推進者であった大土地所有者のなかに貧民に一定の土地を与える者がいたように、次第に増加した工場労働者に土地を準備し、園芸を奨励する資本家や工場経営者が現れるのである。たとえば、一七七五年創立の、「ヨーロッパの驚異そしてブリタニアの誇り」とうたわれた蒸気機関の製造会社ボールトン・アンド・ワットのソーホー工場では、労働者の福利厚生のために灌漑《かんがい》設備の整った土地が提供された。また、ノッティンガムでは、一八四二年に、ハンガー・ヒルという土地がノッティンガム独立コテージ・ガーデン協会の尽力によって四〇〇の区画すなわちアロットメントに細分され、年額一ポンドで労働者に貸し出された。その後もより細かく区画された多くのアロットメントが貧しい労働者に貸し出されたという。

労働者の生活環境の改善を目的として一八三〇年に創設された労働者友愛協会などの積極的な活動に助けられて、労働者のためのアロットメントの確保は進展した。アロットメント貸与の際に園芸が奨励されるなど、いわゆる「貧民の文明化」がはかられる場合も少なくなかった。今日では「アロットメント」はいわゆる「市民農園」や「貸農園」の意味で使われるが、背後にはこのような経緯があった。

中産階級の郊外の庭――風景庭園の拡散

風景庭園は、当初、王侯貴族や地方の荘園領主などの先祖伝来の大規模な土地とカントリー・ハウスを所有する者たちが、自分の土地で新しい時代の庭園美学を実現するものとして起こった。しかし、この新しい流行の担い手は、主として、旧勢力の後継者のなかでもとくに、貿易と産業の可能性を重視するホイッグ的な考えを支持する者たちであった。ところが、新しい産業社会の成立とともに、風景庭園は、時代の変化に応じて新たに巨万の富を得て広大な土地やカントリー・ハウスを入手した者たちの間に広がり、社会流動性の増した世の中で、さらに下位の階層にまで拡散していった。「絵になる風景」の「可能性」を探すこの様式の理念は、自国意識の高まりやロマン主義の思潮と矛盾するものではなかった。

南海泡沫事件の危機に乗じて大金をもうけた銀行家のヘンリー・ホア一世は、貴族文化を自分のものにしようとして、一七一七年にウィルトシャーに古くからあったカントリー・ハウスを買収し、スタウアヘッドと名付け、その改造に取り掛かる。しかし、完成を見ずに、一七二五年に死去する。後継者のヘンリー・ホア二世は父の志を継ぎ、その後数十年の年月をかけて、莫大な富を注ぎ込んで、美しい庭園を造り上げる。ヘンリー・ホア二世は芸術への造詣が深く、熱心な美術収集家であった。自ら設計を手がけたその庭園は、収集品に含まれていたプッサンの牧歌的な絵を再現したようなものであった。

アイルランドの貴族の出身で、アイルランド議会およびイギリス議会の庶民院で国会議員を務めたチャールズ・ハミルトンは、一七三八年、サリーのペインズヒルに二〇〇エーカーを越える土地を買い求め、庭造りに全財産を注ぎ込む。結局、一七七三年に経済的に行き詰まり、人手に渡すことになるが、王立協会のフェローでもあったハミルトンが自ら設計も手がけたその庭は、プッサンの牧歌的な風景やローザのピクチャレスクな風景を含む、一八世紀後半におけるイングランド式風景庭園の進展を反映するものであった。

砂糖のプランテーションで莫大な富を築き、ロンドン市長を務めたウィリアム・ベックフォードは、一七四五年、ウィルトシャーのフォントヒルにあった荘園屋敷を購入し、ナダー川の岸部に壮大な屋敷を建設するとともに、風景に手を加え、寺院やパゴダも作った。一七七〇年にウィリアム

ターナー『東側からのフォントヒル・アビーの遠望』。前景に湖、近景に牛の群れと木立が配置され、クロード・ロランの牧歌的な風景画が意識されているという指摘もある

が死去し、当時一〇歳だった息子のウィリアム・トマス・ベックフォードが莫大な遺産とともにこの屋敷を相続する。ロマン派の詩人ジョージ・ゴードン・バイロンによって「イングランドで一番裕福な跡取り息子」と呼ばれたウィリアムは、絵画、建築、音楽そして文学などの芸術三昧の生活を送り、芸術作品の膨大な収集家として知られたほか、フランス語でゴシック小説の『ヴァセック』を書いたり、フォントヒルの敷地に建てたフォントヒル・アビーや、バースのランズダウン・タワーの設計にかかわるなど、多才な才能を発揮した。

父親のウィリアムによる屋敷の改造にも、当時流行の兆しのあった風景庭園の様式の影響が見られるが、息子のウィリアムも敷地内の湖を拡張したり、グロットーやボート小屋、馬小屋などを配置し、風景庭園を進展させた。壮大なフォントヒル・アビーの建設は、ピクチャレスクの新しい意味合いにそったものであるとも言える。一七九九年、フォントヒル・アビーを建設中のウィリアムの依頼を受けて、ジョウゼフ・マロード・ウィリアム・ターナーが、その風景を水彩画や素描に残しているが、テート・ギャラリーに所蔵されているそれらの作品からも、この時代の風景庭園への関心の深さがうかがえる。

ロンドンのサザークの醸造家のレイフ・スレイルが一七三〇年代に購入し、息子のヘンリー・スレイルが相続したストレタム・パークは、一〇〇エーカーを越える広大なものであった。ロンドンの南西、六マイルほどの距離にある見晴らしのよい丘の上に、キッチン・ガーデンや果樹園を備えた大きな邸宅が建てられ、邸内には遊歩道のついた手入れの行き届いた庭があった。また、ハーハーの彼方には広い牧草地が広がり、三エーカーの湖と深い森が望めた。湖にある小島には橋が架けられ、風景庭園を意識した造園がなされていたという。一七六〇年代にヘンリーは国会議員に選出されており、芸術家・文人との交遊も盛んで、とくにサミュエル・ジョンソンと親密であったことはよく知られている。ロンドンからほど近いストレタム・パークはそのような人々の集う社交場の役割を果たしていた。

ジョンソンとも親しかった、役者、劇作家、演出家そして劇場経営者として活躍したデイヴィド・ギャリックも郊外に屋敷を求めた一人であった。ギャリックは一七五四年、テムズ河畔のハンプトンに、後に「ギャリックス・ヴィラ」と呼ばれることになった屋敷を入手し、ケイパビリティ・ブラウンの助言を仰ぎながら、思いどおりの庭を造り始めた。道路を隔てたテムズ川沿いの敷地と屋敷の庭をグロットーのようなトンネルで結び、岸辺にはシェイクスピアへの敬意を表すために八角形の御堂を造り、「シェイクスピア堂」と称し、客人をもてなした。シェイクスピア俳優として名を成していたギャリックらしい配慮であったが、さきに見たリチャード・テンプルによるストウの「イギリスの賢人の御堂」と同じ発想であり、やがてイギリスの表象としてのシェイクスピアの神格化が始まることを予感させるものであった。

このように、ロンドンの郊外に別荘を建て、なかにはそれを本宅として使用する者もいた。貴族のように暮らすのを望んだが、田舎で大邸宅を維持する負担は望まなかったのである。彼らは都市において生活の資を確保し、身近な郊外の屋敷に自らのアルカディアを求めたのであった。一七二四年から一七二六年にかけて書かれた『大ブリテン島周遊記』において、ダニエル・デフォーは、ロンドン郊外の膨張について、「郊外に移り住んだ新興階級の大部分は、商売によって裕福になった中間階層に属する人たちであり、なかには、ロンドンに対する愛着を捨てきれず、都市と田舎の両方で暮らす人たちもいるからである」と述べ、一七二五年に出版された『完全なるイングランド商人』では、「王侯貴族の宮殿を凌ぐ高貴な屋敷がどれほど多く、ロンドンから数マイルのところに、商人たちによって建てられたことであろうか」と驚いている。

スノッブの田舎暮らしへの揶揄――風景庭園の卑俗化

しかし、この時期の急速なロンドン郊外の拡大、市民階級の膨張からすると、これらの名の知れた芸術家や裕福な商人、専門職業人のほかにも、膨大な数の人々がこの流行のなかにあったと考えられる。風景庭園のファッション化を目の当たりにして、ある者はそれを表面的に追いかけ、ある者はそれを横目に見ながら自分なりの擬似風景庭園や自然を取り入れた庭を造った。歴史に名を残す風景庭園が数多く造られ、その名残をとどめる名園はいまも残っているが、庭園巡りで入手した名園の印象を再現したり、その様式の一部を真似た擬似風景庭園がこの時代を席巻していた。

　世の常として、上位の階級の者、あるいは知識人を自認している者たちは、そのような庭の造り手を俗物とみなして攻撃した。たとえば、第四代チェスターフィールド伯爵フィリップ・スタンホープやホラス・ウォルポールらによって創刊された『ワールド』の一七五三年四月一二日号は、その名も「スクワイア・マッシュルーム」という名の成り上がり者を登場させ、その庭を揶揄し、「キノコ」のように湧き出てきたケントの模倣者を攻撃している。

ジェイムズ・ギルレイ『気持ちのよい天気』。「ヴィラ」の所有者の俗物性をからかう風刺画。ギルレイは当時の辛辣な社会風刺画（カリカチュア）の流行を先導した

　ハートフォードシャーの寒村で生まれたこの男は、どのような手段によってかはつまびらかにされていないが、四〇代になった頃にはかなりの財産を手に入れ、「自分が趣味のよい、人

生を豊かに楽しめる人物であることを世の中に知らしめよう」と、故郷にほど近い所で農家を買い取り、当時流行の庭園を造る。貴族的な生活をものにしようとするこの成り上がり者の、あらゆる流行を詰め込んだ庭は、次のように揶揄されている。

黄色く濁った、蛇行する川が、美しい谷を淀みがちに流れている。その長さは二〇ヤードに及んでいる。川には、中国風の橋が架けられている。…橋を渡ると数々の間違いのせいで込み入った森と曲がりくねった遊歩道がある。…シデの生け垣の迷路を通り抜けると、木の根で造られた古い隠者の小屋に辿り着く。ここでひと休みの後、迷路の散歩道を通り抜ける、これまでよりずっとひどい間違いでいっぱいの二番目の逍遙が始まる。…やがて、突然、たくさんの花壇が格子状に並び、中央には水を噴き上げる小さな噴水が置かれた、開けた円形の敷地に出る。

比較的裕福な都市住民が郊外に広大な土地を求めたのと同じように、一八世紀中頃までに、それほど裕福ではない商人や専門職業人、商店主が、ロンドン郊外の道路沿いに、ささやかな敷地付きの小さな家を買い求めるようになっていた。サミュエル・ジョンソンの個人雑誌のような形で発行されていた『アイドラー』の一七五八年七月二九日号に掲載された、人間の虚栄心を語るエッセイにおいても、郊外に別荘をもった商人が槍玉にあげられている。

ネッド・ドラゲットという名のこの商人は、乏しい資金で商売を始めたが、質朴な性格と正直な仕事ぶりで信用を得て、順調に商売は繁盛する。彼は、成功を収めてもおごることなく、真面目に仕事を続けるが、次第に、慌ただしい喧騒の生活を離れ、澄んだ空気のなかで暮らしたいと思うようになる。「十分に裕福になったので田舎に家をもち、晩年はゆっくり暮らしたい」というのが彼の言い分で、三年の辛抱の後、彼の望みはついに実現する。以下は、エッセイの筆者が語る友人ドラゲットの田舎暮らしの様子である。

イズリントンにある彼の部屋を訪ねた。その部屋からは大通りが見下ろせ、彼は、もうもうと立ちのぼる土埃のためにとても開けることができない窓から外を眺めて悦に入っていた。彼は私を喜んで迎え入れ、「田舎へようこそ来られた」という言葉に続けて、「さわやかな気分にならないですか」と訊いてきた。夕食の後、一同がそろうと、ドラゲット氏は再び田舎を称揚する言葉を繰り返し、静思することの悦楽を推奨した。そして、午前中はずっと窓辺で、目の前を通りすぎて行く馬車を数えていたと言うのだった。

ここには悪意のある攻撃はないが、このロンドンの商人の田舎暮らしの実体がやんわりと揶揄されている。しかし、なかば流行に踊らされた、表面的な田舎暮らしの流行は、この頃すでに鋭い風刺の対象になっていた。

当時、『ワールド』の向こうを張って、より庶民的な週刊紙として発行されていた『コナサー』

の一七五四年九月一二日号には、謙遜して「ボックス」と呼ばれることもあったが、ときには自分なりの手を加えて「ヴィラ」とも称された、週末を過ごす小住宅の流行について、次のような文章が掲載されている。

この埃っぽい別荘地で、わがロンドンの一級市民たちは、いつも週末と週初めを過ごすのが常になっている。ここにはロンドンの煙はないが、ヴァージニア産の煙草の煙でその埋め合わせがされている。彼らの「ボックス」は、大体において一列に並んでおり、ロンドンの街路の光景に酷似している。…この小住宅は、街道に面した塀の際にあるので、通りすぎる馬車が見え、この家の持ち主は通りすぎる人々に最上等のカツラを見せびらかすことができる。ときには四フィートの高さにまでに水を噴き上げる噴水がつき、魚の代わりにカエルが入れられている小さな人工池が、庭のなかでもっとも立派な装飾品の一つである。

「ボックス」という語は当初、狩猟や銃猟、釣りなどの野外スポーツ用の小屋を表すのに使われたようであるが、やがて、郊外の小住宅を表す「カントリー・ボックス」という語も現れる。キツネ狩りは言うに及ばず、テムズ河畔での釣りパーティーとも無縁であったが、ささやかながら、カントリー・ハウスやロンドン郊外のヴィラでの生活を疑似体験する場所がこれらの週末用のボックスであったのだ。上位階層の者たちは、ロンドン郊外におけるその流行を愚かな俗物根性の表れとして攻撃したのである。

このように、風景庭園の流行はカントリー・ハウスへの憧憬と微妙に結びついているが、必ずしも、カントリー・ハウスの所有者であった上流階級の生活への憧憬に起因するものであるとは言い切れないであろう。イギリス人の田園への愛着は、産業化・都市化に呼応して次第に強くなるのであるが、風景庭園が目覚めさせた田園・田舎の再評価は、とくにロンドンを中心とする都市の住民の間で、より広い範囲で、より多様な形をとって現れてくるのである。

*……都市の庭園と新しい植物への関心

遊園地の誕生——都市に田舎を取り入れた行楽地

「スモーク」と「フォッグ」の合成語である「スモッグ」が、燃料として石炭を多用するロンドンにおいて、その地理と気候によって助長されて生じる大気汚染を表す格好の言葉として広く使われるようになるのは二〇世紀初めのことである。しかし、一四世紀の初めにはすでにロンドンにおいて石炭の使用を規制する動きがあったし、一七世紀には、一六六一年にジョン・イーヴリンの『フミフギウム、あるいはロンドンの不快な大気と煙の解消』があるように、大気汚染は古くから深刻な問題となっていた。さきに引用した『アイドラー』や『ワールド』の記事にうかがえるように、郊外に週末用の別荘を求める人々の自然志向のなかに、ロンドンの汚れた大気を逃れたいという気持ちがあったことは確かである。それは、風景庭園の流行の根底にある無垢な自然への憧憬の大きな部分を占めていたと考えられる。

そのようななかで、多くの新興の中産階級が、郊外に健康、澄んだ空気・水を求めたが、一方で、都市に自然を取り入れる努力も行われた。一七二二年に出版されたトマス・フェアチャイルドの『都市の庭師』は、都市にもっと野生を取り入れ、自然を取り戻すための園芸の提言をしたものである。フェアチャイルドは出版の意図を序論で次のように語っている。

石炭の煙が植物を傷めるし、運良く小さな庭を入手しても、人々が植物の世話の仕方を知らないために、ロンドンでは何事もうまく運ばないことを知っています。……だからこそ、このような形で私は思うところを伝えたいのです。つまり、大量の石炭が燃やされるロンドンやその他の都市において、非常に限られたものであるとしても園芸を楽しむことができ、真面目な商売と勤勉によって豊かな引退を迎えられたときには田舎暮らしを楽しむ準備ができていることを願っているのです。

この序論からは、本書はロンドンなどの都市に住む市民の個人の庭における園芸の手引き書であるように思われる。しかし、大部分は、当時ロンドン市内に幸運にも散在していた「スクエア」と呼ばれる広場や、テムズ河畔の緑地、大きな建物の中庭など、ほかのヨーロッパには見られない空間の活用についての提言である。現在は一般市民にも広く公開されているが、当時これらの庭園や緑地の多くは、日光と広い空間を取り入れるために隣接する建物の所有者やその部屋の居住者が共同で確保したものであり、利用者が合鍵で出入りするものであった。フェアチャイルドは、砂利の小径、幾何学模様の芝生の区画、刈り込まれた木立などを特徴としていたこれらの空間に野生の自然を取り入れることを主張し、具体的な植栽の方法、植物の種類なども提案するのである。バルコニーや街路に面した建物の窓辺を草花で飾る方法についての提案もあるが、フェアチャイルドがここで扱っているのは、後に憩いを求める市民の庭として「公園」や「遊園地」に発展する空間に属するものである。

カナレット『ヴォクソール・ガーデンズ、グランド・ウォーク』。グランド・ツアーのイギリス人の間で人気を博したイタリアの風景画家カナレットは、イギリスでも多くの風景画を残した

民衆娯楽の場としての遊園地は、一七世紀にはすでに存在していたが、一七三〇年代からロンドン市内やその周辺で市民の行楽地として人気が高まる。その代表格にあたるのが、ヴォクソール・ガーデンズである。王政復古以前からニュー・スプリング・ガーデンズという名で人々に親しまれ、一六六二年にサミュエル・ピープスの

日記にも言及されている庭園がその前身である。当初は、樹木と灌木が茂る広大な敷地内に遊歩道が通っているだけで、訪問者に食べ物と飲み物を売る素朴な行楽地であった。ところが、一七三〇年代に歓楽的な要素を強め、一七八五年には入場料をとって、さまざまな歓楽を提供する遊園地になる。趣向を凝らした庭園や、熱気球乗り、大きな円形ドームで催される各種の展示や余興、花火大会などで多くの人々を集め、ロンドン随一の行楽地となるのである。

ほかにも、一七四一年にチェルシーに開園したラニラ・ガーデンズは、流行の最先端を行く趣向や音楽会などを売り物にしてヴォクソール・ガーデンズに対抗したし、一七五〇年頃には、イズリントンのホワイト・コンディット・ハウスが、絵画を飾った休憩所をおいた、気持ちのよい散歩道を造り、人気を集めた。ここには、釣り小屋を設置した円形の池もあり、当時流行した釣りパーティーに利用された。それは、まさしく、都市のなかに自然を求める欲求の表れであった。

また、一七二八年に書かれたジョン・ゲイの『乞食のオペラ』において、ならず者たちの溜まり場として言及されているメリルボーン・ガーデンズは、「アニマル・スポーツ」あるいは「残酷スポーツ」などと呼ばれる牛攻めや闘犬などの娯楽を提供し、酒と賭博の欲望が渦巻く悪所として有名になった。ベルサイズ・パークのように情事の場所になって悪名を馳せるところもあった。

しかし、眉をひそめられる側面はあったが、これらの遊園地は、残酷な民衆娯楽や大量飲酒と同じように、囲い込みによって農村を追われ都市労働者となった人々、あるいは何世代か前にそのような憂き目に遭った人々が都市に見出した田舎であったとも言える。

ロンドン市民の庭園ブームと、装飾としての「花」への関心の高まり

本章の冒頭で、風景庭園の誕生を予言するような指摘を含むスウィッツァーとラングリーの書物について述べたが、この二つの書物はまた、当時の園芸の特徴を示すもう一つの共通点をもっている。つまり、スウィッツァーの『イコノグラフィア・ルスティカ』の副題は「貴族、紳士、庭師のレクリエーション」であり、ラングリーの『造園の新原理』の見返しには、「グレイト・ブリテンの貴族・紳士の方々への広告」という宣伝広告文がついているように、いずれも、当時の園芸への関心の高まりを背景にして出版された啓蒙書であったのである。

この二つの書物は読者として貴族・紳士階級を想定しているが、庭園が一種のステイタス・シンボルと考えられていた当時の状況を考えると、上位の文化を取り入れようとする者たちの間でも参考にされたと考えられる。風景庭園が流行するにつれて、それを本格的に実践する余裕のない者は既存の庭園のなかにグロットーや噴水などを取り入れて欲求不満を解消させた。しかし、そのような要素は整形庭園の伝統のなかにもあった要素であり、都市部で改造の難しい整形庭園の持ち主の間でも参考にされたと考えられる。造園に対する関心が高まるなかで、とくにラングリーの書物は、都市部や郊外における造園の指南書として広く読まれた節がある。しかし、そこで述べられているのはむしろ従来の庭園様式の色彩の濃いものであり、伝統的な細分化された区画の計画的な利用の提案をするキッチン・ガーデンの説明などに、むしろこの書物の独自性が見られる。

このような書物に裏打ちされた都市住民の庭を垣間見させてくれるものに、メアリー・ディレー

ニィの日記がある。「ペイパー・モザイク」と呼ばれる切り絵の花の工芸作家として上流階級の婦人たちの間で人気のあったディレーニィは、熱心な園芸愛好家であった。一七歳のときに結婚した四三歳年上の夫が一七二四年に死去した後、一七四三年にアイルランドの医師パトリック・ディレーニィと再婚するまでの間、メアリーは主としてロンドンに住む叔母夫婦の家に寄寓していたが、一七三四年六月七日に妹のアンに宛てた手紙のなかに次のような文章が見られる。

おそらく私が庭をもっていないと思っているのでしょうけども、それは間違いよ。グロスターの館の客間ほどの庭はあるの。ダマスク・ローズや、多色や単色のストック、紫や赤のナデシコ、枯れているのも生きているのもある灌木、花の咲いたことのないスイカズラなどが植わっています。あなたが町へ来られて草取りや水やりをしてくださったら、趣も新たになって見違えるようになるでしょうから、そのときまでは手を入れず、そのままにしておきます。

詩人で劇作家でもあった王党派の政治家、初代ランズダウン男爵ジョージ・グランヴィルの姪であったメアリーは、決して一般的な市民ではなかったが、この時期は市民と変わらぬ、あるいはそれにも及ばないつましい生活をしていた時期であった。一七三二年三月三〇日の、同じく妹のアンに宛てた手紙のなかには次のような文章もある。

いまのままでもあなたの庭は気に入っているのですが、バラやスイカズラ、ジャスミン、ノバラをたくさん植えてはどうかしら。それからスズランも忘れないでね。私が一番なりたい花よ。ひっそりと、日陰で、自分の外套にくるまって咲いていて、まるで見られるのを恥ずかしがっているかのように静かに頭を下げ、自分の値打ちにはまるで無頓着といった風なのよね。なんてかわいいのでしょう。あの花のようになりたくない人なんているでしょうか。

スズランと自分を重ね合わせていることが当時の彼女の境遇を思い起こさせるが、それとは別にこれらの文章には、当時の都市における市民の庭の様相をうかがわせるものがある。不健康な都会を逃れるためにカントリー・ハウスや郊外の別荘を所有することができた恵まれた者たちとちがって、都市での生活を余儀なくされた者たちは、そこでできるだけ快適に過ごすことを考えた。公園や遊園地の発展がその一つの表れであったが、個々の庭においてもさまざまな工夫はされたし、擬似風景庭園の試みがなされた。悪臭を放つ、汚れた大気への対抗策として、できるだけ香りの強い植物が植えられた。メアリーの手紙に登場したダマスク・ローズやスイカズラ、ジャスミン、スズランのほかにも、ギンバイカやモクセイソウなどが好んで植えられたと言われる。

この頃、マシュー・ダルリーの一七七七年の風刺版画「花園」に見られるような奇抜なヘア・スタイルが大流行した。この風刺画が、荒唐無稽なものでないことは、その頃すでに劇作を始めており、長い生涯を作家として、そして社会改革家として送ることになるハンナ・モアが一七七七年四月に家族に送った手紙によって裏付けられる。サフォークのバンギを訪れたモアは、「ディナーに集まった女性たちのなかに、頭の上に、斜面にそって一エーカー半の灌木、芝地、チューリップの花壇、シャクヤクの茂み、キッチン・ガーデンそして温室を載せている人がいました」という言葉で、親戚縁者のなかに奇抜なヘア・スタイルをした若い女性がいるのに驚いたことを記している。

　このようなヘア・スタイルの流行は、当時の花卉《かき》園芸熱が最高潮に達した頃と一致しており、遊園地の流行ともつながっている。上流階級の物真似をするという当時の流行の在り方を批判者たちは攻撃したのである。

マシュー・ダルリー「花園」。ダルリーは、妻メアリーとともに、1770年代に活躍した風刺漫画家

　当時のロンドンでは、個人の庭の多くは、整形式のもので、まっすぐな縁取り花壇をもっていた。花壇には芳香性の草花が好んで用いられ、各々の区画は刈り込んだ灌木や果樹、そして彫像で飾られ、一番奥には四阿やオベリスクなどの目立つ建物のあることもあった。一八世紀が進むにつれて、新しい風景庭園の様式を反映した、弧を描く遊歩道や自然な樹形をとどめた木立、田舎風の素朴なアーチ

などが重視されるようになったが、一方で、花卉園芸熱が高まり、「フロリスト（花卉愛好家）の花」と呼ばれたカーネーションやチューリップ、アネモネ、ラナンキュラス、オーリキュラなどの、特別な種類の花が注目され、これらの花の珍種が高値で取引されるようになっていた。

「フロリストの花」の展示会の盛況――プラント・ハンターの先駆けとなった宣教師

現在では「フロリスト」は、もっぱら「切り花や鉢植え植物を販売する花屋の店主」を意味するが、一七世紀には、「装飾用の花卉の栽培者」を意味する語であった。ところが、一八世紀後半から、さきに見たような特定の花卉、すなわち「フロリストの花」を育て、品評会でその出来映えを競う花卉愛好家を意味する語として使用されるようになった。その後、ヒヤシンス、ポリアンサス、ナデシコなどが加わり、これらの「フロリストの花」の展示会が盛んに開催された。

このような展示会の起源は、一説には、一七世紀にノリッジで開催されていた「フロリストの祝宴」と呼ばれる、五月祭《メイ・デー》のような祝祭行事にあると考えられている。このような慣習が存在したことは、このことに言及する劇や詩があることで知られている。ノリッジにはフランドルからの亡命者が数多く居住しており、主に織物の技術者や職人であった彼らが大陸の園芸文化を伝えたとも言われている。その時期にこの地方に花卉愛好家の団体である「フロリスト・クラブ」が存在し、展示会を開いていたという明確な資料はないが、一八世紀に入ると、『ノリッジ・ガゼット』の一七〇七年六月五日号に、「花と庭の愛好家のための〈フロリストの祝宴〉が来たる七月八日木曜日にセント・スウィズィンズ・レインのミスター・トマス・リッグズ亭にて開催される予定。入場券は前記のミスター・トマス・リッグズ亭にて一枚二シリング六ペンスにて販売」という宣伝広告が見られる。また、『クラフトマン』の一七二九年四月一六日号には、このような行事の模様を伝える次のような記事が掲載されている。

種苗園を所有していたフロリストのロバート・ファーバーが1734年に発行した花卉カタログに掲載された「4月」の花々を描いた彩色版画。中央にヒヤシンス、その下にオーリキュラなどが見える

この前の火曜日に、「フロリスト」と呼ばれる園芸愛好家の大宴会がリッチモンド・ヒルのドッグ亭で開催された。一三〇名の参加者があり、祝宴の後、数人の者が自慢の花（大部分はオーリキュラであった）を展示し、古参で、信頼の厚い五名の園芸家が誰の花が優れているかを見定める審査員となった。サリーのバーンズの園芸愛好家が、すばらしい花を出品したとして、審査員は彼にスプーン二本と玉杓子一

本を賞品として授与した。

やがて、一八世紀の中頃には、「フロリストの祝宴」の流れを汲む花の展示会の記事が各地のジャーナルに盛んに現れるようになる。ノリッジの機業家の間で起こったこの行事が、職人たちが新しい地域へ移動するのにともなって各地に広がったからだと考えられている。その多くはパブの前身とも言うべき、地元のインやタヴァーンで開催され、午前中に出品する花が持ち込まれ、午後に、宴会の後、品評会が行われるのが普通であった。各地で頻繁に行われるようになるにつれて、展示会は次第に細分化され、たくさんの賞品が準備されるようになった。それにつれて、花を楽しむ機会から、虚栄心を満足させるための競争の場となる展示会もあった。しかし、一七九〇年代になると、フロリストの展示会の宣伝や記事はめっきりと少なくなる。ナポレオン戦争の影響で不景気になったためだと考えられているが、一方で、展示会における審査の不透明さが問題になったことや、展示会がしばしば大量飲酒の場となり評判が悪くなったことが原因だとも考えられている。

風景庭園と花卉への愛着は相容れないように思われがちだが、マーク・レアードが『風景庭園の花卉装飾』（一九九九）において、ブラウンによって設計されたオードリー・エンドの事例などをあげて論証しているように、風景庭園においても草花や花木による庭園装飾は行われていた。そして、何よりも、風景庭園の時代は、一方で、「フロリストの花」をはじめとする花卉に対する愛好家の愛着がいやましに高まった時代であった。海外貿易が発展し、植民地が拡大するにつれて、未知の土地から珍しい花が続々と持ち込まれ、目新しい花を手がける種苗店が次々と誕生したことはすでに述べたとおりである。確かに、植物の収集は、この時代において、いきなり商業的なものとして始まったわけではなく、古くから、トラデスカント父子の収集に見られるような、珍品収集という好奇心の伝統があった。

この伝統のさきがけとなって植物収集に従事したのが、文明化の使命を帯びて未開の地に赴いた宣教師たちであった。一六七五年から一七一三年までロンドン主教の職にあったヘンリー・コンプトンはとくに園芸好きであり、植物についての深い知識をもつ植物学者であった。彼はその地位を利用し、公邸のフラム・パレスに隣接する「ビショップ・パーク」と呼ばれる庭を整備し、宣教師をプラント・ハンターとして使って世界中から収集した新しい植物で満たしたのである。なかでも西インド諸島とヴァージニアに派遣されたジョン・バニスターの仕事ぶりはめざましく、バルサムモミやトネリコバノカエデ、アメリカサイカチ、スカーレット・オーク、ヒメタイサンボクなど、数多くの種子や挿し穂を送り届けた。ほかにも、有名になった彼の庭への訪問者や、コーヒー・ハウスで植物談義をした植物愛好家たちと、種子や苗のやりとりをして、コンプトンはその庭で当時一〇〇〇種以上の珍しい植物を育てていたと言われている。ちなみに、後にブロンプトン・パーク種苗店を設立したジョージ・ロンドンは一時この庭で庭師として働いていたし、ジョン・イーヴリンが樹木を見るために訪れたこともあった。

植物学の黄金時代――チェルシー薬草園に集まる世界中の植物

新しい植物の収集という点では、もう一つ、薬用植物として有用な新しい植物を探し求める薬学者や医学者たちの役割が大きかった。なかでもハンス・スローンの存在が大きかった。アイルランド出身のスローンはロンドンとフランスで医学を修め、一六八九年にロンドンで医院を開業し、天然痘の予防接種を行ったり、マラリアの治療薬としてキニーネの使用を始めたりするなど、革新的な医師として成功を収めた。アン女王、ジョージ一世およびジョージ二世の侍医となったほか、一七一九年には王立医学校の校長に就任している。

スローンが医学を志したのは、もとは植物学、薬草学への関心からであり、背景には、少年時代からの、当時流行の博物学への興味、珍しいものへの尽きることのない関心があった。彼が生涯をかけて集めた収集品は、遺言で国に寄贈され、これを基に大英博物館が設立されることになるのである。スローンの収集は、一六八七年にジャマイカ総督となった第二代アルベマール公爵クリストファー・マンクに同行してジャマイカに赴いたときから本格的に始まったと言われ、このときに彼は何百種にも及ぶ植物のほか、さまざまな「珍品」を収集して持ち帰っている。医者として成功し、裕福になったスローンが、その後、他の人が苦労して集めた収集品を財力にまかせて自分のものとしたことも知られている。

一七二二年、スローンは、かつて自分が徒弟であった薬剤師名誉協会が賃借りしていたチェルシーの土地を買い取り、年五ポンドの賃貸料で、無期限で永久的に薬剤師名誉協会に貸し与え、新しい庭師としてフィリップ・ミラーを推挙した。チェルシー薬草園の黄金時代の幕開けであった。

ミラーは、市場向けの菜園を経営していたスコットランド出身の父のもとで修行し、チェルシー薬草園に入る前にすでに庭園用の庭木や灌木を商う店をもっていた。一七二二年、主任庭師に就任すると、スローンの意を汲んだかのように、植物の収集に精を出し、園の発展に尽くした。それまでは、一六二一年に創設されたオックスフォード薬草園と一六七〇年に創設されたエディンバラ植物園が植物の育種・交換で中心的役割を果たしていたが、ミラーは、ヨーロッパやアメリカの植物収集家との交流によって、たちまちのうちにチェルシー薬草園をヨーロッパ随一の植物保有量を誇る主導的な位置に押し上げたのである。

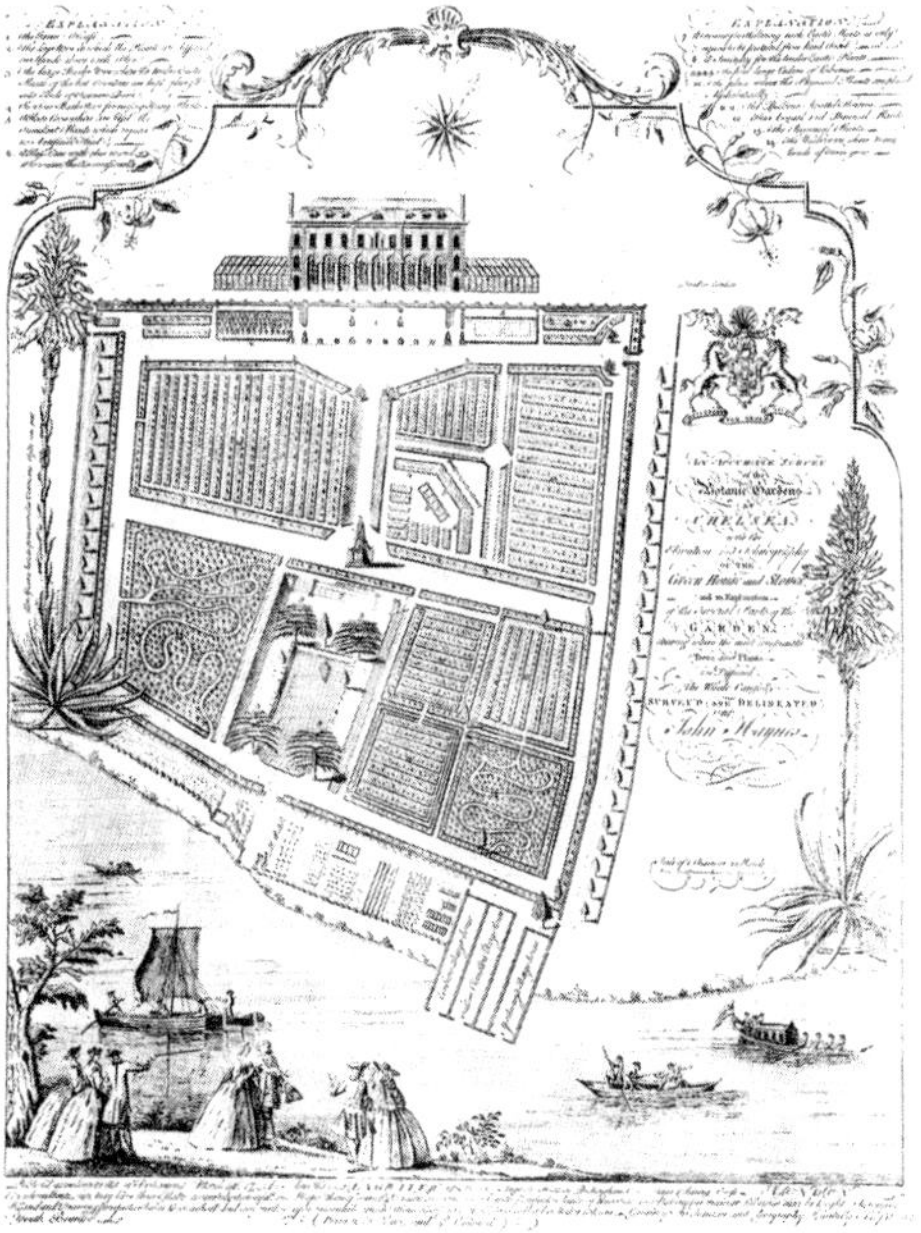
全盛期にあった18世紀中頃のチェルシー薬草園の見取り図

そこには、クエーカー教徒の反物商人でロンドン北東部のミル・ヒルに自身の植物園を所有していたピーター・コリンソンや、コリンソンがパトロンとなっていたフィラデルフィアのクエーカー教徒の農民で、独学で植物学を学んだ収集家ジョン・バートラムの協力が大きかった。バートラムを介して送られてきた新しい植物は二〇〇〇種に達したと言われている。そのなかには、フロックス、ヒマワリ、タイサンボクなどがあった。ほかにも、この頃に、北アメリカからはアスターやミズキ、中央アメリカや南アメリカからはフクシアなどがやってきた。また、チェルシー薬草園には、存在は知られていたがまだ珍しかったポポーやメロン、パイナップルなどが植えられ、一七三〇年から一七七〇年の間にチェルシー薬草園の植物の数は一〇〇〇種から五〇〇〇種に跳ね上がった。

ミラーは、植物の収集に努めただけではなかった。植物についての豊富な知識をもとにした育種・栽培の技術においても卓越していた。また、後にキュー植物園の主任庭師になったウィリアム・エイトンや、レンギョウの英語名「フォーシシア」にその名をとどめているウィリアム・フォーサイスなどの後継者も立派に育てた。さらに、収集した植物を独占することなく、優秀な種苗業者にはすすんで種子を提供した。その恩恵に浴した一人が、イチョウやクチナシのような気難しい植物を発芽させるのにたけていた、ロンドンの東部にあったマイル・エンド種苗店のジェイムズ・ゴードンであった。一七六〇年にはチェルシー薬草園の庭師ジェイムズ・リーがルイス・ケネディーとロンドン西部に新しく大きな種苗店を開業した。

ミラーは、また、広く植物学の発展、園芸文化の普及にも大きな貢献をした。社会的な活動としては、一七二五年に創設されたロンドンの一流庭師と種苗業者のクラブであった造園協会の理事であった。当時、多くの新しい植物が移入されたため、その同定と分類が問題となっており、協会では、植物についての情報を交換するだけでなく、植物名を体系化するために毎月会合がもたれた。その成果が一七三〇年に協会が発行した『植物カタログ』であり、これに刺激されて有力な種苗業者たちが、美しい装飾と図版のカタログを競って発行するようになり、国全体に多様な植物を広げることになった。ミラー自らも一七五四年に、一八世紀の種苗業者や園芸家のバイブルとなった『庭師の辞典』を出版した。理性と実験の新しい時代を感じさせる品のよい散文で書かれたこの本は、オランダ語、ドイツ語、フランス語に翻訳され、一八三〇年までに一六版を重ね、その度に、新しく栽培されるようになった植物の記述が加えられた。

「イングランドの園芸の独裁者」と呼ばれたミラーが一七七一年にチェルシー薬草園を去ると、その後をフォーサイスが引き継いだ。この世代交代は、この時代における植物学の変化を象徴するものでもあった。「チェルシー薬草園」という園の名称にその名残があるように、植物学は、当初、有用な薬草の収集と栽培と同義であった。しかし、ごく一部の支配者のものであった庭園がより広い階層に広まり、草花を愛で、緑を求める志向が深まり、園芸が趣味やレクリエーションとして広く楽しまれるようになると、植物への関心の在り方も変化した。植物学が博物学というきわめてあいまいな、広い範囲の知的好奇心を満足させるための学問分野に組み入れられた観があった。一八世紀の中頃までに植物学は、上流階級の間で流行していた博物学の大きな一分野になった。その先鞭をつけたのが、キューに植物園を創設した、ジョージ三世の母オーガスタ・オヴ・サクス＝ゴータであった。後に植物の馴化を目的として大きく発展するが、キュー植物園は、博物学協会が雨後の竹の子のように生まれ、素人博物学者が大量に生まれた時代の申し子であった。

一方で、植物学は、好事家の学問から近代科学の一分野としての装いを整え始めていた。一七三〇年代にスウェーデンの植物学者カール・フォン・リンネが画期的な植物分類法を提案した。それは、植物を雄しべの数や長さに従って二四の綱に分け、さらに目、科、属そして種に細分したうえで、それまでの長たらしい名前に代わって、属名と種小名で表すものであった。

ミラーは、この新しい方法をゆっくりと取り入れた。『庭師の辞典』の初めの頃の版では、フランスの植物学者ジョゼフ・ピトン・ド・ツルヌフォールの、花の形に基づいた分類法を用い、後の方の版で初めてリンネの方法を用いた。しかし、かつてチェルシー薬草園でミラーとともに庭師として働いたことのあるジェイムズ・リーは、この新しい方法の導入に積極的であった。彼が一七六〇年にリンネの植物分類法を用いて書いた『植物学入門』は、版を重ねて広く流布し、リンネの分類法を普及させることに貢献した。ちなみに、フォーサイスが園を引き継いでまもなく、ジェイムズ・クックの航海に同行したジョウゼフ・バンクスによってもたらされた三〇〇〇種類の珍しい植物を含むこの植物園の植物は、リンネの方式に従ってすっかり配置換えされた。ちなみに、リーは、一七七四年に発行した自らの種苗店の植物カタログではラテン語と英語の俗名を併記する方法を用いている。植物学が、学者の専有物ではなく、種苗業者や花卉商人、園芸愛好家へと浸透してゆく、一種の民衆化の兆しと見ることができよう。

第四章

大英帝国の庭と植物（一九世紀）

＊風景庭園への反発

ラウドンによるガーデネスクの提起

一九世紀に入ると、それまでの風景庭園に代わって、大きな温室やコンサーバトリーの見られる、広い芝生や色鮮やかな花を敷き詰めた絨毯花壇、幾何学模様の植栽のある整形庭園がイギリスの庭の主流となった。しかし、それは、かつてのフランス式やオランダ式の壮大な王侯貴族の整形庭園に回帰するものではなく、それまでの風景庭園を残したままで、屋敷の周辺に整形庭園を造り、巨大な温室で育てた外国原産の植物をふんだんに用いるものであった。すでに、ピクチャレスク論争のくだりで紹介したハンフリー・レプトンの後期の設計において、建物と庭の間にテラスが造られたり、幾何学模様の植栽が取り入れられたりするなど、新しい時代に合わせた風景庭園の見直しが行われていたが、同じく風景庭園を学んだジョン・クローディアス・ラウドンが、より広い視野で、新しい時代の庭園を先導した。

一八三二年発行の『ガーデナーズ・マガジン』の第八巻に掲載された、ピクチャレスクの造園家、ウィリアム・ソーリー・ギルピン著『風景式造園についての実践的提言』の書評において、「現代のような啓蒙の時代にあっては、単なるピクチャレスクの改良では十分ではない。ピクチャレスクと同じように、ガーデネスクというような芸術の様式があることを理解する必要がある」と述べて、ラウドンは、「ガーデネスク」という新しい庭園様式を持ち出した。明らかに「ガーデネスク」という用語は、「ピクチャレスク」に対するものとして用いられたものであるが、この時点で、ラウドンが「ガーデネスク」の明確な概念をもっていたようには思えない。ただ、一八三八年に出版された『イギリスの樹木と灌木』には、次のような具体的な説明がある。

個々の樹木におけるガーデネスクな美の表現は、粗雑であろうと洗練されていようと、常に規則的で、均整がとれているという点で、ピクチャレスクなものとは異なっている。ガーデネスクでは木々のそれぞれが、均整のとれた姿をしている。好ましい場所に植えられ、何ものにもその成長を妨げられず、四方にまんべんなく枝を伸ばすことを許され、家畜やほかの動物に食害されないよう配慮されている。庭師の手がそっと加えられることがあっても、それは規則的で均整のとれた姿を保つためである。

自然であることにこだわって外国産の植物を拒否したり、牧歌的な風景を重視して牛や羊、鹿などの動物に木々が食害されていてもそのままに放置する風景庭園の不自然さに対して、ラウドンは、「木々や草花の一つひとつが本来の美しさを自然な状態で発揮できるようにすること、そのために庭師はその技を用いること」、つまり「庭を庭らしくすること」を主張した。これがラウドンの「ガーデネスク」の考えであったと言える。大英帝国の拡大と近代産業の発展にともなって、「ガーデネスク」は次第に拡大解釈され、あらゆるものを取り入れ、ごた混ぜの観を呈することにもなるのだが、ラウドンの当初の考えは、「自然を生かすために人工を用いる」ことであった。

熟考の末に発表した概念ではなかったと考えられる「ガーデネスク」について、ラウドンは、一八四〇年に再版されたレプトンの著作集『故ハンフリー・レプトンの風景式造園と風景式建築』の序文において、論理的な説明を試みている。まず、ラウドンは、「人間が文明化しておらず、周囲の景観が野生的で、不規則で、自然である状態では、幾何学様式が好まれ、それは富と趣味を顕示するものであったが、社会が洗練されてくると、自然で不規則な庭園様式が生まれ、それが富と趣味を顕示するものとなった」として風景庭園誕生の理由を述べる。そして、「植物学と園芸趣味が盛んになり、わが国の気候でも野外で育ちうる新しい外来植物が移入された。このような新しい植物を美しく見せる造園や植栽の方法が求められた結果、ガーデネスク派が生まれた」と説明する。そして、「これからの造園家はその土地の状況・気候・環境に適した様式を採用し、目的を達成するために、さまざまな様式を取り入れることである」とまとめる。

この時期のイギリスの庭は、権勢を誇示する王侯貴族の趣味によって造られるものでも、芸術家の美意識に基づいて造られるものでもなくなりつつあった。それまでの王侯貴族や大規模な土地の所有者であるジェントリー層に代わって、大規模な庭園の所有者として登場してきたのは、産業革命によって新たに富を得た、産業資本家を中心とする中産階級であった。その庭は、彼らの価値観を反映したものであり、世界中に日の沈むことのない大英帝国時代のイギリス社会を反映するものであった。産業の発達によって広く利用されるようになったガラスや鉄材を用いた大温室で、大英帝国の隅々から持ち込まれた珍しい植物が育てられ、屋外の広々とした芝生には動力芝刈り機が導入され、散水にはゴムホースが利用されるようになった。屋敷の周りに造られた整形式の庭園は、大英帝国の力と富を誇示するかのように、世界中から取り寄せられたり、人工交配によって生み出されたりした色鮮やかなさまざまな草花で装飾されていた。一八世紀のイングランド式風景庭園はフランスを中心とした大陸諸国に対するイギリス人の自国意識と関連していたが、この新しい造園方法には大英帝国の発展にともなうイギリス人の自負が随所にのぞいていた。

中産階級のこのような庭園や植物への関心は、規模やその在り方の違いこそあれ、産業の担い手であった市民や労働者の間にも広がり、自ら庭造りを楽しむ園芸文化が一般市民の間に浸透した。

鉄道をはじめとする交通手段の発達や印刷技術の発達によるジャーナルの普及により、園芸の民衆化が本格的に起こるのもこの時代においてである。貴族や地方の大地主、産業資本家などの大庭園ではなく、中産階級の人々の庭や市民のための公園への関心が高まり、ヴィクトリア朝の時代にふさわしい庭園様式を創り出すことが暗に求められた。それは、新しく移入された植物や庭園の様式を「普通の庭」に取り入れようとする動きであったと言える。その先頭に立っていたのがラウドンであった。

新しい庭の啓蒙に生涯を捧げたラウドン

ジョン・ラウドンは、一七八三年、スコットランド、ラナークシャーのキャンバスラングで、農家の長男として生まれた。ラウドンは早くから農業や園芸に興味をもち、植物への関心が深かった。父親から与えられた庭の一区画で植物を育て、西インド諸島に住んでいた叔父がタマリンドの果実を送ってきたとき、自分の分け前の実は弟や妹に与え、代わりにその種子をもらって育てたという。一七九四年、一一歳のときにエディンバラに出たラウドンは、種苗店の徒弟として働くかたわら、エディンバラ大学の聴講生になり、農学や植物学、化学を学んだ。彼はきわめて志の高い、勤勉なスコットランド人で、当時、一週間に二晩は徹夜で勉強したと伝えられている。

一八〇三年、二〇歳のときにロンドンに出たラウドンは、旺盛な好奇心と持ち前の勤勉さによって精力的に仕事を進め、風景庭園の設計者としてデビューする。彼の関心は、従来の大規模な土地所有者の庭園よりも、緑の少ない、煤煙で薄汚れた、不健康なロンドンの状況を改善するための庭園にあった。この頃からすでに、ラウドンは、庭園設計の仕事だけではなく、造園、園芸、農業などに関する書物を次々と発表している。ところが、一八〇六年、リューマチ熱に襲われ、膝関節が膠着し、右腕が萎縮するという不幸に見舞われる。

一時期静養のために隠棲するものの、一八一一年にロンドンに戻ったラウドンは、旺盛な執筆活動を再開するとともに、国内だけでなく、一八一三年から一八一四年にかけてはロシアやヨーロッパ諸国を次々と訪れ、植物学者たちと交流し、そこで得た見聞・知識をもとにさらに精力的な執筆活動に入る。

ラウドン（『青年庭師のための独習書』口絵）

一八一九年、総合的な園芸書の出版を胸に秘めたラウドンは、フランス、イタリア、スイス、オランダなどを訪れ、資料収集する。その成果が、一八二二年に出版された『造園百科事典』である。植物誌、植物学、庭園設計、庭園史などについての記述を含む一五〇〇ページに及ぶこの大著は、園芸家のバイブルとして、ラウドンの生存中に改訂・補充を加えながら六版を重ね、その後も一八七〇年代まで版を重ねた。この書物の執筆中、リューマチの症状は最悪の状態にあり、一八二五年には、右手を切断する事態に陥る。しかし、その苦難にもかかわらず、ラウドンの執筆活動は衰えることはなかった。

ラウドンは、一八二六年に季刊誌『ガーデナーズ・マガジン』を発行する。創刊号が四〇〇〇部売れたこの雑誌は、一八二七年から隔月発行に、一八三一年から毎月発行になる。この雑誌は、ラウドンが個人の庭として新たな啓蒙を試みたコテージ・ガーデンや、疲れ切った工場労働者が新鮮な空気を吸い、健康を取り戻すのに貢献する公園や庭園墓地などのさまざまな形の庭についての提案や助言、庭園や園芸に関する書物の紹介や書評、植林や果樹栽培、温室や室内での外来植物や観葉植物の管理方法など、ラウドンが興味をもったあらゆることについて執筆する場となった。

一八三〇年、四七歳のときにラウドンはジェイン・ウェッブと結婚する。彼女が一八二七年に匿名で出版した『ミイラ、あるいは二二世紀の物語』を読んで興味をもったラウドンが、作者に会うことを切望したのがきっかけである。『ミイラ』はその副題にあるように、二二世紀の未来を舞台にした空想科学小説で、独身主義の女王の治世を描く社会風刺の物語であるが、ロンドンは煙による大気汚染を克服し、テムズ河畔には階段状の庭園が造られ、動力式の芝刈り機などの産業技術が発達した未来社会を描くものでもあった。その斬新な未来予想図は、ラウドンの勧める農業や園芸の技術開発とつながるものであった。

一八三八年には、『イギリスの樹木と灌木』を出版する。ブリテン島の全樹木を網羅しようとするもので、図版を描くために多くの画家の協力を求め、本文はジェインによって口述筆記された。

しかし、これは莫大な費用を要し、一万ポンドの負債を残した。それによる心痛は大きく、体調はすこぶる悪かったが、持ち前の勤勉さで、ラウドンは、いくつかの庭園や公園墓地の設計を引き受け、『青年庭師のための独習書』の執筆にも励んでいた。しかし、一八四三年一二月一四日、一八四二年にかかった肺炎が後をひき、ラウドンは、ロンドンの自宅で永眠する。結局最後の書物となり、死後の一八四五年に出版されたこの本の冒頭に置かれた略伝において、ジェインはその最期を次のように語っている。

心がふさぎ、事の次第を詳しく述べることはとてもできません。このことをお伝えするだけで十分でしょう。体は刻々と衰弱しましたが、精神は最期まで旺盛でした。彼は自分の足で立ったまま死んだのです。幸い、私が、彼の表情が変わるのを察知して、彼を抱きとめ、すんでのところで倒れるのを防いだのです。彼の頭が私の肩に崩れ落ち、それっきりでした。

文字どおり、ラウドンは立ったまま死んだのであった。その死に様は、病気や経済的な困難に決して屈することなく、膨大な量の著作やジャーナルを残した彼の生涯を象徴的に示すかのようである。つましい境遇から努力と才能によって身を起こし、地位と名声を得たその生涯は、海外進出に成功し、近代産業の先導者となった大英帝国の発展と重なるところがある。同じくスコットランド出身のサミュエル・スマイルズの『自助論』が出版されるのは一八五九年のことであるが、ラウドンは、当時のイギリスでもてはやされ、わが国の近代化においても大きな影響を与えたこの書物において唱導された「自助（セルフ・ヘルプ）の精神」を体現した一人であったと言える。

＊……植物による帝国支配

鉄とガラスの大温室時代の到来――ラウドンの予見

ラウドンはさまざまな分野で一九世紀の園芸を牽引したが、なかでも関心が高かった温室の改良に関する発言が、大きな影響を及ぼした。耐寒性の乏しい外国産の植物を育てるための温室は、ガーデネスクの庭にとって不可欠なものであった。しかも、温室は、鮮やかな花を並べた花壇の草花を育てるだけではなく、冬の庭園、すなわちウィンター・ガーデンとして大型化する傾向もあった。

温室の大型化を可能にしたのが、鉄とガラス、温室用の暖房設備の新技術であった。一八三〇年代にバーミンガムのチャンス兄弟社が新技術を導入して板ガラスを工場生産するようになり、一八四五年にガラス税が廃止されたことが大温室流行の大きな要因であった。しかし、ラウドンの温室への関心は、すでに一九世紀の初め、彼が園芸家として出発したごく初期に始まっており、温室で育てる植物の種類や栽培法を具体的に説明しながら、新しい温室の形を提案する書物を次々と出版していた。

一九世紀は大温室の時代だと言えるが、温室そのものは古くからあり、その改良は植物愛好家や庭師の関心事であり続けてきた。ラウドンの改良案である、板ガラスと鉄をうまく合体させるリッジ・アンド・ファロウ工法は、それまでの伝統的な温室に課せられていた煉瓦《れんが》造りや木枠の窓の制約を取り除き、温室の可能性を大きく広げることになった。それは、曲線をもたせたガラス屋根を背と溝の連なる波形にふくという方法であり、ガラス面を斜めにすることによって、早朝や午後遅くの弱い日光をより多く取り入れることができるし、真昼の強すぎる日光を和らげることができるものであった。このような温室の建設は、大量のガラスとそれを支える強度をもち、曲線の構造を可能にする鉄の利用によって可能になった。それは、この時代の産業の発達がもたらした新技術であった。

一八一六年に出版した『温室建設についての所見』において、ラウドンは、「将来において暖房と空調が改良され、真似ようとする本来の気候と同じか、より優れた人工の気候が作り出されるとしたら、…そのような人工気候の場所には、それにふさわしい鳥や、魚、無害な動物が持ち込まれるだけでなく、そのような気候の国からさまざまな人種の人間も連れてこられる。特有の民族衣装を身につけて、彼らはさまざまな産物の世話をする庭師あるいは管理人として働くのである。しかし、このことは、いまはまだあまりにも新奇で、一般読者の失笑を招くことなしに議論する余地はない」と述べており、大温室の構想はいまだ夢のようなものとして語られている。

ところが、五年後の一八二二年に発行された『造園百科事典』において、ラウドンは、屋根をリッジ・アンド・ファロウ工法で建設し、その屋根を支える鉄製の支柱を中空にして軽量化をはかるとともに、雨水の排水路としても利用するなどの具体的提案を含んだ大温室の構想を、設計図も添えて示している。この大温室への期待はどんどん膨らみ、次第に現実味を帯びたものとなっていることが、「支柱が一〇〇フィートから一五〇フィートの高さで屋根を支え、どんなに大きな東洋産の樹木も収容することができ、その枝の間を鳥が自由に飛び回ることができるだろう。さまざまな東洋産の鳥や猿、その他の動物が持ち込まれ、温室内の池や、動力機械で動く川、海水池には、さまざまな魚やイソギンチャク、サンゴ、その他の淡水や海水に生息する生物が飼育されるだろう。大部分の読者はきっとこのような考えを誇大妄想だと思うだろう。しかし、技術の進歩には際限がないのである。…ガラスの使用によって人間が享受する快適さと贅沢に勝るものはない」という言葉からもうかがえる。ラウドンの夢がどんどん膨らんでゆくのが見える。

実際、このような大温室の建設が、ブライトンの造園家、ヘンリー・フィリップスによっていち早く実行に移された。フィリップスは、一八三〇年に、当時すでに行楽地として知られていたブライトンに直径一六五フィート、高さ六五フィートの鉄とガラスの大温室を建設し、熱帯の樹木や草花を植え、鳥を放ち、大きな池を造って魚を泳がせるという計画を打ち出したのである。この計画は、一八三二年に工事が始まり、翌年の九月一日に開園することになっていた。ところが、開園に向けて足場を外したところ、建物全体が鋭い音を立ててきしみ始め、ついには雷鳴のような大きな音を立てて、崩壊してしまった。幸い死者はなかったが、立案者のフィリップスはその惨状を見て肝をつぶし、失明してしまったと伝えられている。

チャッツワースの大温室——花を咲かせたオオオニバス

大温室で華々しい成功を収めたのが、ジョウゼフ・パクストンであった。一八二六年、当時ロンドン園芸協会のチジック庭園で庭師として働いていたパクストンの才能に気づいた第六代デヴォンシャー公爵ウィリアム・キャヴェンディッシュによって、若干二五歳でダービシャーのチャッツワースにある公爵の屋敷の庭の管理を任されたのである。パクストンは、造園のみならず、橋や貯水池などの土木工事あるいはガス工場の設計や建設などにおいてもその才能を遺憾なく発揮したが、当時流行していた温室の設計・建設についても頭角を現した。一八三六年から一八四〇年まで四年がかりでチャッツワースに造った長さ二七七フィート、幅一二三フィート、中央部に高さ六七フィートの丸天井をもった大温室は、当時としては最大の温室であった。その建設も、当時の過熱した大温室建設の世相と大きく絡んでいた。

パクストン（『イラストレイテッド・ロンドン・ニューズ』1865年6月24日号掲載）

この大温室は、一八三六年にギアナから持ち帰られたオオオニバスを育てるために建設されたのであった。ロンドンのキュー植物園で栽培されていたが、なかなか花をつけないこの巨大スイレンを開化させることが、園芸家の間で競われていたのであった。すでにパクストンは、一八三二年には、リッジ・アンド・ファロウ工法を採用して温室をチャッツワースに造っており、そこでキュー植物園から譲り受けたオオオニバスの苗が順調に育っていた。オオオニバスを育てるために新しい大温室の建設が計画されたとき、その大きな葉の上に子供を乗せても沈まないことに注目したパクストンは、この植物の茎の構造を新しい大温室の構造に取り入れたのであった。つまり、溝を付けた木製の横梁と管状の鉄製の柱を用いて雨樋の代用とし、これによって重量を落とすことで総ガラス張りの大温室を造ることに成功したのである。しかし、鉄製の支柱を中空にして軽量化をはかるとともに、雨水の排水路としても利用する方法は、ラウドンによって一八二二年に発行された『造園百科事典』において提案されていることは、すでに見たとおりである。それはさておき、この温室で工夫を凝らして大事に育てられたオオオニバスは、一八四九年にピンク色の見事な花を咲かせた。

大温室「ストーヴ」で開花したオオオニバス。葉の上に乗っている少女はパクストンの娘（『イラストレイテッド・ロンドン・ニューズ』1849年11月17日号掲載）

一八三九年にチャッツワースを訪れたラウドンは、

完成間近のこの大温室を、中央通路と側廊を備えた大聖堂に似ており、馬車道が温室内を通る、現存のものでも、記録上でも最大の建造物であると紹介している。実際に一八四三年にヴィクトリア女王はこの温室を訪れ、無蓋馬車で温室内を観てまわっている。冬のさなかにも、帝国の各地から集められた珍しい植物であふれる大温室は、大英帝国の栄光を象徴するものであった。翌年の一八四四年にはキュー植物園でリチャード・ターナーとデシマス・バートンの設計によるパーム・ハウスの建設が着手され、一八四八年に完成する。長さ三六二フィート、幅一〇〇フィート、高さ六三フィートのこの大温室も、この時代の雰囲気を物語るものであった。珍しい外来植物の栽培競争が裕福な園芸家の間で相変わらず流行していた。

ニレの大木を取り込んだクリスタル・パレス——万博の功労者・パクストン

鉄とガラスの巨大建造物がこの時代を象徴することを決定づけたのが、一八五一年に開催されたロンドン万国博覧会の展示会場であった。公募に応じたさまざまな設計案のなかで、最終的に採用されたのがパクストンの案であった。チャッツワースの大温室の経験と技術がふんだんに生かされたその設計案は、骨組みが鉄骨で組み立てられた総ガラス張りの壮大な建物であった。当時のロンドンっ子の耳目を驚かせ、建築中から見物人がひきもきらなかったといわれるこの建物は、「ガラスの宮殿」さらには「クリスタル・パレス（水晶宮）」の名で呼ばれるようになる。この鉄とガラスの大建造物はイギリス産業の隆盛のシンボルでもあった。

この構造は、また、万国博覧会の会場の建設をめぐるやっかいな問題も見事に解決する。万国博覧会の開催には当初数々の反対があったが、広く支持された反対理由は、博覧会がロンドン市民の憩いの場であるハイド・パークで行われることであった。なかでも、会場予定地にある三本のニレの大木を伐採することに大きな反対の声が起こった。ニレはイギリス人には強い愛着のある木であり、『パンチ』をはじめとするジャーナルも当初これを博覧会反対のシンボルとしていた。

ところが、パクストンはこの問題を難なく解決する。チャッツワースの温室の構造を応用して蒲《かま》鉾《ぼこ》型の大きな丸天井を造って、建物のなかにニレの木を取り込むことを提案するのである。この案が発表されるとともに、パクストンに対する信頼が深まり、この頃から、万国博覧会に対する不満や反対は影を潜め、国民的な期待が次第に高まっていったと言われる。

ニレの大木を取り込んで建設中の「クリスタル・パレス」（『イラストレイテッド・ロンドン・ニューズ』1851年1月25日号掲載）

　五月一日から一〇月一一日まで開催された万国博覧会は

大人気を博し、一八万六〇〇〇ポンドの利益を生み出すという大成功を収めた。この博覧会を象徴したのは、なんと言っても、主会場となったパクストン設計のクリスタル・パレスであった。その功績に対して、博覧会閉会後の一〇月二三日にパクストンにナイトの爵位が贈られた。また、それだけでは十分ではないという声が起こり、五〇〇〇ポンドの報酬が与えられた。興奮冷めやらぬヴィクトリア女王の開会日の日記には、誰よりも幸せそうだったパクストンの様子を目にした女王の、「彼が誇らしく思っても当然である。普通の庭師の徒弟から身を起こした人なのだから！」という、まさに「功成り名遂げた」パクストンへの言及がある。

パクストンは、一八〇三年、ベッドフォードシャーの寒村で生まれ、一五歳で庭師の徒弟になって以来、幾人かの庭師のもとで修行を重ね、一八二三年、二〇歳のときにロンドン園芸協会の庭師になった、勤勉と努力の人であった。チャッツワースの庭園の管理を任され、その才能が大きく開化したことはすでに述べたとおりである。パクストンは、一八五八年にキャヴェンディッシュが死去するまでこの仕事にとどまるが、それ以外にも活動の範囲を広げていた。クリスタル・パレスの設計もその一つであったが、ミッドランド鉄道会社の経営に携わることもしたし、クリスタル・パレスのシデナム公園への移築にも携わった。そして、一八五四年にはコヴェントリー選出の国会議員となった。二〇代、三〇代で引き受けたロンドン園芸協会やリンネ協会の要職も続けていたし、依頼された庭園や建築の設計、園芸雑誌の編集も精力的に行った。

一八五一年の六月九日に開催された庭師慈善協会の年次晩餐会において、乾杯の挨拶に立った作家のチャールズ・ディケンズは、いやましに高まる万国博覧会の人気とその開催に貢献したクリスタル・パレスのすばらしさに触れながら、自らの才能と常識の力で成功したパクストンの栄誉を称えた。同時に、ディケンズは、イギリス人の精力と才能、底力を誇ることも忘れていなかった。

パクストンも、ラウドンと同じように、つましい境遇から身を起こし、努力と勤勉によって地位と名誉を得た自助の人であり、強い自国意識をもち、社会的な貢献を忘れなかった典型的なヴィクトリア朝時代の人間であった。「勤勉」と「産業」の両義性を帯びた「インダストリー」がこの時代を特徴づける言葉であるが、パクストンは、そのような時代を体現した人物であったと言える。ラウドンは立ったまま死んだが、パクストンもまた、心臓と肝臓の不調にもかかわらず仕事の手を休めず、ついに、一八六五年六月八日、六一歳で死去する。ちなみに、パクストンの伝記をあらわしたケイト・カフーンは、彼の死を「致命的な過労」によるものとする知人の日記があることを紹介し、この伝記の改訂版の書名を、『「イングランドで一番忙しい男」――庭師、建築家、そしてヴィクトリア朝の空想家、ジョウゼフ・パクストンの生涯』としている。

ウォーディアン・ケースの登場――小さなガラス・ケースが果たした大きな役割

ガラスの大温室が次々と造られる一方で、小さなガラスの箱が大きな役割を果たす。当時、好奇心の旺盛な自然愛好家やアマチュア博物学者の活動がとても活発になっていたが、ロンドンの医師、ナサニエル・バグショー・ウォードも、熱心なアマチュア博物学者の一人であった。一八二九年、スズメガのサナギを羽化させようと、湿った土と一緒に瓶に入れて、蓋をしておいたところ、瓶のなかで二種類の草が芽を出しているのをウォードは発見する。

その後も、書斎の窓辺の戸外に瓶をおいて観察を続けると、芽を出した植物は閉じ込められた状況で成長を続け、スズメノカタビラとオシダであることが判明する。湿気を保つことができれば、ガラス越しの日光によって、汚染された大気の影響を受けずに植物は生育することを確信したウォードは、実験を重ね、密閉したガラスの箱に入れられた植物は、五、六週間に一度水をやるだけで生育することを確かめる。

ウォーディアン・ケース（『密閉ケースにおける植物の生長について』挿絵）

さまざまな試行錯誤によって改良を重ねた後、ウォードは、一八三三年の六月、シダなどの植物を入れたガラス・ケースをロンドンからシドニーまで船便で送る。六カ月後に、なかの植物は枯れることなく無事にシドニーに到着する。一八三四年二月、シドニーで新たに植物を植えられたガラス・ケースがロンドンに送り返される。途中、摂氏マイナス七度から五〇度近くにおよぶ温度の変化があり、喜望峰沖を通る頃には甲板には足首までの積雪があったにもかかわらず、ガラス・ケースの植物は元気にロンドンに到着する。一一月の初めの到着までのおよそ八カ月の航海の間、水は一滴も与えられなかった。これが、現在テラリウムやビバリウムと呼ばれている、ウォーディアン・ケースの誕生の経緯である。

このガラス・ケースのことを聞き知ったラウドンは、さっそく見学に訪れ、自ら編集する雑誌『ガーデナーズ・マガジン』に、「これまで見たことのない風変わりな都市庭園を見る機会を得た。植物学に熱心なウォード氏の考案したあのケースである。この成功は、ある国から他の国への植物の輸送、室内や都会での植物の保護、あるいは、景観が悪かったり、まったく視界の開けない場所での、室内や窓の内外における小庭園や温室などの施工において大きな展望を開くものである」という感想を残している。

ラウドンは、まず、このガラス・ケースが植物の移入において大きな役割を果たすであろうと予言している。実際、ウォーディアン・ケースは、その有用性を認められ、たちまちのうちに広く利用されるようになる。

その可能性が認められてからおよそ一五年後、さきのシドニー往復の実験におけるウォードの有力な協力者であり、その後、植物の移入においてウォーディアン・ケースを大いに利用した種苗業者のジョージ・ロッディジーズが語った、「以前には、輸入した植物の二〇本のうち一九本は航海中に枯らしてしまったものだが、いまでは、平均して二〇本中一九本の植物が生き残る」という言葉が残っている。プラント・ハンターたちの収集した植物の移送に、このガラス・ケースは大活躍したのである。
　それまでは植物の移入は種子や挿し穂によるものであり、現地の植物を生きたまま移入できるウォーディアン・ケースは画期的なものであった。チャノキは、中国から密かにこのケースに入れて運び出され、アッサムに移植されたし、ブラジルから持ち込まれた種子をキュー植物園の温室で発芽させて、大事に育てられたゴムノキは、このケースでセイロンやマラヤに運ばれた。ほかにも、バナナ、コーヒーノキなど、イギリスに莫大な富をもたらすことになったプランテーションの植物だけではなく、ランなどの園芸植物の移入もこのガラス・ケースの恩恵に浴し、それらも立派な経済植物となるのである。大温室とウォーディアン・ケースの利用によって、この時代の植物収集と移入は、一段と大掛かりに、組織的に行われるようになるが、ここで大きな役割を果したのが、キュー植物園であった。

キュー植物園への批判と国立機関としての再生

　キュー植物園の歴史は、一六七〇年代に、ヘンリー・ケイペルがロンドン南西部のキューに造った熱帯植物園から始まる。すでに見たように、ケイペルは、自邸の庭に温室を造ってエキゾチックな植物を集めていた。ジョージ二世の時代に王室庭園となったこの庭は、ジョージ二世の長男フレデリック皇太子の未亡人で、ジョージ三世の母のオーガスタ妃によって拡張される。オーガスタ妃は、植物の収集にも熱心で、庭師のウィリアム・エイトンに命じて、珍しい植物を収集させる。

さらに、ジョージ三世は、スコットランド出身で、熱心な植物学者であった第三代ビュート伯爵ジョン・ステュアートを重用し、その助言のもとに王室の植物園としてキューを発展させる。財政長官も務めたビュート伯爵は、国政においても力を発揮したが、親スコットランドの政治をするとして抵抗勢力の反発も強く、オーガスタ妃とのスキャンダルが話題になることもあった。ともあれ、ビュート伯爵は政治よりも植物学に関心が強かったと言われ、ジョージ三世の養育係とも言える立場にあったビュート伯爵の、「農業王」とも呼ばれたジョージ三世への影響は明らかであった。その意味では、ビュート伯爵がキュー植物園の礎を築いたとも言える。

一七七三年にキュー植物園の顧問となったジョウゼフ・バンクスもジョージ三世の助言者として同園の発展に力を尽くした。同園の顧問となる前にすでにバンクスは植物学者として有名であったが、一七六六年に王立協会と王立海軍が計画したエンデヴァー号によるジェイムズ・クックの探検航海に参加し、多くの南米の植物を採集した。バンクスはその後も収集活動を活発に行い、その成果を積極的に発信して、キュー植物園を世界屈指の植物園に育て上げた。

しかし、バンクスとジョージ三世が一八二〇年に死去した後、キュー植物園の活動は低迷する。王位を継承した、ジョージ三世の長男ジョージ四世は、不倫や賭博などの不品行で知られる一方で芸術への関心が高くロイヤル・コレクションを充実させたが、植物への関心は薄かった。またジョージ四世の後王位についた、ジョージ三世の三男ウィリアム四世も、キュー植物園の果たしていた役割について無頓着であった。

また、オーガスタ妃の庭師エイトンが死去した一七九三年以降、キュー植物園の主任庭師を努めたエイトンの長男のウィリアム・タウンゼンド・エイトンは、父のまとめたキュー植物園の植物の総目録の増補改訂版を発行したが、植物を収集し、それを公開するというキュー植物園の役割を往時のようには十分に果たせないでいた。予算と人員の不足に加えて、ジョージ四世の意向もあって王室庭園の造園に時間と労力を割かざるを得なかったという事情はあった。斟酌すべきことはほかにもあったが、一八三七年一〇月に、園芸ジャーナリストのジョージ・グレニーが自ら創刊し、編集長を努めた『ガーデナーズ・ガゼット』に掲載した、「いかなる事情があろうと、一般公開を制限して、市民が収集植物の恩恵に浴することを拒絶しておきながら、庭園を維持しようとする考えは、ばかげており、反国家的である。…キューの現況は、だらしない、恥ずべきものであり、植物の状態は、面目ないほどに薄汚れている。キュー植物園は、新しいもの、有用なもの、珍しいものはことごとく収容するべき政府機関なのである。そこには一種の国家的な誇りがあるべきである」というような批判も少なくなかった。

一方でエイトンとキュー植物園を弁護する声もあがったが、それに応じて仮借ない批判がその後も繰り返された。ついに『タイムズ』でもこの問題が取り上げられ、キュー植物園の運営の実態と将来の在り方を検討する委員会が立ち上げられた。委員長は当時学界を先導していた植物学者のジョン・リンドリーで、名だたる庭師であったジョウゼフ・パクストンとジョン・ウィルソン、王室家政長官が委員として加わった。委員会において、キュー植物園の停滞を批判するグレニーらの主張には否定できないものがあることが確認され、一時はキュー植物園の組織の解体案も出された。

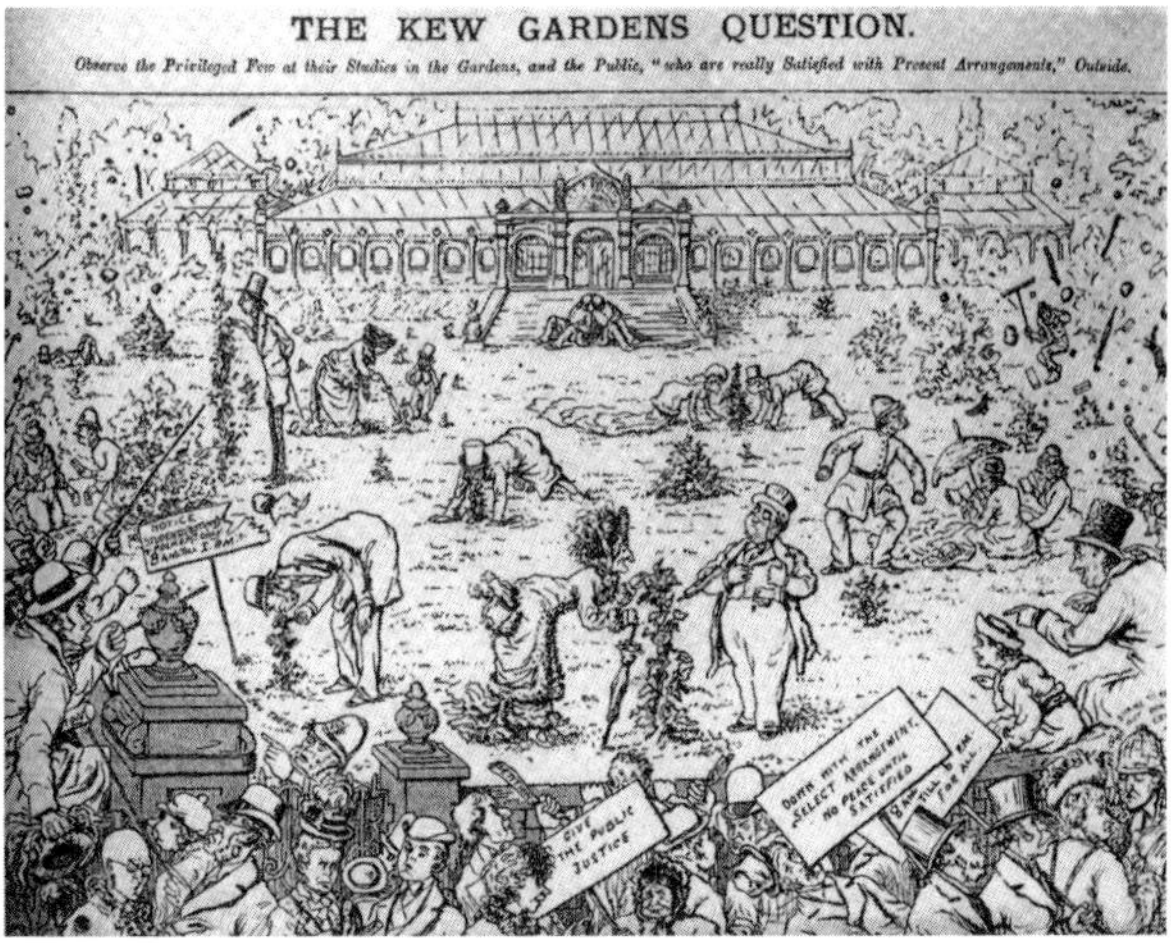

キュー問題を取り上げた風刺画。研究を優先し、一般公開を制限しようとするキュー植物園の方針を批判している

しかし、結論として委員会は、「キュー植物園を中心において統括されれば、植民地や保護領にあるものを含めすべての植物園は、必要事項を要求して適切な供給を受け、有用植物の利用において母国イギリスに協力することができる。…そのようなシステムの確立によって、医薬、商業、農業、園芸、そして多くの重要な製造業の分野において、多大の利益が生み出されることになる」という提案を行った。

　このようにして、かつてキュー植物園が行っていた植物収集および情報発信の重要性と国家的な事業としての植物学の必要性が再確認され、一八四〇年に、キュー植物園は森林局に移管され、以後は政府の管理のもとで、国家予算で運営される国立の機関になった。また、グラスゴー大学の植物学教授であったウィリアム・フッカーが園長として迎えられ、新体制のキュー植物園が発足することになった。

これを契機にキュー植物園は広く一般に公開されることになったが、研究・教育機関としての充実もはかられた。ウィリアムの次男で、後に二代目の園長となったジョウゼフ・ドールトン・フッカーの貢献も大きかった。また、この時期に造られた巨大な大温室パーム・ハウスに象徴されるように、キュー植物園は、国内のみならず、植民地に造られたものも含め、大英帝国のすべての植物園を統括し、いわゆる経済植物学において中心的な役割を果たすようになる。一九四一年発行の『キュー植物園誌』には、国立機関となってからのキュー植物園の一〇〇周年を言祝《ことほ》ぐ関係者の言葉とともに園の沿革が掲載されており、そのなかに「キュー植物園の機能の一つは、経済的ならびに園芸的価値のある植物を、諸条件がその栽培に適しているあらゆる地域の自治領と植民地に送ることにあった」という記述がある。これは、キュー植物園が担った政治的役割を臆面もなく、率直に語ったものであると言えよう。大英帝国の植民地支配においてキュー植物園が担ったこの大きな役割は、キュー植物園の沈滞を批判したグレニーの主張のなかに明らかに期待されていたものであり、新たに発足したキュー植物園は、グレニーの希求した「国家的な誇り」を実現してみせたのであった。

帝国のプラント・ハンターたち——世界をまたにかけて大活躍

もちろん、植物収集は、いわゆる経済植物に限られたものではなかったし、キュー植物園やその

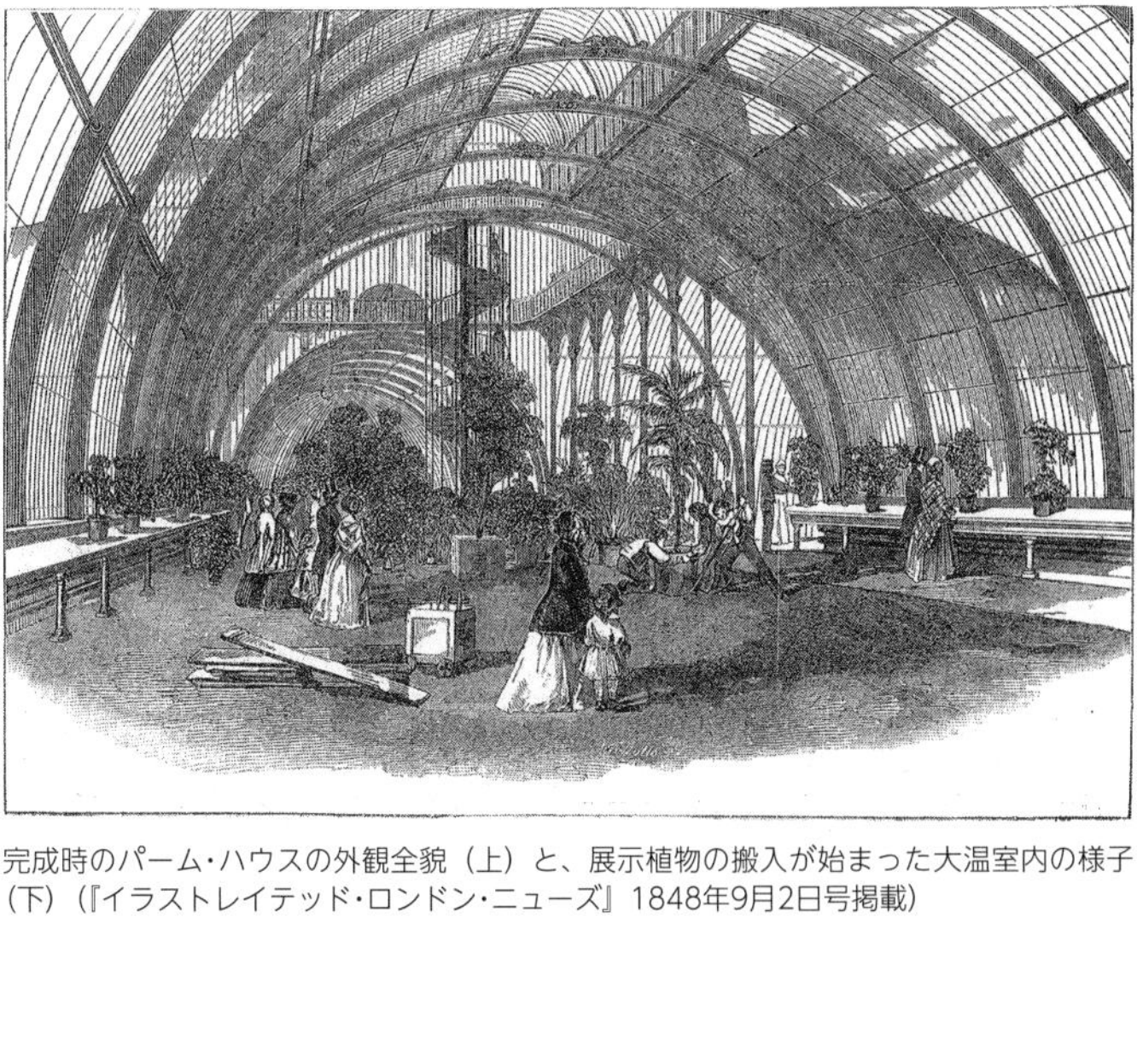

完成時のパーム・ハウスの外観全貌（上）と、展示植物の搬入が始まった大温室内の様子（下）（『イラストレイテッド・ロンドン・ニューズ』1848年9月2日号掲載）

傘下の植物園によってのみ行われたものでもなかった。民間レベルでの植物収集も、より大掛かりで、組織的なものになっていた。なかでも隆盛を誇ったのがヴィーチ種苗店であった。スコットランド出身のジョン・ヴィーチによって一八〇〇年代に創設されたこの園芸・種苗店は、若い頃から父の手元で修行した息子のジェイムズ・ヴィーチも経営に加わり、大いに繁盛した。さらに、祖父と父のもとで修行したジェイムズの長男ジェイムズ・ヴィーチ・ジュニアによって引き継がれ、ヴィーチ種苗店は二〇世紀の後半まで親族会社として存続することになるのだが、その最盛期は一八三〇年代から一八八〇年代にかけてのことであった。

ヴィーチ種苗店は、外国の植物愛好家団体との交流を通じて新しい植物の種や苗を手に入れるという従来のやり方に加えて、自らが雇用したプラント・ハンターを世界中に送り出すことによって新しい植物を入手した。それは、まさしく、新生キュー植物園に準ずる、大英帝国の方法であった。

その最初の収集家がウィリアムとトマスのロブ兄弟で、南アメリカに派遣されたウィリアムはチリマツの自生地を発見し、大量の種子をイギリスへ送ったことで知られる。密生した枝に硬くて鋭い葉をつけるため、英語で「猿にも登れない」という意味で「モンキー・パズル」と名付けられたこの珍しい植物は、すでに一八世紀の末には移入されており、ヴィーチは商品としての可能性を信じ、ウィリアムに密かにその収集を指示していたのである。ヴィーチ種苗店は三年後に実生苗を一〇〇本につき一〇ポンドで売り出したという。一方、トマスはインドシナやインド、マレーシアでシャクナゲやランを収集した。

その後、四〇年以上の間、ヴィーチ種苗店によって世界中に二〇数名のプラント・ハンターが派遣され、さまざまな地域で活躍した。そのなかには、ジェイムズ・ヴィーチ・ジュニアの息子のジョン・グールド・ヴィーチを含む三人のヴィーチ家の親族がいた。ジョンは、開港間もない幕末の日本を訪れ、ヤマユリをはじめとする珍しい植物を入手した。

プラント・ハンターの伝説は移入に貢献した植物とともに残されているが、その名が移入した植物にとどめられている場合も多々ある。ヤマブキの英語名「ケリア」は、スコットランド出身のキュー植物園の庭師で、バンクスに見出されて中国や東南アジアで活発に収集活動を行い、この植物を見出したウィリアム・カーにちなむものである。ヤマブキの学名は「ケリア・ジャポニカ」であるが、ほかにも学名が「ユオニマス・ジャポニカス」であるマサキや、学名が「ピエリス・ジャポニカ」であるアセビなど、日本や中国原産の多くの植物をカーはキュー植物園に送った。ちなみに学名が「ピエリス・フォレスティ」である中国原産のアセビにその名をとどめているジョージ・フォレストもスコットランド人で、二〇世紀初めにチベットや現在の中国雲南省あたりまで内陸部に深く入り込んで新しい植物を探したプラント・ハンターであった。

やはりスコットランド出身で王立エディンバラ植物園を経て、後にロンドン園芸協会で働き、イギリス東インド会社のために、ウォーディアン・ケースを利用して中国からチャノキをインドに密かに持ち出したことで知られるロバート・フォーチュンは、数百種類の植物のイギリスへの移入に貢献しており、そのうち彼の名にちなむ学名をもつ植物は、ギボウシやツツジなどの品種に三〇種類以上ある。「ジャパニーズ・アネモネ」の英語名でイギリスの庭で広く栽培されているシュウメイギクも、フォーチュンが中国から送ったものであるとされている。

フォーチュンは、一八六〇年一〇月と翌年の四月に日本も訪れており、「日本」にちなむ学名をもつことになった植物も数多く本国に送っている。滞在中、日本人が盆栽や観葉植物を楽しみ、菊人形の催しや藤の名所への行楽などの花を愛でるレクリエーションをもっていることを目の当たりにしたフォーチュンは、その見聞記である一八六三年発行の『江戸と北京』に、一八六〇年一〇月の長崎到着後すぐに、「日本人の国民性の際立った特徴は、最下層に至るまですべての人々が花に生来の愛着をもち、数本の鉢植え植物を育てることを気晴らしとし、純粋な楽しみの尽きることのない源としていることである。これがある国民の高度な文明の証の一つであるとしたなら、日本の最下層の人々は、わが国の同じ階層の人々と較べ、はるかに優れているように思える」と記している。また、日本の植物の多様性に驚いたフォーチュンは、日本の大工にウォーディアン・ケースにならった箱を作らせ、たくさんの植物を本国へ送った。長い鎖国の後に開港した当時の日本はプラント・ハンターにとってはまさに宝の山だったのである。

しかし、これは、当時の西欧・ヨーロッパにおける植物収集のほんの一部にすぎなかった。薬用植物としてだけでなく、観賞植物としても、新奇な植物は投機の対象になり、植物収集は、欲望渦巻く冒険とロマン、ときとして悲惨と悲運の物語として語られたのである。

新しい種苗店や園芸店も次々と誕生した。エディンバラのローソンズ、ヨークのバックハウス、ウォキングのジャックマンズなどである。一八五〇年代には、レディングのサットン・アンド・サンズやイプスウィッチのウィリアム・トンプソンなどの新しい園芸店も登場した。一八四〇年代に導入された郵便制度がカタログの配布と注文を速やかで容易なものにしたことが園芸店の繁盛を支えた。一方で、園芸店は新しい科学技術を駆使した栽培や交配によって、珍しい植物を普及させるのに貢献し、大きな園芸ブームが到来した。この園芸ブームを牽引したのが、後に勅許を得て王立園芸協会と改称するロンドン園芸協会であった。

*……王立園芸協会の発足

園芸協会創設の動機——植物による世界支配

一九世紀初めの一八〇四年に創設されたロンドン園芸協会は、新しい形の園芸団体であった。それは、一八世紀に大流行し、世紀末に衰退したフロリスト・クラブの伝統に棹さすものであったが、明らかにそれらとは一線を画するものであった。設立当初は運営をめぐる内紛や財源不足のために存続が危うくなったこともあったが、一八六一年に当時の会長であったアルバート公の勅許を得て王立園芸協会に改称されたこともあって、運営も安定し、着実に発展する。序章で見たように、フラワー・ショーの開催やブリテン・イン・ブルームの活動、図書館の運営と出版物の刊行など、現在も活発に活動している。しかし、この協会は、このような活動を目的として設立されたわけではなかった。当初設立の動機は明確ではなかったし、発起されてから設立にいたるまでの経緯も緩慢であった。ただ、そこには、設立を促す新しい時代の胎動のようなものがあった。

園芸協会の創設は、イギリスの代表的な陶磁器メーカーであるウェッジウッド陶器社の創業者、ジョサイア・ウェッジウッドの長男ジョン・ウェッジウッドから、ケンジントン・パレスとセント・ジェイムズ・パレスの庭園の総監督であったウィリアム・フォーサイスに宛てた一通の手紙から始まる。一八〇一年六月二九日付けのこの手紙は園芸協会設立のための協力を要請するものであり、王立協会の総裁で、植物学界の権威であったジョウゼフ・バンクスにも協力してもらえるよう配慮してほしいという追伸がついていた。

その後ウェッジウッドとフォーサイスの間で相談が進められ、一八〇四年の三月七日にロンドンのハチャード書店で協会創設のための最初の会議が開催される。「園芸の改良のための協会を設立するのを目的」として開催されたが、この会議では、規約や運営方法について論議されるにとどまり、園芸を取り巻く状況の改良に関する具体的な方法や目標は明確にされなかった。

しかし、当時の状況から考えると、「園芸の改良」という短い言葉にその目的は述べられていたとも言える。一七世紀には存在したが、それまで表に出ることがなかった「園芸（ホーティカルチャー）」という言葉に注目し、その形容詞を協会名に用いたのである。『オックスフォード英語大辞典』の「花卉《かき》、果物、野菜の育成を含む、庭園栽培および管理の技術あるいは科学」という定義にうかがえるように、この語には「科学的」という含意があった。つまり、一八世紀における植物愛好家の団体である「フロリスト・クラブ」とはちがって、この新しい園芸協会は、「科学」の重視をうたったのである。それは、協会設立の趣意書において明確に述べられることになる。

一八〇五年に趣意書を作成する委員会が立ち上げられ、その草案の作成が新しい植物学の知識に通じていた王立協会の会員であったトマス・アンドルー・ナイトに依託される。そして、同年四月二日の総会において承認されたナイトの草案——「園芸協会がめざす諸目標に関する提言」において、協会設立の理由と目的が初めて明確に述べられる。その考えは、次のような言葉に如実に表れている。

家畜やあらゆる分野の農業の改良をはかる協会は、すでに確立し、大英帝国のほとんどあらゆる地域において成果を収めている。園芸のみがおろそかにされ、熱意のない並みの庭師に任されているように見える。彼らは、概して、前任者のやる気のない、型どおりの手順に従うばかりである。もしそこから離脱しても、離脱による成功を可能にする科学や情報を十分に共有していないのである。

グレゴール・ヨハン・メンデルに先立って遺伝の法則について先進的な知見を得ていたとも言われているナイトの主張は、人工交配を含めた方法によって優秀な植物を作り出すこと、世界中から優秀な植物を移入し、馴化すること、そのために最先端の技術を駆使した温室を普及させることであった。

先行した畜産や農業あるいは産業関係の振興団体によって開催された品評会や産業見本市が、一八五一年にロンドンで開催された万国博覧会につながっているが、ナイトによって起草された園芸協会の設立趣旨も、万国博覧会の開催目的に収斂するものであった。それは、一言で言えば、世界中のあらゆるものをイギリス化し、それをイギリスのものとして世界中に送り出すことであった。当時のこのような世相や設立メンバーの経歴を考えると、協会設立の動機は単なる園芸愛好家や花卉愛好家の親睦や情報交換の場を作ることではなかったと言える。園芸を奨励し、その発展をはかることは、同時に、文明化の使命を帯びた大英帝国のシステムに合致するものでもあった。

一八五〇年三月二一日にロンドン市長公邸で開催された万国博覧会推進の大宴会において、博覧会開催実行委員会の総裁になったアルバート公が語った博覧会の目的と理念が興味深い。翌日の『タイムズ』一八五〇年三月二二日号に掲載された記事によれば、その目的は「人類の調和の実現」にあるとうたわれているが、その真意は「地球上のあらゆる地域の産物がわれわれの手にゆだねられ、われわれはこちらの目的に適った最良でもっとも安価なものを選べばよい。生産力は競争力と資本力にある」という言葉に透けて見えている。園芸協会設立の目的は、万国博覧会開催の目的に連なるものであるとも言える。それは商業を視野に入れたイギリスの帝国支配の一環であった。

実際に、園芸協会の主な役割の一つに、種子や苗、挿し穂を会員に配布することがあった。一八三〇年から一八四〇年の間だけでも、九万五三二五本の苗、三六万三五九四袋の種子、五万四五七一本の挿し穂が、会員のほか、外国や植民地に送られている。これらは、内外の栽培者や種苗業者、そして協会が派遣したプラント・ハンターによってもたらされたもので、協会の庭や畑で試験栽培あるいは増殖された後に配布されたものであった。

園芸協会は栽培植物の品種に正確な名前を付ける責任を負っていたが、それは、新しく移入された植物にのみとどまる作業ではなかった。土着や、土着と考えられるほど長く存在している樹木や果樹、花卉、野菜の多くは、同じ品種であるのにさまざまな地方名をもっていたからである。その混乱状態はひどく、ある一つの植物の名を決定するために何度も会議をもつ必要があった。全部で二〇〇種類ほどであったイギリスの栽培植物は、主として一五四〇年以降その数を増し、一八三九年までには一万八〇〇〇種にのぼったという推定がある。この数字は、一七世紀以降珍しい品種を作るために人工交配が競って行われたことと、外国から植物がどんどん移入されたことを物語っている。世界中に珍しい花、有用な植物を求め、名前をつけて利用するシステムは、大英帝国の国歌と呼ばれるようになった「ルール・ブリタニア」に込められた「文明化の使命」に通じるものであったと言える。

このような役割を果たす団体がそれまでにもなかったわけではない。海外から植物を移入し、馴化するという点では、キュー植物園が大きな役割を果たしていたが、さきに見たとおり、バンクスの死後、その活動は低調になっていた。植物に関する研究や教育、植物の収集、園芸の実践の場としては大学植物園があったし、植物の収集や栽培技術においては種苗業者も大きな役割を果たしていた。しかし、これらを統括する組織が欠如していた。趣意書には、旧態依然とした植物研究、キュー植物園の停滞への苛立ちが読み取れる。一八四一年にキュー植物園が、大学植物園とともに国立機関となって、大英帝国の植物による支配において中心的な役割を果たすようになるまで、園芸協会にその役割が求められていたと考えられる。

フロリスト・クラブの展示会からフラワー・ショーへ

このようにして発足した園芸協会であったが、その運営は期待どおりには進まなかった。創立後の数年間、会員数は一〇〇人を超えなかったし、総会ではいつもの限られた会員が論文を発表するにとどまった。現在の王立園芸協会の活動内容からすると奇異な感じがするが、さきに見た協会設立の動機からすると当然と考えられる。発表論文も、花卉に関するものは少なく、果物や野菜に関するものが多くを占めていた。一八一七年一〇月一一日付けの『タイムズ』に掲載された「園芸協会」と題された記事でも、数本の論文が発表され、果物と品種改良された野菜の展示会であったことが記されている。

一八二六年に発行されたジョージ・クルックシャンクの『園芸協会会議室の驚くべき展示会』（次ページ）と題された風刺画でも、テーブルの上にいくつかの果物と野菜が並べられ、会員が論文を発表する様子が描かれている。当時世間を賑わせた協会のスキャンダルなどと取り混ぜて描いたものであるが、この時点でも、総会では、会員たちが会議室で自慢の植物を持ち寄って展示して

クルックシャンク『園芸協会会議室の驚くべき展示会』。クルックシャンクは、後にディケンズの小説などの挿絵画家として有名になった

いたと伝えられている。この風刺画には、好事家たちが自慢の植物を持ち寄り、ときには大量飲酒の場にもなった一八世紀のフロリスト・クラブの雰囲気さえ漂っている。

実際、一八世紀に流行したフロリストの花の展示会は世紀末にいったん衰退したが、一九世紀になると息を吹き返していた。一八二六年に創刊された、ラウドンの『ガーデナーズ・マガジン』に掲載された「フラワー・ショー」という記事には、ロンドン近郊のフロリストによって開催される予定の「フロリストの花」の展示会の案内があり、四月に開催されたオーリキュラの展示会と五月に開催されたチューリップの展示会で優勝した花の呼称と作出者名が記されている。また、一八二七年発行の同誌の第二巻にも、一八二六年にイギリス各地で開催されたオーリキュラ、チユーリップ、ラナンキュロス、ナデシコ、カーネーションなどのフラワー・ショーの様子を伝える記事があり、当時、二〇〇団体にのぼる地方園芸協会が存在していたことが記されている。

これらのフラワー・ショーが一八世紀末に衰退したフロリスト・クラブの展示会の伝統に棹さすものであることは、展示の対象となっている植物がいわゆる「フロリストの花」であることからも明らかである。クラブの組織や運営も同じで、地元のインやタヴァーンで会合をもち、祝宴と展示会を開催するものであった。費用は年会費と参加費でまかなわれ、地元の有力者が後援し、賞品を寄付することもあったという。

しかし、一九世紀になって、花卉園芸のクラブを作り、展示会を開催する活動の中心になったのは、工場労働者や職人などの貧しい人々であった。この種の園芸クラブと展示会は、最初は、北部の工業地帯の労働者たちの間で起こったと言われている。彼らは、苦しい労働のなかで花を育てることに慰めを見出し、展示会での栄光と賞品をあてにして丹精を込めたのだと言われる。そこには、野蛮な民衆娯楽や大量飲酒に耽りがちな労働者を善導するために、健康的で、上品な余暇である園芸が奨励された経緯もあった。これらのクラブは当初から北部地方だけではなく、より広範囲に存在しており、その成立にはこの時代に起こった、土地を失った貧民たちに一定区画の土地を使用する権利を与えるアロットメント運動が関係していたという指摘もある。

さらに、一八三〇年代になると、新しい形の園芸団体によるフラワー・ショーも登場した。それは、地方に大邸宅を所有する貴族や都市近郊にかなり大きな屋敷を所有する裕福な中産階級などに雇われた庭師が、丹精を込めて育てた花の品評会を開き、情報交換をする場としてのフラワー・ショーであった。彼らは、最新の科学技術を駆使して、希少で、育てるのが難しい植物を増殖し、できれば新しい品種を生み出し、種として完成させることをめざした。

国民的行事の様相を帯びるフラワー・ショー

その担い手がいずれであれ、植物の展示会あるいはフラワー・ショーの隆盛は、この時代の園芸文化の拡大と多様化を示すものにほかならない。それは、ロンドン園芸協会の展示会の変化にも辿れる。ロンドン園芸協会は一八二七年から、それまではインやタヴァーンで開催していた年次総会の宴会を、ロンドン西部のチジックの協会の庭園で行うようになる。「園遊会」と題されたウィリアム・ヒースによる彩色銅版画（次ページ）は、一八二九年六月二八日の土曜日に開催された「チジックの祝宴」と呼ばれた園芸協会主催の園遊会の様子を伝えるものである。前年に続いてこの年も雨にたたられたが、園遊会はおおむね成功であった。

いまやこの園遊会は社交シーズンの主要な呼び物になっており、公的あるいは私的ないずれの祝宴よりも待ち焦がれられるものになっていた。この日も、午前中に少し日が差す兆しはあったものの、午後一時頃にはどしゃ降りの状態になったが、そのようななかでも、三時になると、美しく着飾った貴婦人を中心としたおよそ三〇〇〇人の人々が宴会場へと向かったという。これを伝えた『オブザーバー』の記事を受けて、翌日の『タイムズ』は、「園遊会の楽しみは、悪天候のために

だいなしになってしまったが、ご婦人方は、見事な自制心と上機嫌の忍耐力によって落胆を隠した

ヒースが描く「園遊会」。ヒースは1820～30年代に世相風刺で人気を博した

という自意識により大きな喜びを感じていたように思われる。あらゆる困難をものともせず、不屈と達観によって難儀を乗り越える真のイングランド精神を、身をもって示したのである」と論評した。

　ヒースの銅版画に描かれた着飾った女性たちの様子や『タイムズ』の記事から、この園遊会が上流階級の社交の場になっていたことが分かる。庭園での植物の展示、収穫した果物の賞味などの展示・品評会の要素はあったが、この園遊会の「華」は着飾った女性であった。一八世紀のフロリスト・クラブの祝宴の伝統がここにもあったと言える。着飾った女性がどしゃ降りの雨とぬかるみに難儀する様子は風刺画の材料であったが、この苦難をものともしない女性たちを『タイムズ』は、自国意識と結びつけて称揚した。その高揚した自国意識はいまから見れば一種の戯画にほかならないが、いずれもこの時代の精神を映し出すものであっ

た。

さまざまな意見はあったが、つまるところ園遊会は好評だったので、一八三三年から、チジックの協会の庭に大テントを張り、大掛かりな展覧会が開かれるようになった。楽隊が演奏し、軽い食事もできる、現在のチェルシー・フラワー・ショーの原型とも言える、一般に広く公開され、市民の行楽の場となったフラワー・ショーの始まりであった。チジックでのフラワー・ショーは、一八五七年まで続くのであるが、一八四九年発行の『パンチ』第一七巻には「チジック庭園のフラワー・ショー」というキャプションのついた図版（次ページ）が登場する。同誌における「イングランド人の風俗」と題された人気の素描シリーズに登場するジョン・テニエルの素描の一つで、この年のフラワー・ショーの様子をうかがわせるものである。「ピップス氏の日記」と称する記事が添えられている。

一八四九年の六月九日の土曜日、ピップス氏は、妻にせがまれて、かねてからの約束を守り、フラワー・ショーを訪れる。二人分の入園料一〇シリングとそこまでの乗り合い馬車の料金二シリングを要する。大勢の入園者の流れにのって園内に入ると、シャクナゲの寄せ植えのそばで楽隊が音楽を演奏し、着飾った女性たちがその周りを取り巻いている。テント内に入ると、ランやアザレア、ペラルゴニウムなどの入賞を果たした園芸植物が陳列棚に並び、甘い香りを放っている。テントを出て遊歩道にそって歩くと、さまざまな花が咲き競っているのが眼に入る。閉門の時間が迫ると、人々の群れを従えて行進しながら演奏していた楽隊は、演奏の最後を「ゴッド・セイヴ・ザ・クイーン」で締めくくり、展示されていた花の片付けが始まる。このチジック・フラワー・ショーの様子から判断すれば、国の状況は言われているほどに悲観的ではないのではと思われてくる。しかし、この「豪華な行事」にかかる費用はどこから捻出されているのかがやはり気になる。――これが「ピップス氏の日記」の大意である。

テニエル「チジック庭園のフラワー・ショー」。テニエルはルイス・キャロルの『不思議の国のアリス』で有名な挿絵画家

　ロンドン万国博覧会が開催されるのは、この二年後のことである。民衆参加の国家的行事として成功を治めた万国博覧会のさきがけともいえる形で、園芸協会のフラワー・ショーは人気を博するのである。『パンチ』の一八五一年七月一九日号には、同じくテニエルによる「ハイド・パークの幸せ家族」という素描が掲載されている。万国博覧会開幕後二カ月半の頃に描かれたこの素描には、クリスタル・パレスのなかで世界中の人々が楽しそうに語らい、踊って

いる姿が描かれ、その前面にはその様子を眺めるアルバート公をはじめとするイギリス人が大写しで描かれている。世界中の人々の共和を訴えて開催された万国博覧会に潜在する帝国主義的な植民地主義を暗示する風刺画であると読むことができる。

同じように、楽しい行楽の場となったチジックのフラワー・ショーを描く素描は、新生キュー植物園に植物による世界支配という国家戦略の役割を譲り、園芸文化の研究と啓蒙に軸足を移してゆく園芸協会のその後の在り方を示すものである。しかし、そこには、園芸協会が担ったもう一つの文明化の意味が潜んでいた。

進む園芸の民衆化——素人造園の父シャーリー・ヒバード

一八三〇年発行の『ガーデナーズ・マガジン』の第七巻においてラウドンは、ストックポート花卉園芸協会の発足を伝える地元紙の記事を引用し、「すべてのレクリエーションのなかで、果物と花の栽培がもっとも奨励されるべきである。文明化にもっとももふさわしいものであり、健康に大いに貢献し、家庭を大切にし、結果として多くの場合に自堕落な生活を防止するからである。…よく手入れされた庭ほどその持ち主の趣味の良さをはっきりと示すものはない」と述べて、生活を豊かで品位あるものにする園芸の文明化の効用に共感を示している。

一八三〇年代は改革の時代であった。産業革命が生み出した社会格差に対して、この頃になってようやく、工場における年少者の長時間労働を規制する工場法や、労働者の劣悪な生活を改善するための改正救貧法が成立する。しかし、一八四〇年代になっても労働者階級の劣悪な生活状況は続いていた。小説家で保守党急進派の政治家であったベンジャミン・ディズレーリは、一八四五年に公刊した小説『シビル』において、イギリス社会は貧しい労働者階級と、中産階級以上の裕福な人々という「二つの国民」から成っていると述べて社会格差を問題にし、フリードリヒ・エンゲルスは一八四五年に公刊した『イングランドにおける労働者階級の状態』において、労働者階級の厳しい現実を明らかにした。改正救貧法の成立にも尽力したエドウィン・チャドウィックは、その後も救貧制度改革の活動を続け、一八四二年に『イングランドにおける労働者の衛生状態に関する報告』をまとめた。そのなかには、「公園でのレクリエーションや庭付きのコテージで余暇を過ごすことが、酒場での大量飲酒や性的な放埒から労働者たちを遠ざけるよすがになるであろう」という趣旨の提言が繰り返されている。

壮年期のヒバード

一八五六年に出版された園芸家シャーリー・ヒバードの『趣味のよい家庭のための田舎風の装飾、そして自然の研究と模倣における都市市民のレクリエーション』にも、そのような社会改善意識の影響が見られる。序文においてヒバードは、「家庭の喜びを高め、団欒に新たな優雅さを加えるものは何であれ、奨励し、涵養する価値がある」と述べて、労働者をはじめとする一般民衆を教化しようとする使命感をもってこの本を執筆したことを明言している。

しかし、この本の内容はむしろ、どちらかと言えば裕福な中産階級のための園芸の手引き書というべきものである。一九八七年に出版されたこの本の復刻版に序論を寄せたジョン・セイルズは、ヒバードが園芸家となったのは、当時、新興中産階級の郊外住宅地として変貌を遂げつつあった、ロンドン郊外のステップニーで生まれ育ったことにあるのではないかと推測している。当時、ステップニーは、人口が急増するロンドンから脱出する中産階級の住宅地として変化しつつあった農村の一つであった。ヒバードの園芸家としての成功は、少年時代に、園芸をステイタス・シンボルとして生活のなかに取り入れようとする中産階級の志向を目の当たりにし、そこに時代の変化を読み取ったからであるというのがセイルズの推測である。

一八二五年にこの地で生まれたヒバードは医学を志していたが、父を早くに亡くしたため書店の店員として働いたと伝えられており、植物学や園芸について学んだ経歴は知られていない。ところが、三〇代に入る頃にはすでに、ヒバードは、著述家・園芸ジャーナリストとして活動を始めている。一八五五年の『キイチゴとゲッケイジュの葉』と『都市庭園』を皮切りに多くの書物を公刊したほか、一八五八年には『フローラル・ワールド』の初代編集長として頭角を現し、一八六一年からは、晩年に編集長となった『ガーデナーズ・マガジン』の編集にも携わった。

一方で、ヒバードには、著述家として出発した初期に、菜食や禁酒についての社会啓蒙的な著述がある。彼は必ずしも菜食主義者でも禁酒主義者でもなかったようであるが、社会改革の意識は強かったと考えられる。しかし、彼は、反体制側に立って社会の改善に取り組んだわけではなかった。ヒバードは、彼自身、上流階級の文化に同化しようとして、それを成し遂げ、社会階級の階段を上った人物であり、いわば中産階級の価値観にそって、一般民衆の文明化の使命を実行したのであった。その意味では、ヒバードは、ラウドンやパクストンに続く者であった。スコットランドの貧しい寒村の出身でたいへんな努力で時代をリードするジャーナリストになったラウドン、見習い庭師から身を起こし、万国博覧会のクリスタル・パレスを設計して喝采され、国会議員になったパクストン、独学で園芸の知識を蓄え、時代を先導したヒバード、彼らは、いずれも貧しい境遇から身を起こし、確立された社会で地位と名声を得た自助（セルフ・ヘルプ）の人であった。つまり、彼らは大英帝国の発展と自らの発展を同化することをめざし、それを成し遂げた者たちであり、上流階級の趣味・文化を肯定し、それを社会一般に拡大しようとした者たちであった。それは着実に成果を上げようとしていたが、ヒバードは、この活動をより下位の階層に向けることを意識していた。

最初の著書『都市庭園』の序文において、ヒバードは、「都会で花を楽しむ余裕もなく、うちひしがれて暮らしている何百万という人々のために、分かりやすい言葉で書くこと」が信念であると宣言している。そして、この時代に起こった民衆化の大きなうねりのなかで、ヒバードは、庶民のための園芸に心を傾け、後に「素人造園（アマチュア・ガーデニング）の父」と呼ばれるようになるのである。

一八世紀末頃から、それまでは専門的な知識や技術を要するとされてきた職業や技能が、余暇の普及とともに趣味や気晴らしとして行われるようになり、「素人（アマチュア）」という語が使われるようになった。さらに、一九世紀に入ると、「素人庭師（アマチュア・ガーデナー）」のように、その道の「専門家」や「職業人」を表す語とこの語を組み合わせ、それを趣味として楽しむ者を表すようになった。その分野を表す場合には、「素人造園（アマチュア・ガーデニング）」のような使い方がされた。芸術やスポーツ、さまざまな分野で起こった民衆化の一端を示す現象である。

園芸に関して見ると、ヒバード以前に、一八四七年にラウドンの妻であるジェイン・ラウドンが『素人庭師の暦』でこの語を用いている。一八七〇年の復刻版の序論において、編者のウィリアム・ロビンソンは、「すぐれた庭師として生きる幸せは、すべての娯楽にまさる」というイーヴリンの言葉を引き合いに出し、この本の初版の出版当時、「素人庭師」の楽しみを享受できる人の数が年を追うごとに増大しつつあったことを指摘する。そのような状況を踏まえて、苛酷な一日の仕事の後や晩年におけるレクリエーションとして園芸を楽しもうとする人たちに、実践的で、分かりやすく、簡便な園芸の手引き書を提供しようとしたのがこの本であるとロビンソンは述べる。

一八五四年には、ヘンリー・バージェスの『素人庭師の年鑑』がある。バージェスは、その序文に、この書物の目的は「男性、女性を問わず、園芸を愛し、自分で庭の手入れをする人々の興味を喚起し、上品で健康的な嗜好を増進すること」であると述べている。一八五四年には、ほかにも、ジョン・フレミングの『コテージの住人と素人庭師に有用な野菜と果物、花卉の庭の簡潔な手引き書』が出版されている。

そして、ヒバードが、一八七一年に『素人の花の庭』、一八七七年に『素人のキッチン・ガーデン』を出版し、一八八四年には、明確に素人庭師を対象にした園芸雑誌、『アマチュア・ガーデニング』を創刊している。この雑誌が現在もなお引き続き刊行されているという事実は、ヒバードが「素人造園の父」と呼ばれる理由の一つであろう。創刊号の冒頭にはシェイクスピアの『冬物語』の第一幕第二場でハーマイオニが夫のリオンティーズに言う「もし私たちをお捜しなら、庭におります。そこでお役に立てるように」という言葉を読者への呼びかけとして利用し、この雑誌が素人庭師のための実践的な手引き書であることをうたっている。実際、一ペニーで発売された、全一二ページのこの週刊誌は、安価で手頃な園芸雑誌であり、温室の管理法や新しい園芸機具の紹介などの各号の特集記事と、毎号決まって掲載される「花卉園」、「果樹園」、「窓際園芸」、「主婦の部屋」などのコーナーを設け、観葉植物の手入れ法や、盛り花、旬の野菜の料理法などの記事を含んだ生活文化としての園芸の総合的な知識を提供し、人々を啓蒙した。

貧民の心を変えた花の展覧会——園芸による文明化の実践

園芸による文明化の使命をより直接的に実践した事例もあった。ロンドンのブルームズベリーにあったセント・ジョージズ教区の副司祭を務めていたS・ハッデン・パークスは、教区の人々のために草花の展覧会を開催し、一八六四年に出版された『庶民のための窓辺の庭』に、その目的と実際の運営、成果を記録している。

当時、この教区の多くの住民は、一つの建物内の地下室や台所も含めて八つある部屋にそれぞれ別の家族が住むような状況にあった。当然ながら、その環境は非衛生的で、荒廃したものであった。彼らは、野菜や魚、あるいは安物の玩具を売り歩く呼び売り商人であったり、酒や賭博で身を持ち崩し、苛酷な労働でどうにか日銭を稼ぐ者たちであった。そのようななかでも窓辺で草花を大事に育てている者がいることを知ったパークスは、彼らの多くが田舎からロンドンに出てきた者たちで、幼い頃に親しんだ緑の野原や野の花に郷愁を抱いているからだと考える。そこで、このような人たちだけでなく、都会で生まれ育った子供たちにとっても、緑に接することや草花を育てることが、自分たちの生活を見つめ直すきっかけになるのではないかと考え、パークスは、教区内での草花の展覧会を計画するのである。

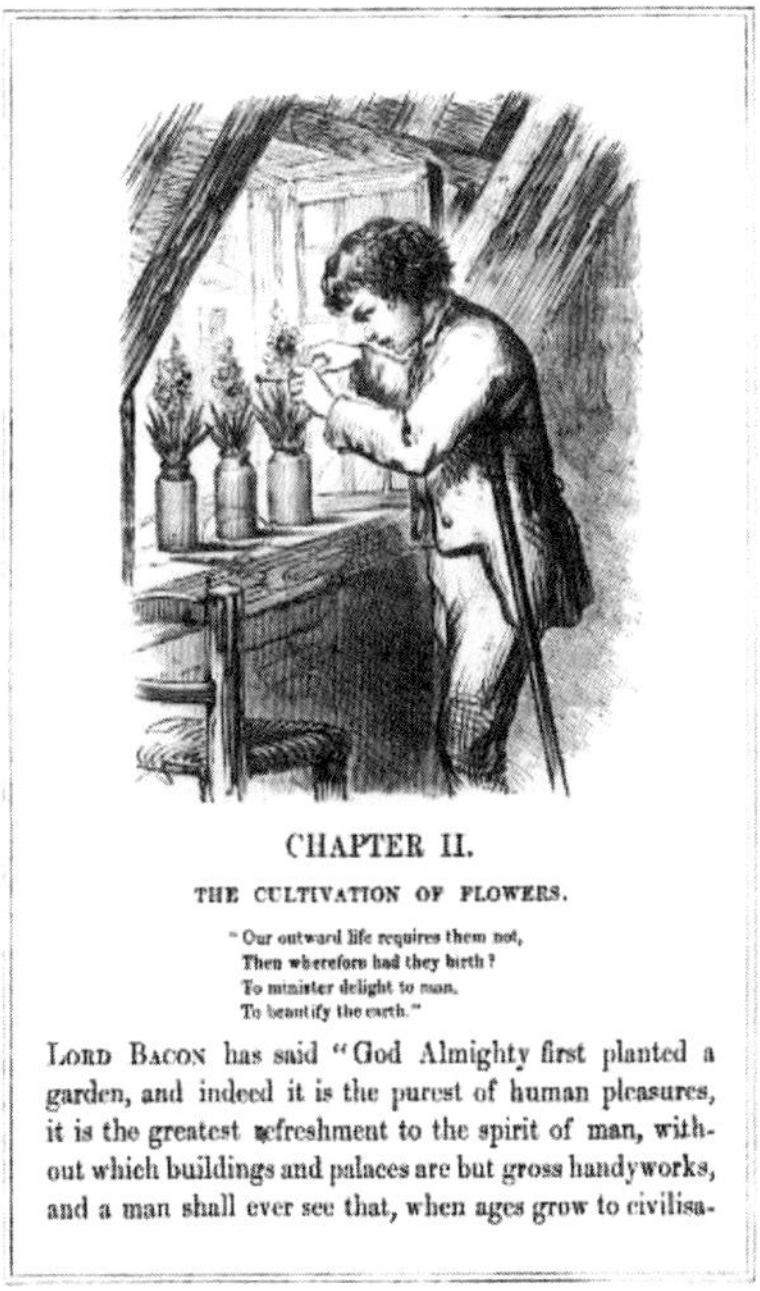

CHAPTER II.

THE CULTIVATION OF FLOWERS.

"Our outward life requires them not,
Then wherefore had they birth?
To minister delight to man,
To beautify the earth."

LORD BACON has said "God Almighty first planted a garden, and indeed it is the purest of human pleasures, it is the greatest refreshment to the spirit of man, without which buildings and palaces are but gross handyworks, and a man shall ever see that, when ages grow to civilisa-

窓辺で花の世話をする少年（パークス『庶民のための窓辺の庭』挿絵）

出品希望者は、遅くとも展覧会当日の四週間前に申し込みをする必要があること、丹精を込めた植物の出来映えに応じて賞金が与えられることが発表された。その結果、一四〇件の出品申込みがあり、途中で植物が枯れてしまったり、開花の時期がずれてしまったりしたという理由で辞退したものをのぞいて、展覧会当日には九四点の植物が出品された。ひびの入ったティー・ポットや古いたらいなどの間に合わせの植木鉢もあったが、それがかえって趣を醸し出している場合もあり、丹精を込めて育てられた草花が審査会場に並べられた。大人は一ペニー、子供は半ペニーの入場料を取ったが、展覧会は盛況であった。

そして、何よりもパークスを喜ばせたのは、出品者のうちのある貧しい婦人が、「花が私の部屋でよく育つなどこれまで考えもしなかった。あのゼラニウムに手をかけたように、生きている間にまた何かを大事に世話するなど思いもしなかった。本当に、あれが物を言うものであるかのようにいとおしくなった」と言って、顔を輝かしたことであった。またある老人は、長い間孤独な生活を送ったため、ついには誰の説得にも耳を貸さず、部屋から一歩も出なくなってしまっていたが、淡い期待を込めて展覧会への出品を促して一本の草花を手渡すと、たいそう喜んで、それを大切に育ててあげた。そして、展覧会の当日、「ほかの人には任せられない」と言いながら、植木鉢を大事そうに抱えて会場に自ら運び入れた。驚いたことに、この老人はその後、誰に誘われるでもなく、教会の礼拝にも参加するようになったという。

予想以上の成果を収めた展覧会の意義を、パークスは、次の五点にまとめている。すなわち、

（一）ロンドンの貧民の全階層に草花に対する愛情が存在することが確認できたこと、（二）草花を慈しむことは素朴なレクリエーションとして有用であること、（三）展覧会の開催によって、衛生や社交の重要性を喚起できたこと、（四）植物が部屋の空気の清浄化に役立ったこと、（五）植物の栽培が貧民の精神状態に影響を及ぼし、神に対する敬虔な信心を起こしたこと、である。

リーズの羊毛業者のジョウゼフ・バックトンの妻で、ユニテリアン派の信者であったキャサリン・バックトンも同じような活動をして成功を収めた。彼女は、リーズの公立学校で、庭をもつことがまれな工場労働者の子供たちに鉢植え植物の育て方を教え、その成果を発表する展覧会、すなわちフラワー・ショーを開催した。『ヨークシャー・ポスト』の一八七八年七月三〇日号は、この行事を次のように伝えている。

石鹸や化粧品の空き箱を利用した植木鉢が、大きな部屋の壁にそって置かれた段の上に並べられていた。…この展覧会のたいへん面白い特徴は、両親の嬉しそうな顔であった。彼らは無理もない自慢顔で、「あそこのジムのだ」とか「うちのサリーのだ」とか言って、子供たちが大事に育てて賞を取った、輝くばかりの花や緑濃い夏葉を付けた植物を指さしているのだった。

そして、この記事は、バックトン夫人の実践が、「子供たちの心に共感を発達させること」「子供たちの生活に興味深い目的を与えること」「植物が生長する不思議と神秘が子供たちに考えることを教え、造物主である神への敬虔な気持ちを導くこと」など、大きな意義をもっと述べている。好評を得た展覧会は翌年にも開催され、強い要望もあってバックトン夫人の実践の内容は一冊の本にまとめられ、『都市と窓辺の園芸』として同年の一八七九年に出版された。その序文で彼女は、『ヨークシャー・ポスト』の記事を引用したうえで改めて、「私の望みは、植物に対する愛情と敬意をもつ社会で若い人たちが育てられることです。したがって、美しい庭や敷地をもっている紳士は誰一人として、庭をもてずに、大都市の煙と埃のただなかで暮らす人たちの訪問を拒まないでいただきたい」とい

「ヴィクトリア・パークにおけるロンドンの貧民への植物の供与」に見られる社会改善運動の数場面

う言葉で自分の気持ちを述べている。

バックトン夫人の活動も、パークスの場合と同じように、園芸を通じた社会改善の背景に宗教や教育が関与していたが、禁酒運動や動物愛護運動など、この時代に活発になった社会改善運動や慈善活動はさまざまな形で展開された。『イラストレイテッド・ロンドン・ニューズ』の一八七九年一一月八日号には、「ヴィクトリア・パークにおけるロンドンの貧民への植物の供与」というキャプションの付いた図版（前ページ）が掲載されている。図版に付けられた短い説明によると、当時、花のシーズンが終わると、公園の花卉や植物のうち、まだ利用できるものは、地区の司祭や慈善施設の管理者の紹介状を得た貧しい市民に供与される慣例ができあがっており、図版はヴィクトリア・パークでの光景であるという。もっとも素朴で、直截な園芸による文明化の一コマである。

野蛮な民衆の文明化――園芸の啓蒙活動の隠された意味

園芸が、人々の生活を上品にし、心を豊かにするだけではなく、民衆の不満を和らげ、破壊的な感情を抑制する安全弁としても作用するという指摘がある。この時代に顕著になった労働者階級の「文明化」をめざす政策やチャリティーの活動の背後には、上流階級、とくに階級をのし上がってきた中産階級の、下位の階級の野蛮性を骨抜きにしようとする意識があったとする主張を踏まえてのものである。

確かに、この頃から、「アロットメント」という語は、「囲い込みによって暮らしを奪われた貧農のための、野菜や果物を作り、家畜を育てる土地」から次第に、「工場労働者や職人に貸し出された野菜や花を育てる土地」をも意味するようになり、さらには「必ずしも貧しくはないが自分の土地を所有するのが困難な都市部の市民に貸し出される土地」に対しても使われるようになってゆく。一八六〇年代になると『タイムズ』には、王立園芸協会のフラワー・ショーに参加したり、関係する貴族や有力者を来賓に迎えて独自にフラワー・ショーを開催したりする、各地方や教区の「コテージ・ガーデニング協会」や「コテージ・ガーデン協会」などの名前が散見できるようになる。かつては貧民のためのアロットメント運動において大きな役割を果たした類似の名称をもつこれらの団体が、園芸の啓蒙活動に軸足を移していることがうかがえる。王立園芸協会をはじめとして多くの園芸協会がれっきとした慈善団体であることを考えれば当然のことだと言える。

一八五一年に出版された『ペニー・エンサイクロペディア補遺』第一巻の「アロットメント」の項目には、ノッティンガムシャーで二〇〇〇近いアロットメントを準備した第一四代ニューカースル公爵ヘンリー・ペラム＝クリントンの代理人が述べたとされる、「庭をもつ前には常習的な大酒飲みで、まともな考え方をことごとく鼻であしらっていた多くの者が、次第に着実な生活をするようになり、いまでは、酒場に足繁く通う代わりに、種や堆肥などを買うのに金を使うようになった」という言葉が紹介されている。これは、アロットメントが貧民救済の実を挙げたことを誇る、文明化の使命を意識した支配階級の常套句であった。しかし、この言葉にはまた、困窮した者たちの不満が暴動化することを恐れて機先を制した支配階級による労働者の文明化の意味ものぞいている。

確かに、「王立」の冠称をもつものをはじめとして、この頃盛んに誕生したチャリティーの活動には、支配階級による労働者階級の教化・文明化の意図が見られた。一八二四年に設立され、一八四〇年に王立の冠称を得た王立動物虐待防止協会は、監視と告発によってその運動を急進的に展開したが、その背後には、パブに集合し、大量飲酒や残酷なアニマル・スポーツに耽る民衆の不満の暴力的な爆発を恐れる支配階級、とくに一九世紀イギリス社会で富と力を得た中産階級の不安があったとされる。税制を変更することによって紅茶を安価にし、一方で酒の税金を高くし、パブの規制を強化する政策にも同じような理由があったと言われる。邪悪な酒に代わって、健全な飲み物を普及させることは平和で幸せな生活を築くために必要であるとされた。それは労働者階級のための福祉政策の一環であるとされたが、ここにも野蛮な労働者のエネルギーの爆発を恐れる支配階級の

アロットメントを耕す労働者の一家（『労働者の友』1834年版口絵）

危惧があったというのである。酒場から男たちを遠ざけ、家庭を快適な場所にする園芸が、勤勉の大切さを教える、上品で健全な余暇として奨励されたのは、自然な成り行きであったとも言える。

このような自己保身的な中産階級の思惑が意識的なものであったかは疑問である。しかし、一八三〇年代の後半には労働者階級を中心にチャーティスト運動が起こり、「飢餓の時代」と呼ばれる一八四〇年代にはその活動は一層活発になり、食糧蜂起も起こっていた。対岸の大陸ではフランス二月革命やドイツ三月革命などの動きもあった。このような現実を考えれば、支配階級が、労働者の余暇としての園芸に「文明化」の役割を託していたこともうなずける。

しかし、いわゆる上位の階級の文化が次第に下位の階級に共有されるのは、一つの自然な流れであった。それは、しばしば、俗物的な上昇志向の表れとして風刺されたが、社会の文明化の証として容認され、奨励された。「勤勉」と「自助」の精神を身をもって垂範したラウドンやパクストン、ヒバードらの活動は、どこまで意識的なものであったかは別として、「民衆の文明化」という時代の要請に呼応するものであった。

現在では「ガーデナーの国」あるいは「ガーデナーの国民」という言葉は、もっぱら「文明化したイギリス社会」を誇るものとして用いられる。しかし、『タイムズ』に最初に現れたとき、この言葉は、正反対とも言える意味を含んでいた。同紙の一八四四年一〇月二一日号に掲載された「ツリング農業協会」という見出しの付いた、この協会の年次大会の模様を伝える記事のなかで、「アロットメントの普及がわが国をガーデナーの国に変えてしまうかもしれない」という、冗談めかした危惧のなかでこの語は用いられたのである。都市市民の園芸熱を反映して勢いを増すアロットメント運動が農業を圧迫する懸念を農業者は抱いていたのである。

しかし、皮肉なことに、「文明化したイギリス社会」の隠喩として用いられることになる「ガーデナーの国民」という言葉の運命は、すでにこの時点で始まっていたとも言える。アロットメント運動は、ヴィクトリア朝のイギリスにおける都市市民に対する福祉政策として着実に成果をあげ、博愛精神や公衆衛生の意識の高まりと相まって、新たに造られた学校や病院の庭園あるいは大都市内の公園に現在にまで残る豊かな緑をつくることにも貢献するのである。具体的な例としては、一九〇二年に、社会改良家のエビニーザー・ハワードが『明日の庭園都市』において、都市と田舎を理想的に結びつけた新しいユートピアとして提案した、「低い家賃、高い賃金、低い物価、苛酷でない労働、明るい家と庭、煤煙やスラムとは無縁の社会」の構想は、一九〇三年にロンドン北郊のレッチワースにおいて実行に移された。そのようななかで園芸は、理想の生活の重要な要素と見なされるようになってゆくのである。

このような流れを考慮すれば、一八四〇年代に園芸の啓蒙活動にその活動の中心を移し、一八六一年に「王立」の冠称をいただいて着実にその活動を発展させた園芸協会は、まさしく「豊かではあるが、美しいとは言えない」ヴィクトリア朝とその後のイギリスの変化を語るものである。言うまでもなく、園芸協会は、一般民衆の文明化に専念したわけではなく、より広範囲に、社会のあらゆる階層を視野に入れた園芸の啓蒙活動に取り組んだのである。序章で見た創立二〇〇周年の式典における王立園芸協会の執行部長のアンドルー・カフーンの「植物を育てることは人々の生活をよりよきものにすると信じている」という認識、そして現在の王立園芸協会の主たる活動である、フラワー・ショーの開催やブリテン・イン・ブルームの活動、図書館の運営と出版物の刊行などの啓蒙的傾向は、この時代に方向付けられたと言えよう。

*……………ルース・イン・アーベイ（都会のなかの田舎）

室内の自然——ウォーディアン・ケースのもう一つの役割

都市の民衆の間に園芸や花に対する愛着が生まれた背景には、確かにこのような園芸の啓蒙活動があったかもしれない。しかし、むしろ、人々の花を愛する本性、田園への郷愁が社会改革をうたう啓蒙活動に利用されたと言うべきであろう。ここで注目されたのが「ルース・イン・アーベイ」（rus in urbe）という概念である。ペヴスナーは『英国美術の英国性』において、「一八〇〇年頃にロンドンのスクエアに風景式の庭園、すなわち都会に田舎の飛び地が造られたこと」に言及し、「このルース・イン・アーベイはきわめてイングランド的である」と指摘している。

「ルース・イン・アーベイ」を、『オックスフォード英語大辞典』は、「都市における田園幻想の創造——田園を暗示する都市の建築物、庭園、風景など」と定義し、その初出例として、形容詞として使用されたものであるが、ロンドン市内での喧騒の生活を離れた詩人のトマス・グレイが一七五九年六月二四日に友人宛てに出した手紙における「ベッドフォード庭園と、遠くハイゲートやハムステッドまで見渡せる新たなるわが陣地に落ち着きました。ルース・イン・アーベイそのものなので、ここでしばらく滞在するつもりです」という用例を挙げている。名詞形の使用例としては、一七九五年に出版されたK・P・モリッツの『イングランド旅行記』からの「グロヴナー・スクエアには、…明らかにルース・イン・アーベイの考えを教えることを意図した小さな円形の植え込みがある」という用例が挙げられている。

『オックスフォード英語大辞典』の定義と用例からうかがえるように、当時、すでにこの語が一つの思潮を表すものになっていたと考えられる。一八五五年に出版された『都市庭園』の序論において、ヒバードは次のような文章を残している。

都市では庭は不可能である、つまり、植物は都会の風通しの悪さ、日光不足、煙と折り合いをつけることはできないと広く考えられている。田舎を都会に混ぜ込ませる試みはすべて失敗に帰すると思われているのである。これほど大きな間違いはない。都市での園芸には独自の不利と困難があるけれども、なんとかやり遂げようとするなら、北向きの、ガスメーターの陰でさえ、緑の植物を育てられるだけでなく花も咲かせることができるだろう。問題は、石炭ガラの土地において、煙で汚染された大気のなかで、いかに花を育てるかということである。花は、何よりも、日光の下で旺盛に育つのである。

ここでは、「ルース・イン・アーベイ」ではなく「田舎を都会に混ぜ込ませる試み」という言葉が使われているが、考えてみれば、都会のなかに田園・田舎を求める心情は、都市化という文明化にともなって生じる必然的な志向であると言える。エリザベス朝における商業演劇の成立の大きな要因に、農村からロンドンに集まった人々の伝統的な祝祭行事への郷愁があり、都会に遍在するパブやアニマル・スポーツは昔の農村における祝宴や民衆娯楽に起源をもつとされる。その意味では、「ルース・イン・アーベイ」は、イギリスの人々に根強い田園志向を広く意味していると言える。しかし、本来は、『都市庭園』の内容が示すように、産業化と都市化によって荒廃した都市に自然を取り戻す行為や取り戻された自然を意味するのが普通であったと考えられる。

ヒバードは、この語を、一八五七年に出版した『趣味のよい家庭のための田舎風の装飾』において、中産階級の者たちが家庭内で使用する箱庭的な装飾家具を表すのに用いる。この本の序文は、「以下のページにおいて扱われているレクリエーションの多くはもっぱら田園生活に属するものである。私はつとめて、都会人がそれらに参加する手助けをするよう心がけてきた。私のささやかな努力が、都会における田舎風の生活の促進に向けてすでに遂行されていることに寄与するものであると信じている。ルース・イン・アーベイの可能なかぎりの実現が、いま、大いに求められている」という言葉で閉じられている。

ヒバードがここで使用する「ルース・イン・アーベイ」の実体は、直後に続く本文で説明される海水アクアリウム、淡水アクアリウム、ウォーディアン・ケースなどの具体的な形で示されている。

一八三四年に、考案された当初のウォーディアン・ケースを見学したラウドンが予言したように、ウォーディアン・ケースは、外来植物を移送するために活用されただけではなく、ロンドンなどの大都会の汚染された大気や、暖房のために汚れた室内の空気から植物を守るためにも広く利用されていたのである。

「シダ採集」。シダを求めて人々が郊外に繰り出した当時の流行がうかがえる

この頃、すでに海外から移送されたエキゾチックな植物の栽培は園芸家の間で大流行していたが、一方で地味な、土着のシダやキノコの収集・栽培も盛んになっていた。室内観葉植物としてのシダの人気はとくに高く、ロンドンに送って小銭を稼ぐために乱獲され、一八五〇年代になると、イギリス各地でシダがすっかり姿を消したと言われるほどであった。シダの採集・栽培熱は、『イラストレイテッド・ロンドン・ニューズ』の一八七一年七月一日号の挿絵「シダ採集」（上図）に見られるように、その後もアマチュア博物学者を中心に衰えることがなかった。

ウォーディアン・ケースの開発者、ウォードは熱心なアマチュア博物学者で、二万五〇〇〇点に達する自ら収集した植物標本を所有していたと言われているが、シダの収集・栽培にはとりわけ力を入れていた。シダの栽培においてロンドンの大気汚染に悩まされていたウォードは、ガラス瓶のなかでのシダの発芽と生長にヒントを得て、汚染された環境から植物を守る密閉したガラス・ケースにおける植物の栽培についての実験を繰り返していた。ウォーディアン・ケースは、厳しい環境での植物の移送にも応用されたが、室内の観賞用の植物を保護する手段としても研究されたのである。

室内装飾として使われたガラス・ケース（ヒバード『趣味のよい家庭のための田舎風の装飾』挿絵）

ヴィクトリア朝の庭園や園芸、花卉への関心は、チャッツワースやキュー植物園、そして大きなニレの木を包み込んだクリスタル・パレスなどの当時の先進的な科学技術を代表する鉄とガラスの大温室、そしてウォーディアン・ケースによって移送され、そこで育てられた外来植物に表象されるが、一方で、それとは矛盾する都会の喧噪、汚れた大気と煤煙を逃れようとするかのように、緑の田園を渇望し、無垢な自然を憧憬するルース・イン・アーベイもこの時代を特徴づけるものであった。

当然ながら、ウォーディアン・ケースのほかにも、外気の影響を受けないさまざまなガラス・ケースが現れた。ジェイン・ラウドンによってその洒落たデザインが推奨されたエディンバラのジョン・ロビンソンのものや、パスカルズ・ウェスト・ケント陶器会社が売り出した植木鉢の上にドーム型のガラスのついたものなど、機能を改良したものや室内向けにデザインを洗練したものが次々と登場した。また植物だけではなく小動物や水中動植物を育てるためのアクア・ビバリウムあるいはアクアリウムと呼ばれるガラス・ケースも流行した。ラウドンが一八二二年の『造園百科事典』で世界中の動植物を寄せ集めた大温室を予想したが、実際に、アクアリウムでイソギンチャクを飼う市民も現れたのである。

これらのガラス・ケースは産業発展の負の要素である大気汚染から、シダをはじめとする土着の植物を守るためにも活用されたが、耐寒性のない外来植物を育てるためにも利用されるようになった。一八世紀末から、ランや観葉植物などのエキゾチックな植物が移入されるとともに、室内で植物を育てることが都会の中産階級を中心に流行していたが、この頃になると都市の市民の間にもそのような生活が広がりつつあった。屋内に置かれた密閉されたガラス・ケースは、大温室を所有できない市民のささやかな温室として、一種のステイタス・シンボルとなりつつあったのである。

鉢植え植物の流行——窓辺の小さな庭

観賞用ガラス・ケースと同じように、鉢植え植物は、庭をもつことが難しい都市の住民にとって、ルース・イン・アーベイを実現する重要な手段であった。とくに、室内温室に準じる場所とも言える、ガラスで外気から守られた、陽のあたる窓辺に置かれた鉢植え植物は、室内装飾としても住居の外観を良くするものとしても歓迎された。一八六一年に出版されたＥ・Ａ・メイリングの『屋内植物とその育て方』が好評で翌年に版を重ねたように、鉢植え植物は、新たなブームとなっていた。本文の冒頭で、メイリングは「この小さな手引き書は主に、植物や花はたいへん好きだけれども、都会に住んでいるか、毎年、多くの月日をロンドンで過ごさねばなら

窓辺の観葉植物（メイリング『屋内植物とその育て方』口絵）

ない婦人たちの役に立つよう意図したものである。しかし、田舎で広い庭に恵まれている人たちにも利用してもらえるはずである。植物を愛する人は、概して、ごく少数の植物を手塩にかけて育てるものだからである」と述べて、身近において楽しむ鉢植え植物の育て方を述べたこの本の意義を訴えている。

鉢植え植物の栽培に関しては、たとえばオレンジやレモンを鉢植えにして、冬の間は暖房した室内で育てることは中世の修道院においてすでに行われていたし、その後のどの時代においても、珍しい外来植物を鉢植えにして育てることが一種のステイタス・シンボルとして存在した。しかし、ルース・イン・アーベイとして鉢植え植物が家庭内に取り込まれたのは新しい傾向であった。

街路を通る人々の目を意識したベランダの植栽
（マーングレス『花暦』口絵）

ジェイムズ・マーングレスは、園芸雑誌に寄稿した記事に書き下ろしの自説を加えて一八三九年に『花暦』を出版した。その序文には、この書物がロンドンとその近郊に暮らす花好きの素人庭師のために小さな庭を首尾よく管理する方法を伝えるものであることが述べられている。ところが、同序文には、「種苗店から毎週、新鮮で勢いのある鉢植え植物を配達してもらうのも賢明である。店の植木鉢のままでもよいし、植え替えてもらってもよい。たいへん丈夫によく育っているので、数週間はロンドンの汚れた大気にも耐えることができるはずだ」という文章も見える。汚れた大気と有害な煤煙のために植物を育てることが難しいことを理由に、鉢植え植物のリースを勧めているのである。これらの植物は非常に元気な状態で搬入され、借りている間に「一週間に一度」の巡回によって世話をされるため、「何も知らない素人でもルース・イン・アーベイを享受することができる」と述べられている。

ローランドソン「鉢植え植物の行商人」。ローランドソンは、19世紀の初めに活躍した風刺画家

一八一〇年代に、ロンドンでジェイムズ・コクランが種子や苗を販売するだけでなく、植物を貸し出すことで商いを発展させていたが、一九世紀中頃になると、都市の民衆に小さな鉢植えの草花や植物を売る商売が現れる。都市における一般大衆の誕生とともに、鉢植え植物の販売やリースが新たな商業として成り立つようになるのである。

庶民にも広がる鉢植え植物――古着との交換もあった

メイリングの本も、マーングレスの本も、ヒバードの『趣味のよい家庭のための田舎風の装飾』同様、比較的に裕福な市民のためのルース・イン・アーベイの手引き書である。しかし、もっと素朴な鉢植え植物が、それほどに裕福でない庶民の生活のなかに入り込んでいた。公開されている庭園や行楽地で余暇を過ごすことも思うにまかせず、猫の額ほどの庭ももてない貧しい人々は、ささやかな鉢植え植物にルース・イン・アーベイを見出していたのである。

トマス・ローランドソンがロンドンの呼び売り商人を描いたシリーズのなかに、一七九九年の作とされる、荷車で鉢植え植物を売り歩く行商人を描いた図（前ページ）がすでに見られるが、ジョージ・クルックシャンクの『一八三八年版漫画暦』には、街中を回る行商人に古着を渡して鉢植え植物を手に入れようとしている市民の姿を描いた、「五月――ものみな育つ」というキャプションの付いた図版（次ページ）がある。一八六一年に出版された、当時のロンドンの庶民の生活を活写して貴重な資料を提供するヘンリー・メイヒューの『ロンドンの労働とロンドンの貧民』には、「コヴェント・ガーデンの市場」について述べた項目があり、ロバに引かせた荷車や頭上のカゴにさまざまな野菜を載せて出入りする商人たちでごった返す市場の一角の光景として、「アーケードの下で呼び売り商人は街頭で古着と交換する鉢植え植物を買う。ここには小さな庭のように鉢植え植物が並べられている。マスクやモクセイソウは芳香を放ち、深紅のゼラニウムは花の周りをえもいわれぬ色合いで輝かせ、後に置かれた常緑植物の深緑とくっきりと対照をなしている」という説

クルックシャンク「五月——ものみな育つ」(『1838年版漫画暦』掲載)。「漫画暦」シリーズ(1834-53年)は、当時のイギリス社会の年中行事や季節ごとの風物、あるいは世相をときには風刺的に描いて人気を博した

明がはさまれている。別に「古着商」についての項目があり、古着の取引はずいぶん盛んで、「ロンドンの数ある好奇心をそそる場所のなかでも、古着取引所ほど人目をひき、新奇で、活気に満ちたところはない」と述べられている。古着はさまざまな品物と物々交換されることが多く、クルックシャンクの図版に描かれた古着と鉢植え植物の物々交換も商売として十分に成り立っていたのである。

すでにこの頃、コヴェント・ガーデンの野菜・果物市場に、庶民のためにささやかなルース・イン・アーベイを提供する花市場が成立していた。「コヴェント・ガーデン」の「コヴェント」は修道院の「コンヴェント」がつまったものだとされ、この地名は、もともとウェストミンスター・アビーのために野菜や果物を作る野菜畑、すなわち「キッチン・ガーデン」に由

THE FLOWER-MARKET IN COVENT-GARDEN.—(SEE NEXT PAGE.)

「コヴェント・ガーデンの花市場」(『イラストレイテッド・ロンドン・ニューズ』1848年4月29日号掲載)。この後の同種の記事を辿ると、年を追うごとに花も人出も増え、フラワー・ショーの様相を帯びてくるのが見える

来すると考えられている。この場所は、ロンドンの都市化にともなって一七世紀には食糧市場として発展し、商人や買い物客で賑わったために次第に歓楽地の様相を強め、花売り娘を主人公にした、ミュージカルや映画の『マイ・フェア・レディ』の舞台となったことは広く知られている。その原作であるジョージ・バーナード・ショーの『ピグマリオン』が書かれたのは一九一二年のことであるが、ロンドン市民の間にも花の文化が広がるとともにコヴェント・ガーデンの花市場は次第に発展し、一九世紀の中頃にはすでにロンドンの名所になっていた。『イラストレイテッド・ロンドン・ニューズ』の一八四八年四月二九日号（上図）をはじ

め、同誌には、まるで花のシーズンを告げる風物詩であるかのように、何度もその光景が取り上げられている。
園芸による文明化のなかに、被支配階級による暴力的な社会改革を回避する意図があったとしても、本来、人々の花への愛着、植物への関心はこのように普遍的に存在していた。近代産業社会の成立とともに、民衆が群衆と化して暴力的な変革を起こす恐れは増大しており、そのような政治的な配慮があったことは否めないであろう。しかし、そうであったとしても、それは、むしろ、パークスが草花の展覧会を開催する動機について述べたように、民衆の心中に潜在する花への愛着を利用したものであったと言うべきであろう。

庭園の開放と公園の建設——都会人への田園の提供

ルース・イン・アーベイのもっとも分かりやすい例は、都市の庭園や公園であった。ヴィクトリア朝のイギリスにおいて、住民に対する福祉政策の一環として多くの都市に公園が造られた。その最初のものは、一八二〇年に会員制で始まり、一八三五年に一般に開放されたリージェンツ・パークであった。その後、ロンドンには、一八四五年にヴィクトリア・パーク、一八五八年にバターシー・パークが造られた。公園の建設は何よりも大気汚染の死者を減少させることを大きな目的としてロンドンで始まったが、広く市民のレクリエーションの場としての公園の重要性が認識され、ロンドン以外でも各地で公園が造られるようになった。たとえば、一八四〇年代にマージーサイドに造られた、パクストンによって設計されたバーケンヘッド・パークがその一例である。これは、完全に公費で造られた公園であり、市民が余暇を楽しむ運動場やボート遊びのできる湖があった。飲酒や賭博、大声で悪口雑言を吐くことは禁止されていた。

このようなお仕着せの公立の公園とは別に、市民のレクリエーションの場としてイギリスには遊園地が一七世紀から存在し、一八世紀には大いに繁盛した。その一部は一九世紀末から二〇世紀初めにかけて流行したミュージック・ホールに姿を変えてゆくのだが、大量飲酒やアニマル・スポーツなどの民衆娯楽や賭博、いかがわしい男女の出会いの場になっていたものもあった。確かに、一つのルース・イン・アーベイではあったのだが、この公園は、産業社会で底辺に追いやられた都市の庶民の溜まり場であったとも言え、不穏なエネルギーの蓄積する場所でもあった。庶民のレクリエーションの場として遊園地を再定義し、都市住民の福祉を増進する、健全なレジャーの場として一九世紀イギリスの公園は創造されたとも言える。

また、都市のなかの緑の空間としてはロンドンにはすでに多くのスクエアがあった。トラファルガー・スクエアのように一八三〇、四〇年代に公園として新たに建設されたものもあるが、本来スクエアは個人の所有物であり、この広場を取り囲む建物の居住者の庭として存在するものであった。その多くはフェンスで囲われ、煤煙に強いプラタナスやシカモアなどの木陰で乳母が乳母車を押し、子供たちの遊ぶ光景が見られた。これらのスクエアも、やがて、都市計画の進行のなかで、市民のための公園に組み込まれてゆくのである。

このようにして一九世紀の都市の市民に開放された公園の意義について、ネイサン・コールは、一八七七年に出版した『ロンドンの王立公園と庭園』の序文で、公園が「健全な楽しみ」を与えるだけではなく、「放置すれば好ましくないことに耽りがちな民衆に、悪習を改善させ、新しい考えに目覚めさせて精神を活発にさせる点で、まちがいなく有益な影響をもたらすものである」と述べ、次のように続ける。

花に対する興味が現在ほど普遍的に大きく広がったことは決してなかった。それは、大都市や町で数本の植物を慎ましく育てる植木鉢の持ち主から田舎の広大な土地の所有者まで、あらゆる階層に普及している。花がかぎりない魅力をもっていることはおびただしい証拠によって確信できる。……つらい仕事をする事務員や激しい重労働に従事する職人にも花を育てる楽しみはある。余暇をささやかな花壇で過ごし、すすんで草花の世話することで健康と楽しみを手に入れるのである。

素人庭師を対象に一八四八年に創刊された『コテージ・ガーデナー』の後継誌として一八六一年に創刊された『園芸ジャーナル』に連載された記事をまとめたものであることからも分かるように、この本の根底には園芸による文明化の意図があった。

しかし、この本には、当時の公園を席巻した、ヴィクトリア朝時代の文化を表象する特質も述べられている。まず、イギリス産業の栄華を誇るかのように、公園には大温室や大噴水などが造られていたことである。次に、これらの公園にかぎらず、大邸宅の庭園であれ、市民の庭であれ、この頃の庭には、現在ではまるでイギリス土着の樹木であるかのように至るところで大木になっているプラタナスやシカモア、リンデン、セイヨウトチノキなどが植えられていたことである。そして、外国から大量に移入された植物や移入された後に馴化された耐寒性をもつ植物、夏の季節のために温室で育てられた植物が植栽され、大邸宅の一七世紀風のパーテアも新たに市民のために造られた公園も色鮮やかな草花であふれかえっていたことである。

ロンドン市内の一四カ所の公園についての簡潔な説明においては、「絨毯花壇、幾何学模様花壇、擬似熱帯花壇」など当時人気を集めた花壇についての説明に多くのページが割かれている。もともとは矮性や蔓性の常緑植物を一面に植栽した花壇として一八六〇年代に登場した「絨毯花壇」が、次第に「花を敷き詰めた幾何学模様の花壇」に変化しつつあったのである。この「絨毯花壇」は次第にエスカレー

バッキンガムシャーにあるカントリー・ハウス、ワデズドン・マナーの絨毯花壇（1910年頃）

トし、「低俗な詰め込み花壇」として批判されるようになるのにはそれほど時間はかからなかった。

行楽の場としての庭園の開放と、都市市民の新しいレクリエーション

都市の公園だけでなく、地方の大邸宅の庭にも変化が生じた。たとえば、チャッツワースの庭園は、これまでにも庭園様式の変化に応じてさまざまな改造を経てきたが、パクストンによって大温室や大噴水が造られただけでなく、かつてケントによって設計された風景庭園の典型であったその庭にも新たな花壇がふんだんに取り入れられた。一八三一年発行の『ガーデナーズ・マガジン』第七号で、ラウドンは、近隣の庭師の間で高く評価されていたパクストンの改造にいくつかの不満をもらしている。そのなかには、新たに加えられた花壇の様式やキッチン・ガーデンにまで花壇が取り込まれていることに関するものが含まれている。ただし、ラウドンは、チャッツワースが広く一般民衆に公開されたことを、デヴォンシャー公爵の大英断であると称揚している。

これからおよそ三〇年後、一八六七年発行の花卉・園芸雑誌『ガーデナー』は、かつては裕福な有産階級の権勢誇示の場であったチャッツワースの建物と庭園が一般の人々に開放され、休日には、北部地方の工場労働者を中心とした多くの庶民が、温室やロック・ガーデン、噴水などを見るために特別列車でやってきて、レジャーを楽しむレクリエーションの場となっている様子を伝えている。都会に設けられた田舎である公園とは意味合いは異なるが、このような行楽も、厳しい労働や不健康な都市生活をいっとき離れ、緑と清浄な空気を満喫する一種の「ルース・イン・アーベイ」であ

ると言えよう。

　ルース・イン・アーベイに関連する都市市民のレクリエーションとしては、公園や公開された大庭園での行楽のほかにも、さきに見たシダ採集などの、植物採集があった。一八六一年に出版されたフィービ・ランケスターの『注目に値する野生の草花』に見られる、「会員はすべてその地方の大工場の職工である。ある会員によって公にされた、毎週の植物採集旅行や野外活動の日々がこのクラブの会員の心身に及ぼす健康的で心を高揚させる効果についての説明はこのうえなく励みになるものであるし、愉快なものである。これらのつましい博物学愛好家が実際に長寿であることは、たいへん注目に値する。…博物学には長寿を促進するものがあることは明らかである」という文章は、庶民の間にも博物学が浸透し、労働者の博物学愛好家によって採集旅行が頻繁に行われ、同好の士のクラブが存在していたことを伝えるものである。

　さらには、煤煙と有毒ガスで汚染された都会を離れて、田舎で農作業をして休日を過ごす市民や労働者もいた。植物画家のアン・プラットが一八五五年から一二年をかけて完成さ

リー『ホップ摘みの人たち』。リーは田園風景や素朴な農民の生活を好んで描いたイギリスの水彩画家

せた、全五巻から成る植物誌『イギリスの草花、芝、スゲそしてシダ』の「ホップ」についての説明のなかに、「ホップの摘み手たちは青空のもとで働く。頭上にぶら下がるホップの鎮静効果で揺りかごのなかで幼子はぐっすりと眠っている。…摘み手たちのなかには長らく失っていた健康を求めて遠くの町からやってきて、ここでそれを取り戻した者もいた」という記述が見える。

『イラストレイテッド・ロンドン・ニューズ』の一八五一年六月二一日号に掲載されたウィリアム・リーの『ホップ摘みの人たち』（前ページ）は、まさにこのようなホップの収穫の光景を描いたものである。本来は厳しい労働であるはずのホップの収穫が牧歌的に描かれており、イギリスの国民酒であるビール賛歌にもつながるが、当時、イギリス人の間に広まった田園への憧憬を反映するものとなっている。夏の間を田舎のカントリー・ハウスで過ごす有産階級や、避暑地に別荘を借りて過ごす裕福な中産階級だけでなく、庶民も束の間ではあるが開放されたキュー植物園や都市の公園、行楽地で過ごした。なかには、このように農村の臨時労働者として働き、都会の汚れた大気と苛酷な労働から逃避することもあったのである。人々の間に広がったこの田園への渇望が、「ガーデナーの国民」が生まれる大きな要因になったと考えられる。

第五章

新たなイングリッシュ・ガーデンの誕生（一九世紀末から二〇世紀初め）

「古き良きイングランド」への回帰

ロビンソンの「野生の庭」――絨毯花壇への反発

一九世紀も終わりに近づいた頃、次第に人々は、さまざまな花壇の並んだ装飾的な庭や、外来の珍しい花や緑の植物を詰め込んだ温室を特徴とするクリスタル・パレス様式を疎ましく思うようになってきた。絨毯花壇が流行の兆しを見せた頃からそれを嫌う人は確かにいた。たとえば、一八三九年に出版された『カーシュジアン――散文と詩の雑録』には「園芸の詩」と題された比較的長いエッセイが収められている。もともとの掲載誌については諸説あるが、その筆者は、すでに一人歩きを始め、次第に装飾的になるガーデネスクの庭の花壇について、「何十という腎臓やオタマジャクシ、ソーセージ、ヒル、コンマの形をした無意味な花壇が芝生をだいなしにしている」と述べて、異を唱えている（二三二ページ図版）。

やがてヴィクトリア朝の庭園を席巻するようになったこの種の花壇に、庭師の立場から敢然と異を唱えたのがウィリアム・ロビンソンであった。一八三八年、アイルランドのダウンで生まれたロビンソンは、幼い頃から庭師の徒弟として働き、二一歳の頃には貴族の屋敷の温室の管理を任せられるようになっていた。その後、一八六一年にはダブリンに出、さらに翌年の一八六二年にはロンドンに向かい、リージェンツ・パークの植物園に職を得た。

壮年のロビンソン

ここで彼は、イギリス土着の植物の世話を任され、野生の草花や村の家々の庭に魅了され、植物学への関心を深めた。一八六六年、二九歳のときにリンネ協会の会員となり、その二カ月後にはリージェンツ・パークの植物園の職を辞し、園芸ジャーナリストへの道を歩み始める。『ガーデナーズ・クロニクル』や『タイムズ』に寄稿するほか、一八六七年のパリ万博ではヴィーチ種苗店の統括責任者として働いた。このときの大陸滞在中に、ロビンソンは大胆で、優雅な、異国風の植栽や、パリの公園における耐寒性の植物を自然に植えた植栽、岩にしがみついて生えているアルプスの高山植物を植えたロック・ガーデンの魅力を知り、一八七〇年に『イングランドの庭に適したアルプスの草花』を著す。

ロビンソンは、庭師の徒弟として働いた若い頃には風景庭園の造園に携わり、その後のイギリスにおける庭園様式の変化にともなって、ヴィクトリア朝のいわゆるガーデネスクの庭の管理にも従事したが、装飾的な花壇、意味ありげな彫像、立木のバラというヴィクトリア朝盛期の様式になじめないでいた。フランス滞在時に啓示を得たロビンソンは、植物を過度に乱用し、不自然で浪費的であるとして、この様式を声高に非難し始めるのである。一八七〇年に出版された『野生の庭』は宣戦布告の書であった。

この本の執筆動機と目的を述べた冒頭の「弁明」において、ロビンソンは、「絨毯花壇」について、「およそ一世代前、花壇にたくさんの非耐寒性の植物を敷き詰める嗜好が現れるようになった。その狙いは、鮮明な色で派手な塊を作り出すことにあった。…しかし、これらの非耐寒性の植物は、夏の間や初秋には、よく育ち、ふんだんに花をつけるが、最初の霜が降りるまでには切り倒されねばならない」と述べ、「夏の装飾のために必要な何千株もの外来植物の生産に莫大な労力と費用が費やされること、しかもこれが毎年繰り返されることを心に刻むべきだ」と訴える。

そこでロビンソンが望ましい庭園様式として新たに提案したのが「野生の庭」である。つまり、「地球上の多くの地域の無数の美しい自生植物を、わが国の林や、野生や半野生の土地、公園のなかの荒れ地など、そしてほとんどあらゆる種類の庭園における利用されていない場所に帰化させること、すなわち野生化させること」によって現状を打開することであった。そして、「利用する植物が耐寒性で、わが国の気候でも、在来植物と同じようによく育つこと」をロビンソンは繰り返し強調している。

『野生の庭』は、ロビンソン在命中に第五版まで出版されており、その度ごとに彼は、削除や補筆、表現の変更を行っている。版を重ねるにつれて、「野生の庭」の意味はロビンソン自身のなかでもより明確になっていったのであろう。第四版の序文において、評者や読者の間で「ピクチャレスクの庭」との混同や、たいへんな費用のかかる様式だとの誤解が起こっているとして、その定義を試み、「〈野生の庭〉の意味は、もっとも耐寒性のあるわが国の野生の

"I wish it to be framed, as much as may be, to a naturall wildnesse."
LORD BACON.

ロビンソン『野生の庭』口絵。パーソンズの挿絵にベーコンの「庭園について」からの「庭はできるだけ自然な野生に合うのが望ましい」という引用文を添えている

草花と同じくらい寒さに強い外国産の植物を、取り立てて世話や費用をかけなくてもよく育つ場所に植えることである」と定義している。

しかし、ここで留意すべきは、「野生の庭」の目的は外来植物を取り入れることではなく、イギリスの自然な庭を創出することにあったということである。自然な庭の着想は、「古き良きイギリス」への憧憬から始まっているのである。初版の冒頭で、ロビンソンは次のように述べている。

このささやかな本の目的を理解していただくには、わが国の花の庭の過去と現在の状況をざっと見渡していただくとよい。およそ二〇年前から、シェイクスピアの時代までさかのぼって、イングランドの庭の花は、ほとんどすべて耐寒性のものであった。それらは、ほとんどの場合、わが国と気候が非常によく似た、北方や温帯地域からやってきた。それらはわが国の野草と同じほど耐寒性に富み、厳しい春の大気のなかでも早くから、湿った秋の強い風のなかでも遅くまで、心地よい夏の日と同じように、花を咲かせるのであった。

シェイクスピアやミルトン、ベーコン、その他のわが国の偉大な詩人や作家の文章は、この昔風の庭造りにおいて利用された主要な花の名を具体的に示し、そのような造園法がいかに無限の楽しみを与えてくれたかを教えてくれる。その魅力は、いまでもケントやサセックスなど、イングランドの多くの場所に残る小さなコテージ・ガーデンに見られるかもしれない。緋色のゼラニウムが多くの甘美な小さな庭の美しい花々を根絶し始めているけれども。

「緋色のゼラニウム」は温室で育てられ、夏の絨毯花壇を鮮やかに彩った外来種の花であり、この種の花を大量に用いたヴィクトリア朝盛期の庭園に対して、昔風の庭園、ケントやサセックスの田舎に残っているコテージ・ガーデンとそこに植えられていたイギリスの草花をロビンソンは懐かしむのである。彼の言う「野生の庭」は、土着の植物だけが育つ、林間の空き地などのいわゆる「ウィルダーネス」に限られたものではない。彼は、外来植物であったとしても、それらがイギリスの風土に馴染み、すくすくと育つならば、積極的にそれらを利用すべきだと主張したのである。このような考えをロビンソンは、自身が編集した一八七一年創刊の週刊誌『ガーデン』や、一八八三年に初版が出版された『イングランドの花の庭』でも繰り返した。やがて、次々と共鳴者が現れた。

ロビンソンに共感した園芸家たち

ロチェスターの主席司祭で、バラ協会の初代会長であったサミュエル・レイノルズ・ホールが、ロビンソンの考えに共鳴した一人であった。彼は、王立園芸協会が園芸分野で特に顕著な貢献をした人物に授与する名誉賞であるヴィクトリア・メダルの受賞者でもあった。ホールは、一八九九年に出版した『われわれの庭』において、かつてパクストンの華やかな庭に影響されて、「緋色と黄色が入り乱れる熱病におかされて精神が衰弱したこと、つまり、〈花壇造り〉という名称で一世を風靡した病気のせいで錯乱状態に陥っていた」ことを告白し、「やがて熱が平常まで下がると、理性を取り戻し、痛んだ眼が万華鏡から離れた」と述懐している。

グロスターシャーのビトンの教区司祭であったヘンリー・ニコルソン・エラクームも「野生の庭」の理解者で、『ガーデン』への熱心な寄稿者であった。豊富な経験に基づいた確かな知識と技をもった素人庭師で、やはりヴィクトリア・メダルの受賞者であったエラクームは、一八九五年に出版した『グロスターシャーの庭にて』で、月ごとの自庭の様子や個々の植物への愛着、庭での瞑想を書きとめた。その「九月」の章にエラクームは、「寄せ植え花壇には何の楽しみもない。絨毯花壇や針山式の縁取り花壇にはほとんど美しさを見いだせない。しかし、これらの花壇を構成している花は、それぞれに魅力があり、美しいとは思う」と書き残している。

熱心な植物収集家でもあったエラクームは、とくに伝統的なイギリスの花についての造詣が深く、一八七八年にシェイクスピアの作品に現れる植物について蘊蓄《うんちく》を傾けた『シェイクスピアの植物伝承』を出版し、序文でその研究の醍醐味について、「格別の楽しみは、シェイクスピアの描く完全にイングランド的な登場人物にある。外国人の登場人物でも、実際にはみなエリザベス朝の時代のイングランド人であり、場面はその時代のイングランドからとられていることがしばしば見受けられる。その作品に現れる植物や花についても確かに同じことが言える。それらは、ごく少数の例外をのぞいて、シェイクスピアがウォリックシャーの生け垣や林、あるいは自分自身や友人の庭で見た完全にイングランド自生の植物である」と述べ、「ストラットフォードの周りの田園は、安穏なイングランドの風景の完璧な姿を呈している。愛らしい野生の草花や、静かなエイヴォン川の両岸の緑濃い草地、豊かで美しい林で際立った地なのである」という、一八七九年に出版されたシェイクスピア学者エドワード・ダウデンの概説書『シェイクスピア』からの文章を注として付している。当時すでに、ナショナル・キャラクターとしてのエリザベス一世やシェイクスピアの神格化が始まっていたが、エラクームのこの序論は、そのような動きに同調するものであることは明らかである。

また、ミドルセックスのエンフィールドにある自邸の庭で園芸にいそしんだエドワード・オーガスタス・ボールズも、ヴィクトリア朝盛期の派手な庭に反旗を翻した一人であった。ボールズもヴィクトリア・メダルの受賞者で、一九〇八年に王立園芸協会の評議員になり、一九二六年から一九五四年に死去するまでおよそ三〇年間副会長を務めた。エラクームに園芸の指導を仰ぎ、ロビンソンとの交流もあったボールズも、一九一四年に出版した『春のわが庭』において、「絨毯花壇」は、「百万長者たちが請け負い仕事で造らせる、金まかせの造園様式」であり、「うらやましく思うよりはむしろ嫌悪を感じるもの」であるとして、「二週間ある色彩を作り出すために、広大な土地を膨大な数の高価な球根で満たし、その後は、異なった大量の花を植えるために引き抜いてしまうやり方は、私の心を苛立たせ、植物に対する哀れみとともに肥料をイングランド銀行の札束に頼る造園法術に対する軽蔑の念を抱かせる」と述べている。

このように、球根や温室で育てた苗を金にまかせて使用する、大英帝国の繁栄を象徴する絨毯花壇に対する嫌悪の声があちこちで起こり、田舎の素朴な草花とコテージ・ガーデンに回帰する動きが生まれてきた。耐寒性のある多年草やハーブがたくましく育っている地方の牧師館や荘園屋敷の庭が見直され始めたのである。それは折から起こったイングリッシュネスの動きと呼応していた。

「イングリッシュネス」——ラスキンの唱えた反産業主義の影響

ヴィクトリア朝のイギリスは繁栄を謳歌したが、一九世紀の中頃になると、産業化と都市化のもたらす社会的矛盾が次第に明らかになってくる。そこで生まれたのが、産業化する以前の古き良きイングランドを希求するイングリッシュネスの動きであった。確かに、このような物質文明の批判や過去への憧憬は、この頃にわかに起こったものではなく、すでにエリザベス朝においても中世主義は存在したし、牧歌詩や農事詩はギリシャ・ローマにさかのぼれる文学・思想上の伝統であった。しかし、真のイギリスを探究するこの時代のイングリッシュネスの動きは、産業化、都市化への反発として、ルーラリズムと呼べる田園志向をそなえ、産業化以前の古き良きイングランドを表象するメリー・イングランドを憧憬するものであった。このようなイングリッシュネスの動きを先導したのが、ジョン・ラスキンの思想であった。

ラスキンは反産業主義の旗手の一人であり、美術批評家として成功した後、次第に社会的関心を強くし、『この最後の者にも』や『ムネラ・プルウェリス』などで、功利主義を批判し、人道主義的経済学を提唱した。その後の著作においても、手作業による労働の喜びを含む一種のユートピア社会への回帰を主張した。ラスキンの理念は、セント・ジョージ・ギルドや新生活組合などの社会改良運動の実践を支えた。ラスキンは、ヴィクトリア朝の拡大主義は、その表面的な華々しい繁栄の一方で、労働者を疲弊させ、自然を破壊し、醜悪なイギリスをもたらしたとして、経済と道徳と美の調和を説き、そのような生活の実現を、自然で、素朴な、生活に求めた。一八六〇年に『コーンヒル・マガジン』に掲載され、一八六二年に書物として出版された『この最後の者にも』において、理想的な労働について語る、「喜びに満ちた人間の労働なくしては、いかなる場所も絶えず飽くことなく好まれることはない。田園はなだらかで、庭園は美しく、果樹園は実り豊かで、家屋敷は手入れが行き届き、甘美で、人が集い、人々の声と活発な姿に満ちている。——生活の術が学ばれるにつれ、美しいものが必要であることが理解されるのである。栽培された穀物同様路傍の野の花、家畜同様、野生の鳥や動物も必要なのである」という文章には、田園をノスタルジックな理想郷とする彼の主張がよく表れている。

路傍の野の花や野鳥への愛着はロビンソンの「野生の庭」の理念につながるものであり、この文章は早くからラスキンの活動に関心をもっていたロビンソンに対するラスキンの影響をうかがわせるものである。一方、ラスキンの方でもロビンソン編集の『ガーデン』に寄稿するなど、ロビンソンが園芸ジャーナリストになってからは、二人の間には交流があった。

ラスキンに独立した庭園論は見あたらないが、ラウドン編集の『アーキテクチュラル・マガジン』にカタ・ピューーシンの筆名で「建築の詩学」を連載し、一八三八年発行の第五巻には、「美しさを俗悪なけばけばしさでだいなしにされた花の庭は、どんなに手入れされていても、醜悪なものである。それは、甘やかされ、自然な大きさを超えて肥大し、蒸気や温風によって病的に成長し、邪悪な交配によって斑入《ふい》りにされたり、不自然な色に変えられたりした不幸な花の寄せ集めである」と、幾何学式庭園に対する嫌悪が語られている。産業化に異を唱えて、過剰な人工を批判し、自然を称揚したラスキンの思想がうかがえるところである。ちなみにその筆名はギリシャ語で「自然のままに」の意であり、その後に単行本として出版されたときには本名が使われた。

モリスが導いた田園への郷愁

詩人で工芸家であったウィリアム・モリスもまた、当時の物質文明社会に背を向けた一人であり、一八九〇年に『コモンウィール』に掲載され、翌年に出版された『ユートピアだより』に見られるように、中世の農村社会に理想を求め、日々の生活のなかに美を求めたアーツ・アンド・クラフツ運動や、後にナショナル・トラストの創設にも影響を与える古建築物保存協会の創設を主導した。モリスに独自の庭園論があるわけではないし、自ら設計した庭があるわけではない。しかし、断片的ではあるが、一八八二年に発行された講演集『芸術への希望と不安』に収められた「最善を尽くすこと」と題された章には、「大量に固めて植えられた花は、強力な色となり、よほど用心しなければ、庭造りにとっては破壊的なものになる」として、過度に使用された緋色のゼラニウムと黄色のカルセオラリア（キンチャクソウ）への嫌悪が表明され、「絨毯花壇は正常な精神が欠落したものである」という激しい言葉が収められている。この後、次のようなモリスの考える望ましい庭の姿が語られている。

庭は、大きくても小さくても、整然としていて豊かに見えねばならない。囲いを巡らして外界からは守られていなければならない。自然のわがままや乱暴を決して真似てはならない。家の近く以外では決して見られないようなものでなければならない。実際、家の一部のように見えねばならない。このことから、個人の庭はべらぼうに大きくてはいけないということになる。

ケルムスコットにちなむモリスの印刷工房ケルムスコット・プレスから1892年に発行された『ユートピアだより』の挿絵。ケルムスコット・マナーの正面玄関が描かれている

モリスにとって理想の庭は、隠遁の場所であり、家屋と一体化した庭、すなわち家庭の延長なのである。これは、エリザベス朝時代のコテージ・ガーデンの植物を称揚したロビンソンの造園の理念に通じるものであり、この時代のイングリッシュネスの思潮と軌を一にするものであった。

モリスは、一八七一年以降、テムズ川上流のレチレイドにあったエリザベス朝風の荘園屋敷、ケルムスコット・マナーで夏を過ごしたが、その庭は、『ユートピアだより』においてモリスが描いた理想の庭に近いものであった。この小説は、一九世紀のイギリス社会を批判し、テムズ川を遡行し、時をさかのぼって古き良き理想の社会に辿りつくユートピア小説であるが、その最終部分の第三一章において、人々が心豊かに暮らす村の庭は、「六月の花々の香りが漂い、からみ合ったバラが咲き競い、…クロウタドリが思い切り声を張り上げて歌い、鳩が屋根の背でクークーと鳴いている」と描写され、「屋敷そのものが、この真夏の美にふさわしい番人であった」と語られる。それは、続く最終章において、「五、六〇人の男女と子供たちが草の上に座ったり、横になったりしていた。みんなこのうえなく上機嫌で楽しそうであった――言うなれば、お祭り気分であった」と語られる村人総出の干し草刈りの様子に象徴される、いわゆるメリー・イングランドの一部であった。

ヘレン・アリンガムやアーサー・クロード・ストローンの、郷愁を誘うコテージ・ガーデンや素朴な田舎の生活を描いた水彩画が人気を博したのはこの頃のことである。ロビンソンの著作物に挿絵を提供したアルフレッド・パーソンズも、失われてしまったイギリスの牧歌的な田園風景を数多く描いた画家であった。一八九二年の三月から一〇月まで日本に滞在したパーソンズは一八九六年に『日本印象記』を出版しているが、彼自身の筆になる挿絵に描かれた日本の風景や風俗は失われつつあった日本の原風景というべきものであり、多くの画家がメリー・イングランドへの郷愁を描いたこの時代のイングリッシュネスの影響を垣間見させるものである。

このような思潮は、モリスやラスキンの小説や評論、アルフレッド・テニソンやエドワード・トマスの詩に辿れることはよく知られているが、子供向けの物語においても盛んに現れた。たとえば、一八八三年に出版された、ジュリアナ・ホレイシア・ユーイングの『メアリーの牧草地』では、主人公のメアリーがコテージ・ガーデンに残っていたイギリスの古い草花であるキバナノクリンザクラを牧草地に植えて、地上の楽園を造ろうとする。その土地の所有者である気難しい地主の強い反対に遭うが、美しく変わった牧草地の魅力に負けた地主は、その土地をメアリーに与えることになる。ユーイング自身、希少になった昔の庭の草花を探し出して育てること、種子や苗を交換すること、耐寒性植物を荒れ地に植えることなどを目的としてパーキンソン協会を創設したことでも知られている。

アリンガム『コテージから出る少女』。アリンガムは、挿絵画家として活躍していたが、26歳で結婚してからはもっぱら田園風景を水彩で描くようになり、その作品が人気を博した

　このようにして、都市化や産業化に異を唱えた作家や芸術家によって主導された田園への郷愁は、この時代の庭園の嗜好にも影響を与えた。古風なもの

が尊重され、産業化以前の田園牧歌の伝統を具体化する造園法が見直された。過去への郷愁は、過ぎ去った子供時代の記憶とともに、忘れられていたコテージ・ガーデンを前面に押し出した。

＊……郷愁のなかで再生されるコテージ・ガーデン

理想化されるコテージ・ガーデン

イングリッシュネスの動きのなかで、一九世紀の最後の四半世紀に、コテージ・ガーデンが古き良き時代を象徴するものとして、新しい役割を担って華々しく登場する。しかし、現実においては、農村社会の疲弊と崩壊によってコテージの住人の生活は困窮をきわめ、コテージは貧困と不潔、そして悲惨と邪悪の象徴ともなっていた。「コテージ」は、「家畜小屋」を意味することもあった「コート」という語に由来し、本来「貧民や労働者の小さな小屋」、主として「中世の農奴や極貧の労働者の粗末な小屋」を意味するものであった。やがて、より広く「農業労働者、村人、鉱夫などの粗末な小さな家」の意味で用いられるようになったが、この語には貧困に起因する不法のイメージもともなっていた。オリヴァー・ゴールドスミスの『廃村』やトマス・ゲインズバラの絵にうかがえる貧民の生活を援助するためにアロットメント運動が起こったこと、さらには都市の貧しい労働者の悲惨な生活を救済するための社会改善運動が存在したことについてすでに見たが、そのような運動のなかでコテージの建設が促進された面もあった。

このことを視野に入れて、一九世紀末のコテージの増加について述べたのが、一八九七年の一一月六日発行の『カントリー・ライフ・イラストレイテッド』に掲載された、ルーシー・ハーディによる「コテージ・ガーデン」という記事である。

冒頭で、ハーディは、「コテージ・ガーデンは、イングランドの多くの場所で何世紀にもわたって存在し、繁栄してきた。アロットメントが考え出されるずっと前からである」と述べて、アロットメント運動などの慈善団体や行政による貧民に対する福祉政策の成果としてのコテージ・ガーデンの建設に言及する。そして、ハーディは、「現代のコテージ・ガーデン」は概して「典型的な昔風のコテージ・ガーデン」のように「小ぎれいで、きちんとはしていない」として、「現代のアロットメント・システムは庭のない不運なコテージの所有者を救済するすばらしいものである。しかし、この制度は、幸いにもいまもなお残っている、イングランドの田舎ではごく普通のあの心地よい昔風のコテージ・ガーデンに代わるものを提供できていない」と結論づける。

ここで「昔風のコテージ・ガーデン」としてイメージされているのは、「ナデシコの香りが漂い、節くれ立ったリンゴの木や小さなプラムの木のある庭で、夏の夕方には、つるバラやスイカズラのからんだ奥行きのあるポーチで、仕事に疲れた労働者がパイプをくゆらし、子供たちが草を抜いたり花に水をやったりするのを眺めている」ような庭である。

そのようなコテージのモデルになったものに、一七九七年に出版されたトマス・バーナードの『タドキャスター近郊のコテージ・ガーデン』で紹介されたコテージがある。このコテージの主はブリトン・アボットという六七歳の農業労働者で、かつて囲い込みによって共有地での生活を奪われたが、新たに与えられた土地にさまざまな果樹を植え、野菜を作って、自給自足するだけでなく、余剰の果物や野菜、蜂蜜を売って、年に三ポンドの収入があったと説明されている。花は植えていなかったが、小ぎれいで生産的なイメージのゆえに、表紙の挿絵が「かくあるべきコテージ」の例としてよく引き合いに出された。

模範とされたコテージのたたずまい（バーナード『タドキャスター近郊のコテージ・ガーデン』表紙の挿絵）

一九世紀末のイギリスでコテージ・ガーデンが大盛況をきたした背景には、貧民の生活改善運動もあった。しかし、実際にこの時代に流行したコテージの多くは、ヴィクトリア朝盛期に新興中産階級によって盛んに造られた郊外住宅の延長線上にあるものであった。いずれにせよ、そこには、清潔で、健全な、平穏な生活を連想させるコテージやコテージ・ガーデンの伝統的なイメージが作用しており、ヴィクトリア朝盛期の産業主義や商業主義に対する反発が含まれていたが、都会を逃れる新興中産階級の田園志向を反映した新しいコテージは、この時代に顕著になった真のイギリスの希求、過去への郷愁と結びついていた。その多くは、本来の、昔のままのコテージではなく、快適さを追求し、変化に富み、洗練されたものであった。

都会人の夢としてのコテージ・ガーデンと、新しいコテージ・ガーデン

このようなコテージ・ガーデンの流行について、『アート・ジャーナル』の一八八一年一二月号に掲載された、L・G・シギーン著『田園のイングランド』の書評記事は、その理由を「平均的イングランド人にとって、一片の土地の所有者になることほど満足を与えてくれるものはないからである」とし、「長時間、混雑した都市に閉じ込められている人たちが、ときにそこを逃れ、自身の労働と気配りによって自然が働く様子を垣間見る幸せを享受できるからである」と説明する。そして、その背景に、イギリス人の心に深く根ざした田園への憧憬があることを指摘する。実際、この記事が書評の対象とした書物と同類の「田園のイングランド」を扱う書物がこの時期には続々と出版されている。

『アート・ジャーナル』はラファエロ前派やラスキンに批判的であったと言われるが、この美術雑誌の一八八二年一月号には、「庭園における芸術」と題された記事が掲載され、コテージ・ガーデン流行の背景をより明確に説明している。この記事でも、「イギリス人が急速に都会を好む国民になりつつある」という言葉で、都市人口の増加の現実に触れた後、「三世紀にわたって多くの詩人が愛情たっぷりに歌い上げ、いまや伝説化した田園での生活や娯楽に対するイギリス人の深い愛着が消滅しつつある」こと、残っている場合でも都市化による弊害を受け、「花卉栽培の商業的側面」を受け入れる状況に陥っていることを指摘している。そして、この記事は、このような状況にもかかわらず、「花と花卉栽培への愛情」は「国民的熱狂」と言えるほど根強いとして、「昔の方法への回帰」を提唱する。それは、絨毯花壇に代わって古いイングランドの草花を用いる、ロビンソンの「野生の庭」の造園法を採用することであった。

「コテージ・ガーデン」という語句は使われていないが、この記事においてもイギリス人の間に根強い田園志向と草花への愛着に触れ、見た目に華やかなだけの商業的で消耗的な絨毯花壇に代わって、古いイングランドの草花を尊重するロビンソンの「野生の庭」の造園法が素朴な自然を感じる方法として推奨されている。新たにイギリスの庭として脚光を浴びる「コテージ・ガーデン」の流行において、ロビンソンが大きな役割を果たすことを嗅ぎ取っているかのようである。

さきに見たように、ロビンソンは、一八七〇年発行の『野生の庭』の冒頭で、当時、南イングランドに残っていた、シェイクスピアやミルトン、ベーコンの時代の古い庭の様式を称揚した。確かに、ロビンソンの自然な庭の着想は、「古き良きイングランド」への憧憬から始まっており、その理想の庭をコテージ・ガーデンという具体的な形で提示した。このため、ロビンソンはしばしばコテージ・ガーデンの主導者として位置づけられるが、この時点でロビンソンが確固とした「新しいコテージ・ガーデン」のビジョンをもっていたわけではないし、コテージ・ガーデンの様式を提唱したわけでもない。『野生の庭』においては、コテージ・ガーデンは、耐寒性のある植物が残っている場所として言及されたにすぎない。

ロビンソンがコテージ・ガーデンのすばらしさを明確に提唱するのは、一八八九年に出版された『イングランドの花の庭』第二版においてである。一八八三年に出版されたこの本の初版は、耐寒性のある植物による「花の庭」の造園法と、耐寒性のある植物の図版をともなった植物図鑑的説明から成っており、そこにはコテージ・ガーデンへの言及は皆無である。ところが、第二版では二葉の写真図版とともに、「イングランドのコテージ・ガーデン」の項目が設けられ、コテージ・ガーデンの美しさが次のように称揚されている。

海や空、森を見れば、芸術の及ばない美がそこにある。しかし、人間が造ったもので、イングランドのコテージ・ガーデンより美しいものはない。ほかには類のないものである。海峡の向こう、ベルギーや北フランスのコテージは、むき出しで醜悪であるために胸がつぶれる。アイルランドやスコットランドにさえ、同じように美しい小さな庭は見られない。イングランドでもそれほどでないところがある。サリーやケント、南部諸州にこそ、もっとも美しいコテージ・ガーデンが見られるのである。…コテージ・ガーデンはほんの小さな一片の土地にすぎない。しかし、それが作り出す美しさには値がつけられない。…コテージ・ガーデンが古き良き方法を捨て、新しい様式をとったとき、その結果は見るも無惨で、一年を通じての花々の魅力は消失した。コテージ・ガーデンは往々にして春の庭として美しいものであることからも、それを絨毯花壇の庭にすることは、その生気と本性を奪うことであったのだ。…コテージ・ガーデンの魅力が損なわれることのないのを願うばかりである。

この時期、急速にコテージおよびコテージ・ガーデンへの関心が広がった。ジャーナルにもコテージとその庭に関するものが増える。しかし、それらの記事から、現実のコテージやコテージ・ガーデンの多くがロビンソンが提唱したものとは異なっていたことが浮かび上がってくる。

アーツ・アンド・クラフツ運動を推進した『スタジオ』の一八九六年の六月号に掲載された「コテージの芸術的な扱い」という記事において、筆者のホラス・タウンゼンドは、「数年来、専門的職業人や資産に余裕のある者たちの間に〈二重生活〉を送る傾向が目立つようになったこと」、つまり「仕事日はロンドンで暮らし、娯楽や安逸を楽しみたいときは平穏なサリーやサセックス、ケントの村で過ごす者が増えた」と述べ、「現代生活の状況の変化」に応じた、望ましいコテージの完成予想図と設計図を付けて提示している。それらは、ロビンソンが当初、造園の手本としたような素朴な庭をもつコテージではない。いずれも、上流中産階級やそれに同化しようとする者たちのための新しい形の洗練されたコテージであり、一八世紀末に、大規模な土地所有者たちが、新しい風景を造るために古いコテージを取り払って造った装飾的なコテージや、都会に住む裕福な中産階級が郊外に求めたヴィラの延長線上にあるものであった。

一八九七年一〇月九日発行の『カントリー・ライフ・イラストレイテッド』に掲載された「古い家での新しい家庭」という記事においても、「数日あるいは数週間、都会と仕事を離れて、気ままに過ごすことができる田舎にある小さな家に対する需要が次第に大きくなりつつある」ことが指摘されている。ただ、このような者たちが求めているのは、「裕福なコテージ、あるいは屋敷のようなコテージ」であり、農業労働者のつましい小屋の類ではなく、荘園屋敷とはいかないまでも、古い農家を住みやすく改修したようなものであると述べる。つまり、都会に住む中産階級の別荘としてのコテージであり、素朴と無垢の象徴としてのコテージを理想化し、快適な生活を送ることができるモダンな家と庭であった。都市化と産業化によって増幅された田園への憧憬をもつ、裕福な都市生活者が所有者であることが多かった。

ロビンソンが提起した「昔のコテージ・ガーデン」は、アリンガムやストローンらの描いた絵画や続々と出版されたコテージを扱う書物、そしてそれらによって触発されたコテージ探訪の旅などによって、郷愁のなかで再生される、いまはない架空のイングランドの典型となりつつあったのである。

*……新しい「イングリッシュ・ガーデン」の胎動

もっとも洗練されているのは整形庭園――エリザベス朝の庭の再評価

園芸が貧民を文明化する手段と見なされ、コテージの改良運動やアロットメント運動が奨励されたが、一方で新興中産階級の間にもコテージやコテージ・ガーデンへの嗜好が強まり、都会の喧噪を離れた静かな田園にある古い屋敷を購入して改築したり、郊外に別荘を新築し、好みの庭を造ることが流行した。しかし、静かで、清浄なイメージを求めてコテージやコテージ・ガーデンと呼ばれることもあったが、裕福な中産階級が買い求めた家は、実際には、カントリー・ハウスと呼ばれる貴族の田舎の屋敷や古い荘園屋敷、あるいはヴィラと呼ばれる郊外の大きな別荘であることが多く、それらを改修したり、新たに屋敷を建設し、それに応じた庭を造った。

これらの「新しいコテージ・ガーデン」の実態については、『カントリー・ライフ・イラストレイテッド』が、貴重な情報を豊富に伝えてくれる。この雑誌は、一八九七年に競馬を中心とした娯楽を扱う週刊誌として創刊されたが、次第に野外スポーツや造園を含む田園生活を広く取り上げるようになった。一九〇一年に誌名を『カントリー・ライフ』に変更してからもその編集方針は変わらず、田園生活を憧憬する、教養のある中産階級の雑誌として、その購読が一種のステイタス・シンボルの役割を果たすようになる。さきに見た二つの記事のほか、「田舎の家と庭・新旧」と名付けたシリーズ記事でも、この雑誌は、「現代風コテージ・ガーデン」や「裕福なコテージ」、「コテージ風の家」、「ビレッジ・ハウス」などと呼んで、当時盛んに新築されたり、改築されたりしたコテージとその庭を紹介し、その流行の後押しをした。

これらのコテージやコテージ・ガーデンには、所有者である新興中産階級の価値観を反映して、内部から変化が起こっていた。テニスやボーリングを楽しむことができる芝生や、心地よい夏の午後に戸外の一部屋としての役割を果たすテラス、生け垣に囲まれた閉じられた空間などを備えた整形庭園の要素を盛り込むことが流行するのである。これらのコテージは、新興中産階級が週末や、ときには長い休暇の間、仕事と都会の喧騒を離れて静かな田園生活を楽しむ場所であったが、折からの野外でのレクリエーションの流行の影響もあって、新たな社交の場ともなっていた。テューダー朝における貴族のカントリー・ハウスの建設や一八世紀における都市住民の郊外のヴィラへの憧憬と同じ現象がこの時代にも繰り返されたと言える。そこには上位の文化を自らのものにしようとするだけでなく、この時代を動かす勢力となった者たちの豊かな生活を誇示する姿も見られた。よく管理された庭は、「文明化」を象徴するものであった。

『スペクテイター』は、一八九四年八月二五日号の「コテージ・ガーデン」という記事で、「コテージの住人の庭に対する愛情は、心を浄化するうえでもっとも大きな力を発揮する」と述べて、貧民の性癖と生活を改善する道徳的側面から、「文明化」の手段としてのコテージ・ガーデンについて語ったが、一三年後の同誌の一九〇七年九月一四日号に掲載された「ガーデン・パーティー」と題された記事には、「文明化」のもう一つの意味を暗示する次のような文章が見える。

ガーデン・パーティーに適した最良の庭は、昔風の庭、つまり、塀で囲まれ、閉じられた、細かく区画され、手入れの行き届いた、いたるところで隠れ場や限られた空間を感じさせる庭である。ここでは綿モスリンのはためきと鮮やかな絹の光沢が一堂に会している。ここは野生的精神の逃げ場ではなく、親睦の場である。…ここでは自然は徹底的に統制されている。この世でもっとも文明化されているのは、管理の行き届いた庭なのである。

最後の文章は、「もっとも洗練されているのは、整形庭園である」と読み替えることもできる。つまり、これらの庭で強調されたのは、ロビンソンによって提唱された、自然で、野生的な庭ではなく、秩序立って配置された、手入れの行き届いた、整形庭園であった。この時代にこの様式を主導したのは、建築家のレジナルド・ブロムフィールドやジョン・D・セディングらの建築家集団であった。モリスの思想に共鳴し、アーツ・アンド・クラフツ運動に共感した建築家たちによって一八八四年に創設されたアート・ワーカーズ・ギルドがその集団である。ブロムフィールドは一八八七年にこのギルドに参加していたし、セディングは一八八六年から一八八七年にかけて会長を務めていた。

彼らも、ラスキンやモリスの影響を大きく受けたロビンソン同様、ヴィクトリア朝盛期の商業主義と産業主義に反発し、真のイギリスを希求していた。そして、ロビンソンがエリザベス朝の昔風のコテージ・ガーデンによって「野生の庭」の着想を得たように、ブロムフィールドもまた、整形庭園がエリザベス朝にさかのぼるイギリスの庭園の本流であり、イタリアやフランスなどの庭園様式の影響を受けてはいるが、イギリス独自の様式として存在してきたことを、一八九二年に出版した『イングランドにおける整形庭園』において強調した。この本の挿絵を担当したF・イニゴー・トマスも『ガーデナーズ・マガジン』の一八九六年二月二二号に寄稿した「建物と庭の関係」において、同じような考えをより明確に述べた。

ブロムフィールドによるこの本の出版を後押ししたのは、庭に対する欲求の変化であった。新興中産階級を中心に農村の古い屋敷の改修や新たな郊外住宅の建設が増加するなかで、庭が田園生活を楽しむだけでなく、新たな社交の場としての役割を果たすようになった。それとともに、庭は、所有者の審美観を表すものとなり、ときには自己顕示の場にもなった。そのような欲求を察知した

ブロムフィールドが『イングランドにおける整形庭園』において例示として用いた図版

ブロムフィールドが、ロビンソンの『野生の庭』や『イングランドの花の庭』の影響を大きく受けて、コテージ・ガーデンに代表される自然な庭が支配的になっていた当時の造園の世界に、一石を投じたのが『イングランドにおける整形庭園』であった。ブロムフィールドはこの書物において、「整形庭園の造園は、建築学による造園と呼ぶべきものである。なぜならば、整形庭園の造園は、建物を支配す

る意匠の根本理念を家を取り囲む地面に拡大することにあるからである」と述べて、建築家の優位性を主張し、自然を真似ることに腐心する庭師に代わって、庭を審美的に設計する芸術的才能を有する建築家が庭の設計を担うべきことを強調した。

この書物に対する反論である『庭園設計と建築家の庭』をロビンソンが同年の一八九二年に出版し、いわゆるコテージ・ガーデンに代表される自然な庭と整形庭園の優劣をめぐって、その担い手であった庭師と建築家の間で激しい論争が繰り広げられることになる。

風景庭園か整形庭園か——ロビンソンとブロムフィールドの庭園論争

厳密に言えば、ブロムフィールドの書物が出版される前に論争の火ぶたは切られていた。一八八九年のアート・ワーカーズ・ギルドのシンポジウムにおいて、ジョン・ベルチャーが「風景庭園の庭師ほど恥知らずな専門家はいない。あなた方の住んでいる地域とかかわりのない、つまり、その土地の自然とは無関係な〈風景〉を作り出す傾向が彼らにはある」と述べているのである。このベルチャーの言葉を敷衍するかのように、ブロムフィールドは、『イングランドにおける整形庭園』において、「庭園は、自然に類似している度合いによって価値の上がる芸術作品である——風景庭園の庭師の愚かな考えを簡単にまとめるとこうなる」と述べて、自然を模倣することで事足りるとする風景庭園の庭師の専門性を問題視する。

セディングもまた、一八九一年に出版した『ガーデン・クラフト今昔』において、「整形庭園の自然は理想の衣服をまとった自然であるのに対して、風景庭園の自然は衣服をまとわない、むきだしの自然である。前者は文明人の庭であり、後者は粗野な放浪者の庭である」と述べて、風景庭園の野蛮性と芸術性の低さを暗示した。

ここには、当時優勢を誇っていた風景庭園・自然庭園に対する強烈な対抗意識があった。一八八三年に出版されるとたちまち広く読まれ、一五版を数えることになった『イングランドの花の庭』においてロビンソンは、「テラス庭園は、風景庭園の庭師の専門職に割り込んできた建築家や芸術家がずいぶんお気入りのものである。……しかし、美しい、しっくりとおさまった家はとくに、テラス壁のような、ありきたりでいかめしく、ときとして醜悪なものによって分断されるべきではない。家は樹木によって守られ、改良されるべきである」と、建築家集団の心を逆なでするような言葉を漏らしていた。これらの建築家からの風景庭園への非難は突如、一方的になされたものではなかったのである。

さて、建築家からの攻撃に対して、ロビンソンは、一八九二年に『庭園設計と建築家の庭』を出版して反論する。「図版入りで、イギリスの庭園から実例を挙げて、建築物との〈調和〉をはかるために樹木を刈り込んだり、一直線に並べたりすることが野蛮で、無用かつ非芸術的であることを示す二つの論考」という副題にロビンソンの怒りがうかがえる。序文の冒頭をロビンソンは、「世の人々の琴線に触れるイングランド的なものに、イングリッシュ・ガーデンがある」と切り出し、その例証として、かつてミュンヘンやオーストリア、パリなどのヨーロッパ各地や、アメリカで造られたイングリッシュ・ガーデンすなわちイングランド式風景庭園を挙げ、「建築家の庭は煉瓦と石で造られ、樹木はデザイン重視の建築家の考えに合うように枝葉を切断されている。それは、風景美や自然美のなかにあるもっとも単純なデザイン的要素を建築家が理解していないことを暴露するものである」と言葉を続け、現存する庭園を例示しながら、イングランドの庭園の歴史を辿り、自然庭園の正統性を示す。

イングランドを「風景庭園の本拠地」と考えるロビンソンは、イングランドの庭園の本流はすでに風景庭園・自然庭園に決しており、整形庭園の復活を目ざす方向にはないと述べ、「大地の自然な美を、都市化と産業化による破壊から救うことがイギリス人の喫緊の問題である」と、「野生の庭」の持論も持ち出し、風景庭園の重要性を主張する。

風景庭園の庭師は専門性が乏しいとする建築家集団からの批判に対して、ロビンソンは、「整形式の造園は、意匠も植栽も愚かに形式的な庭にのみふさわしい。……建築家の設計した庭園では、厳格な秩序が支配し、壁に植物を這わせることも許されなかった。建築家は自分のデザインを誇るあまり、庭師をまったく寄せつけず、花による色彩を用いるべきところでも煉瓦を積み上げるばかりであった」と、庭に植物を用いるすべを知らず、用いようともしない建築家の無知と傲慢を責める。

さらに、「風景庭園の庭師は眼前にあるものを写し取るだけである」という批判に対しては、「風景式の庭園芸術の中心にある根本的な理念は美しいものの選択にあり、風景庭園は、自然をそのまま引き写すのではなく、自然についての真摯な観察と研究から得られた、〈自然の不変の法則〉の理解に基づいている」として、造園家の芸術的な才能についての弁護を展開する。

ロビンソンからの激しい反撃に対して、ブロムフィールドは『イングランドにおける整形庭園』の版をすぐさま改め、その序文において、「ロビンソン氏は庭が植物園になるのを望んでいるのかもしれない。しかし、庭を楽しむためには閑静と隠逸が必要である。イチイの生け垣や庭を囲む塀を背にしたバラやジャスミンのタペストリーで外の世界から守られていなければならない。それには、整形庭園こそふさわしいのである」と激しく応戦する。

本文においても、ブロムフィールドは、「デザインと秩序に対する感受性をもっている人たちは整形庭園を好むものである。一方、風景庭園は、デザインについての何の知識も不要なものだから、何も知らなくても、〈自分の好きなものだけは知っている〉普通の人には気に入られるのである」と述べて整形庭園の芸術性を繰り返し、風景庭園の庭師の芸術性と専門性の欠如を揶揄する。

そして、ブロムフィールドは、風景庭園こそがイギリスの庭園の本流であるというロビンソンの主張に対しても、「ロビンソン氏は風景庭園を〈イングランド庭園〉として語り、庭園が造られている国ならばどこでもイングランド式風景庭園が喜んで受け入れられていると主張される。さらに、この風景庭園の方法が〈永遠の自然の法則〉に基づいていると自説を述べられる。しかし、注目すべきは、前世紀の中頃まではっきりとこれに対立する庭園設計の考えが、ヨーロッパ中に広く流布していたことである」といって異議を唱える。

イギリス庭園の正統性という点に関しては、ブロムフィールドは、ロビンソンを筆頭に「現代の風景庭園家」は「われわれは自然を写すのである。すなわち、自然が造り上げた風景を研究し、それを庭に再現するのである」と主張して、伝統を無視した、恣意的な造園法に耽っていると批判している。それは、伝統を重視する自分たちの方法こそがイギリス庭園の本流に棹さすものであるというブロムフィールドの主張にほかならない。

　ロビンソンの方にも歩み寄る気配はなかった。なかでも、庭園の設計を建築家が行うことにロビンソンは決して同意しようとしなかった。ロビンソンは、「雑草を抜く女性」を含むこともある「庭師」という仕事の専門性の曖昧さは認めていたし、風景庭園が一世を風靡した時代にあっても、庭師を力仕事をする者と考え、素人の思いつきを押しつける施主に悩まされることが多かった現実も認識していた。それゆえにこそ、専門的な知識と訓練された芸術的な才能を標榜して造園の世界に進出しようとする建築家集団に対して、風景庭園のなかで生きてきた庭師の専門性を強調する必要がロビンソンにはあった。一九〇六年に出版した『美しい庭――家庭林園、家庭風景園』において、ロビンソンは、庭師の専門性を弁護する文章に続けて、「少数ながら、庭の設計をしようとする建築家もいる」と皮肉を加えてもいる。

　この本でも、ロビンソンは、「〈風景式造園〉という用語は、まさしくイングランド的なものであり、明瞭で美しい意味合いを帯びている。すなわち、土地の形状を研究し、植栽者や庭師の美的な、あるいは実際的な使用目的にかなう最上の形でそれらを受け入れることなのである」と言って、風景庭園がイギリスの庭園の本流であり、庭師がその担い手であることを繰り返す。そして、「美しい家を造る建築家は、優れた庭師である。…庭のなかでも、家の周りの石材にかかわる仕事が建築家の領分である」と述べて、建築家は建物と外構部分にのみかかわるべきだと主張する。

建築家が主張するデザインの重要性に関しても、ロビンソンは、「デザインという考えは、〈樹木とは刈り込まれて醜い塀にされる緑のものである〉と決めてかかっている者たちの心に生じるものである」と繰り返し、建築家の設計した庭は「設計図の手順書どおりに作られた画一的な庭であり、…いかなる意味においても芸術作品でないことは明白である」と述べて、芸術性の高さを標榜する建築家集団の自負を否定し、専門性の欠如を指摘するのである。

「イギリスの庭」としての正統性の主張——「真のイギリス」の追求

このように相容れない両者の主義や理念をめぐる論争は、感情的な対立を深めるばかりであった。風景庭園と整形庭園のそれぞれの主導者であったロビンソンとブロムフィールドが著書によって論争を始めた一八九二年にすでに、この論争の不毛性を暗示する論文が公刊されていた。ジュリア・カートライトが『ポートフォリオ』に寄稿した「庭園」である。彼女自身はイタリア式庭園に強い関心をもち、どちらかと言えば整形庭園に与する方であったが、『庭園設計と建築家の庭』と『イングランドにおける整形庭園』の内容を簡潔にかつ丹念に紹介しながら、それぞれの庭園形式の長所・短所を公平に比較する。そして、様式や主義にとらわれる必要はないとして、「庭はいずれも個人の考えを表したものであるべきであり、所有者のそれぞれの夢を実現した小さな楽園となるべきである」と結論づける。

しかし、ロビンソンとブロムフィールドの論争は、個人の造園の選択の問題として、その理念や様式を主張していたのではない。この論争において重要なことは、いずれもがイギリスの庭としての正統性を主張して譲らなかった点である。ブロムフィールドは整形庭園がイングランドの礎が築かれたエリザベス朝の過去とつながっていることを強調し、ロビンソンは風景庭園が比類なく美しいイングランドの自然、すなわち蛇行する川、穏やかに起伏する丘陵、森や林、そしてその樹木や草花を再現するものであると主張した。両者がともにラスキンやモリスの思想の影響を受け、アーツ・アンド・クラフツ運動やアート・ワーカーズ・ギルドの活動にかかわっていたことはよく知られているところであるが、英雄的なエリザベス朝の過去と、産業化以前の汚染されていない田園、いずれもこの時代の人々が希求した「真のイギリス」の姿である。そのように考えれば、いずれがイギリス風であり、イギリスの庭園とするにふさわしいかという、この論争自体が、この時代がイングリッシュネスの思潮に影響を受けていたことを浮き彫りにするものである。両者の主張の根底に横たわるこの共通点を提示して見せたカートライトの記事も、この時代に田園への志向、園芸への愛着がナショナル・アイデンティティ形成の主要な要素の一つであったことを示している。

実際、この論争を契機に、イギリスの庭園に対する関心が一段と深まった。一八九五年には、園芸家で、造園史に造詣の深いアリシア・アマーストの『イングランド造園史』が出版される。彼女は、エリザベス朝の庭園が「イングランド固有の昔からの庭園様式とフランスやイタリア、そしてオランダから移入された新しい考えが融合してできたもの」であり、「この国に固有の様式」であると述べる。一方で、一八世紀のイギリス庭園について述べるくだりでは、「一八世紀末までに風景庭園はイングランド固有の様式として認められるようになっていた。それはフランスやイタリア、ドイツなど大陸で模倣され、〈イングリッシュ・ガーデン〉が流行した」と述べる。このようにアマーストは、エリザベス朝にさかのぼってイギリスの庭としての整形庭園の正統性を説くブロムフィールドの主張にも、風景庭園の正統性を説くロビンソンの主張にも、それなりの理があることを認めている。

しかし、アマーストはいずれかに軍配をあげるわけではない。一九世紀の項では、ロビンソンが非耐寒性の外来植物を使用することに異を唱え、耐寒性の多年草を提唱したことに触れ、一八九〇年代の整形庭園についてごく簡単に言及しているが、二人を中心にして起こった庭園論争には言及していない。カートライト同様、アマーストも、「庭園様式の選択には鉄則といったものはなく、建物や風景、気候、その他のさまざまなことを考慮すべきである」と述べるにとどまっている。そして、アマーストは、「整形庭園は確かに家の近くに設けるのがもっともふさわしい。そして、そのデザインは建物と調和しているべきである。もし非耐寒性の植物、すなわち育てるのに特別の世話を要するものを植栽するとすれば、どうしてもこの種の庭が必要である。しかし、この整形式の庭の向こうに、適切な囲いで隔てられた、思慮深く植栽された野生の庭があれば、それは、尽きることのない興味と快楽の源になる」と述べる。この言葉は、両者の論争の不毛性を超えた、新しい庭園の在り方を暗示している。

庭師による「造園」から、趣味としての「ガーデニング」へ

実際に、一八九〇年代になると、裕福な中産階級が古い貴族の屋敷を買い求めて改築したり、郊外に家屋敷を求めて新たに庭を作ることが流行し始めるが、そこでは、風景庭園や整形庭園の方式にこだわらない、アマーストが述べたような、いわば折衷型の庭園が造られることになる。その際に造園主が参考にしたのは、『カントリー・ライフ・イラストレイテッド』やその後継誌の『カントリー・ライフ』、一九〇〇年から一九〇八年にかけてカントリー・ライフ社が出版した、さまざまなカントリー・ハウスの庭園を紹介した三巻本の『新旧の庭園』、あるいは、新しい芸術活動を推進するために一八九三年に創刊された雑誌『スタジオ』の発行元から一九〇七年から一九一一年にかけて出版された、イギリスの名園を三地域に分けて解説した三巻本の『イングランドの庭園』などであった。

『カントリー・ライフ・イラストレイテッド』の一九〇〇年九月八日号に掲載されたカントリー・ハウスの探訪記事のなかに、「ガーデニング、すなわち花への愛情がわれわれの国民性に深く根付いているように思える。これは、昨今の不安な時代、戦争とその噂の絶えない時代、激しい生存競争の時代にあって、人々の心を静め、洗練する力をもっている。そして国民全体の家庭生活に利益をもたらす。われわれは、いま、ガーデナーの国民になりつつある」という言葉がある。ここで、この記事の筆者は、「経験的な園芸」という言葉で「ガーデニング」を再定義している。つまり、「造園」や「園芸」と並行して、この語が内包し続けてきた「趣味としての園芸」の意味をクローズ・アップしているのである。この後、大戦をはさんで、一九三〇年代まで、同誌とその後継誌である『カントリー・ライフ』は、上流中産階級の間にガーデニング人気を高めるのに貢献するのであるが、「ガーデニングは国民全体に利益をもたらす」という言葉とともに、自らを「ガーデナーの国民」とする口吻には新たな自国意識の表れが見てとれる。

『タイムズ』紙上でも、同時期、風景庭園と整形庭園の論争が尾を引いた形でそれぞれの弁護論を含む庭園および造園に関する記事が断続的に現れる。その記事の多くは、一応いずれかの様式に与する形で展開されるが、その是非や優劣を主張するというより、新しい家屋や庭が増加するなかで、造園を庭師や建築家にすべてゆだねるのでなく、自らの自然観と審美観によって、望ましい自分の庭を造ることを提言している。そこで展開されている主張の根拠はこれまでに繰り返されたものであるし、折衷的な庭の提案も想定内のものである。しかし、同じく予想できたことではあるが、それぞれの主張のなかで、造園や園芸をイギリス固有の文化とする言葉が繰り返されていることは注目に値する。たとえば、一九〇六年九月一日号の「整形式造園法の弁護」における、「庭への愛着はイングランド人には常に深いものであったので、他の美しいものに対する愛着がしばらく失われたように思えたときでさえ存在し続けていた」とか、一九〇七年一一月一六日号の「イングランド人の理想の造園」における、「園芸（ガーデニング）は上流社会の流行り廃りのある娯楽ではなく、貧しい人たちが愛情を込めて実行してきた国民的技芸である」、一九〇九年一月三〇日号の「庭師（ガーデナー）の計算」における、「何世代にもわたって教養ある人々によって高められ、豊かにされた、昔からの楽しみの伝統を継承することはわれわれイングランド人の特権であるかもしれない」、一九一〇年八月二〇日号の「コテージ・ガーデン」における、「コテージ・ガーデニングは、狭義での、地理どおりの意味でイングランド的であると間違いなく言えるかもしれない」などである。

これらの記事からも、かつて「素人（アマチュア）」という語を付けて、専門職としての庭師やその仕事と区別されていた「趣味として庭仕事を楽しむ者」や「庭いじり」が一般化し、「ガーデナー」や「ガーデニング」がその意味で広く使われるようになっている徴候が見える。本書では、この変化に応じて、最近の日本語における慣用も踏まえ、この頃から顕著になる趣味として造園に関する語として「ガーデニング」および「ガーデナー」を用い、「造園」や「庭師」と区別している。

庭への愛着こそイギリス人の証し——国民文化としてのガーデニング

『パンチ』の一九〇三年一月二八日号に、「風景式の造園」というキャプションのついた図版（次ページ）が掲載されている。ところが、キャプションとはうらはらに、そこに描かれているのは、石あるいは煉瓦と生け垣から成る整形庭園である。ここには、ロビンソンとブロムフィールドの庭園論争、さらには、それ以降の一八九〇年代に急増した折衷型の庭に対する風刺がある。「ＬＳＤ」

と刈り込まれたトピアリー状の生け垣は貨幣単位の「ポンド、シリング、ペンス」を表し、この頃に急増した新しい屋敷の持ち主である新興階級を揶揄している。これを眺める紳士の発する「やぁやあ、これこそ真の芸術と呼べるものである」という言葉は、庭園論争で争点になった「芸術性」を理解していると自認している人物の俗物性を浮き彫りにしている。庭が虚栄心を満足させる手段になることはいつの時代にも免れていないが、その批判には、庭に対する新しい考え方が生まれつつあったことが暗示されている。

LSD
LANDSCAPE GARDENING.
Mr. Intrim D. Scoop. "WELL NOW, THAT'S WHAT I CALL REAL ART!"

「風景式の造園」。金と労力を要するステイタス・シンボルとしての整形式造園と不毛な庭園論争、贅を尽くした折衷的な庭園の流行を風刺している

次ページの図版は、一九〇八年に登場したロンドンの地下鉄の最初の宣伝ポスターである。一九世紀末から拡大したロンドン郊外の一つであるゴルダーズ・グリーンが「いつでももっともはやく着ける、有望の地」として喧伝されている。手入れの行き届いた芝生に置かれた肘掛け椅子でくつろぐ妻と子供、昔からあ

るイギリスの花に水をやる夫が描き込まれた庭は、『カントリー・ライフ』で紹介された郊外住宅のいわば市民版とも言えるものである。郊外での、健康的で静かな生活に憧れるロンドン市民に向けたものである。

ある意味ではこれも庭園論争の副産物であるとも言えるが、庭園様式の優劣を競う論争は、田園志向、庭園への愛着をイギリス人のナショナル・アイデンティティとする大きなベクトルのなかに吸収されていったとも言える。これらの雑誌や書物で推奨されたのは、風景庭園と整形庭園の要素を織り交ぜた折衷的な庭であった。そして、これを理想的な形で担ったのが、ロビンソンの流れを汲む造園家のガートルード・ジーキルと、ブロムフィールドと同じく建築家であったエドウィン・ラッチェンズのコラボレーションであった。

沿線開発をはかるロンドン地下鉄の宣伝ポスター

*……ジーキルのコテージ・ガーデン

ジーキルとロビンソンの出会い

ガートルード・ジーキルは、一八四三年ロンドンのメイフェアで生まれた。家庭は裕福で、父は古代ギリシャの芸術や建築に通じ、母は音楽に造詣が深かった。一八四八年、一家はサリーのブラムリーに転居した。サリーでの生活が、ジーキルに自然への深い愛着を植え付けたと言われている。

一八六一年にジーキルはサウス・ケンジントン美術学校に入学し、絵画・工芸を学んだ。一八六三年には、ギリシャを訪れ、美術品や建築物のスケッチに励んだが、ギリシャの植物にも大いに興味をそそられた。帰国後は、有名な画家の作品の模写に精を出すとともに、美術館や展覧会を回り、芸術に関する関心を深めていった。そんな頃、一八六五年の秋に、ラスキンを知ったジーキルは、その芸術観と思想に強い影響を受ける。また、アーツ・アンド・クラフツ運動に心を動かされたジーキルは、モリスの活動にも共鳴する。

三〇歳になった一八七三年には、新進の工芸芸術家として、絵画、彫刻、刺繍、彫金、木工などさまざまな分

晩年のジーキル

野で活躍し、たくさんの作品を残したが、ジーキルには自らの作品で生計を立てる必然性が希薄であったし、芸術家として独立する強い意欲も希薄であった。

一八七六年に父が亡くなった後、ジーキルは母と弟とともに最愛の地サリーに戻る。マンステッドに土地を購入して家を建て、静かな田園生活を楽しみ、園芸や庭仕事をして過ごすことが多くなっていた。前年の一八七五年に、ジーキルはロビンソンと出会っていた。コヴェント・ガーデンにあったロビンソンの事務所を訪ねたのが始まりであった。その後、手紙のやり取りがあり、一八八〇年からロビンソンが主宰していた『ガーデン』への寄稿が始まった。一八八二年の八月二六日号に掲載された「花卉庭園の色彩」という記事には次のような文章が見える。

庭の配置においてもっとも重要なことの一つは、色彩効果に配慮して花を並べることである。これまでは、このことが、ひどくおろそかにされてきた。でたらめに固めて植えられた植物の寄せ集めが庭であることがあまりにも多かったし、絨毯花壇がそうであったように何らかの意図が感じられる場合でも、その目的は、このうえなく激しいコントラストをできるだけ多く盛り込むことであった。その結果、強烈で、けばけばしい、悪趣味な庭が出来上がったのである。…色彩は、画家が絵を描くときのように、慎重な洞察力と熟慮をもって配置されねばならない。

ここには、派手な絨毯花壇を非難したロビンソンの造園理論に共感するジーキルの姿が明らかにされており、同時に、後に大きく発展することになるジーキル独特の色彩を重視した造園法、つまり、コントラストではなくグラデーションを基調にした方法がすでにうかがえる。

このように絨毯花壇に反対するだけでなく、在来植物を尊重するが耐寒性の外来植物に寛容であったことでもジーキルはロビンソンと同じ考えをもっており、二人の交流は深まってゆく。ロビンソンは一八八〇年にホールに連れられて初めてマンステッドを訪れたが、その後も何度か訪れ、マンステッドの庭やそこに植えられていた植物についてジーキルに助言した。一方、ジーキルも旅行先から持ち帰った植物の種や苗をロビンソンに提供したと伝えられている。

昔のコテージ・ガーデンへの愛着と、商業主義への反発

しかし、何と言っても二人が知己の間柄になったのは、コテージ・ガーデンに対する愛着を共有していたことからであろう。二〇代、三〇代の頃には、ジーキルはイタリアのルネサンス期の庭やスペインのムーア風の庭園に興味をそそられていたが、型にはまった造園様式よりも、昔のイングランドの庭園に魅力を感じていた。一八九九年に出版された『林と庭』における、「もっとも気持ちのよい庭園は、道路脇のコテージの前の小さな庭である。立派な見かけの庭には見いだせない、素朴で優しい魅力がそこにはある」という言葉や、一九〇〇年に出版された『家と庭』における、「およそ温帯の国で、わがいとしのイングランドの田舎道や小径ほど甘美で、懐かしい絵画的な出来事で満ちあふれているものはない」という言葉には、ジーキルのコテージ・ガーデンへの深い愛

着と理解がうかがえる。

一九〇四年に出版された『懐かしのウェスト・サリー』の序文において、ジーキルは、開発が進みすぎて人が増え、建物が多くなったために昔の平穏を失ってしまったサリーの田園地域の変化を嘆き、「家具や設備が何世代にもわたって受け継がれたコテージも、いまでは、安ぴかの品物を備えられ、ベニヤやニス、見かけ倒しの素材で飾られている」と述べる。そして、本文においても、「ここ五〇年の間に農村生活に起こった変化は、多くのつましい田舎家においても変化を余儀なくした。多くはすっかり取り払われ、他のものは昔ながらの特徴を破壊するやり方で改築された」と繰り返す。

さきに、一九世紀末に主として新興中産階級の間で盛んに建設されたり、改装されたりした新しいタイプのコテージが、昔のままのものではなく、快適さを追求した、変化に富んだ、洗練されたものであったことを述べたが、ジーキルはここで、「洗練された」という言葉につきまとう「本物ではない」という含意を明らかにし、新しいコテージの流行に異議を申し立てていると言える。

さらに、この『懐かしのウェスト・サリー』のコテージ・ガーデンの章では、ジーキルは、「これらの小さな庭はいつも、生きる喜びと快活な気質を語っているように思える。それは、わが国の真の田舎人のもつあのすばらしい特性そのものである。二世代前には、それはもっと明確だった。当時、人々の生活はもっとゆったりとして、中身の濃いものであり、素朴な田園生活はもっと充実していて、満足のゆくものだった」と述べて、消えゆく真のイギリスへの郷愁を繰り返す。

これは明らかに、この時代に顕著になったイングリッシュネスの思潮に同調する言説であり、ラスキンやモリスの思想に傾倒したジーキルの姿を浮かび上がらせる。この時代のイングリッシュネスの思潮は、多くの場合、後ろ向きで、懐古的な活動で終わり、経済を中心としたイギリス社会の停滞の遠因となったという主張がある。しかし、ジーキルは、モリスやその影響を受けたアーツ・アンド・クラフツ運動とも接点をもっており、新たな実践活動にも乗り出していた。それは、この頃、活動の中心を移していた庭園設計や園芸の分野で発揮される。

ジーキルのコテージ・ガーデンの称揚には、ロビンソンがそうであったように、絨毯花壇に代表されるヴィクトリア朝盛期の派手やかな、商業主義的な園芸に対する反発が含まれていた。つまり、「人工」をいぶかり、「自然」を求める点において、ジーキルは、ロビンソンに同調していた。しかし、庭園の様式についてては、ジーキルはロビンソンのように頑なではなかった。一八九六年六月発行の『エディンバラ・レヴュー』に寄稿した「庭園と造園技術」に、ロビンソンとブロムフィールドの庭園論争について、かつてのレプトンとプライスやナイトとの庭園論争に言及しながら、「数年来、もう一つの同様の論争が、整形式と自由形式の造園法の主導者の間で激しく繰り広げられている。それがかなり辛辣で、個人攻撃ともいえる調子を帯びているのが残念である。整形式造園の支持者は〈卑俗〉というひどい言葉で相手を誹謗し、自由形式の支持者は同じように挑発的な〈無知〉という言葉を相手に投げ返している。どちらも正しく、どちらも間違っている」と述べ、昔の整形庭園の素朴ですっきりした気高さと心地よさ、その静かな美しさを擁護する点では建築家集団は間違っていないが、規律がすべての芸術の目的であるかのようにそれを誇示し、庭師の方法を進んで活用しようとしないのは残念であると言う。

このときジーキルは五三歳で、すでに有名な園芸家で、庭園設計者としても注目されていた。以前から強度の近視であった視力が一八九〇年代の初め頃から極度に低下したため、ジーキルは、細かい作業を必要とする美術・工芸の仕事に困難を感じるようになり、園芸に精を出すことが多くなっていた。一八九七年には王立園芸協会のヴィクトリア・メダルを受賞することになるのだが、自ら設計した自宅のマンステッド・ウッドの庭には多くの見学者が訪れ、すでにジーキルは三〇件近くの造園にかかわっていた。

庭園設計者と建築家のコラボレーション——ラッチェンズとの出会い

彼女の庭園設計者としての成功には、エドウィン・ラッチェンズの存在があった。ラッチェンズは一八六九年にロンドンに生まれた、ジーキルより二六歳若い建築家であった。二人の出会いは一八八九年、ジーキルが四五歳、ラッチェンズが二〇歳で、建築家としての仕事を始めたばかりの頃のことである。あるパーティーの場で出会ったことがきっかけで交遊が始まり、週末にはきまってラッチェンズがマンステッドを訪れ、サリーやサセックスを彼女の馬車で回り、荘園屋敷やコテージを探訪し、その建設法や、それを支える地域の産業について議論して過ごした。このようにして深まった共感や確かめ合った嗜好に基づいて、幾度も意見を交わしながら造られたジーキルの新しい家、マンステッド・ウッドが大きな注目を浴びたのであった。二人はお互いによき理解者であり、ロビンソンとブロムフィールドの論争をことあげすることもなく、庭園設計者と建築家の協力に基づいた新しいイングリッシュ・ガーデンを発展させたのである。彼らはその後およそ三〇年間共同で仕事をし、イギリス各地で一〇〇を越える庭の設計をした。

ジーキルは、モリスの「家と庭は一つのものである」という当たり前の考えを、ラッチェンズとの協力で実行に移した。それは共に称揚した伝統的なコテージ・ガーデンにおいて理屈抜きに実践されてきたことであった。ジーキルとラッチェンズの庭は、ヴィクトリア朝の庭園のような見せびらかすためのものではなくて、テニス・コートやクリケット用の芝生、スイレン池、木立が、自然であると思わせるように注意深く構成されている、楽しむ場所、くつろぐ場所であった。

一八九八年に、二人のコラボレーションによって造られたサリーのオーチャーズには、そのような設計理念が遺憾なく生かされていた。それは、ラッチェンズ

ジーキルとラッチェンズのコラボレーションによって生まれたオーチャーズ（『カントリー・ライフ』1901年8月31日号掲載）

の建築家としてのデビュー作で、マンステッド・ウッドとともに「サリー派」と呼ばれることになった二人のコラボレーションの代表作であった。コテージ・ガーデンというよりは、壮大なカントリー・ハウスとも言える相貌を帯びていたが、この屋敷は、華美や贅沢を誇るものではなく、建物にも庭にもサリー産の砂岩を利用し、その地に根ざした骨太な田舎の生活を漂わせるものになっていた。

『カントリー・ライフ』の一九〇一年八月三一日号に、ジーキル自身の筆になるこの屋敷の紹介記事が掲載され、設計において意を用いた点がふんだんに写真を添えて説明されている。「建物すべてに、心と眼を楽しませるだけではなく、素朴な慰め、つまり、このうえなく貴重な安らぎを与えてくれる気配がある。これは、良質で純正な素材を正しく、品位をもって使用することによってもたらされたものである。これは、真の家庭的雰囲気をもつ家、死ぬまで一生暮らし続けたい家である。設計者はE・L・ラッチェンズ氏である」という記事を締めくくる言葉には、二人のコラボレーションの本質が表れていると言えよう。このようにして、『カントリー・ライフ』は、ジーキルとラッチェンズを有名にし、新しいコテージ・ガーデンの流行を牽引するうえで大きな役割を果たすことになる。

新たな「イギリスの庭」の手本——ジーキルの「色彩の庭」

確かに、ジーキルのマンステッド・ウッドの庭は、ロビンソンのグレイヴタイ・マナーの庭同様、決して一般市民が普通にもてるものではなかった。また、ジーキルとラッチェンズが設計したのは上流中産階級の庭園であった。しかし、ジーキルの園芸についての深い知識、昔のコテージ・ガーデンの庭を重視する建物と庭の一体化した、生活の場としての庭の発想は、その後の「ガーデナーの国民」としてのより広い層のイギリス人の庭と園芸を牽引した。

大きな庭を所有し、有名な園芸家と交遊する幸運に恵まれ、庭園の設計を仕事として引き受けたが、根本のところでジーキルは自らの理想の庭を手造りするアマチュアであり続けたとも言える。初期の『林と庭』や『家と庭』はマンステッド・ウッドの庭での試行錯誤の記録であり、そこには健康的で、穏健な、生活を楽しむための庭が描かれている。庭仕事が家庭の主婦の上品な趣味となり、草花を育て、生け花を楽しむことが未婚の女性たちの憧れになっていた。ジーキルは『屋内での花卉装飾』でこのような時代の要望に応え、『子供と庭』では自らの子供時代を辿り、庭仕事の素朴な魅力を語りながら、さりげなく園芸を啓蒙した。

ジーキルの功績は、『カントリー・ライフ』の記事で有名になった、裕福な人々のための庭園設計にのみあったのではない。むしろ、そこに盛り込まれたジーキルの自然観、花に対する愛情がその後のイギリス人の庭や園芸に与えた影響力の大きさにこそ彼女の偉大さはあった。実際に、ジーキルの設計した大きな屋敷の庭園のほとんどは姿を消すか、原型をとどめないほどに変化してしまったが、花壇の植物の色彩や季節ごとの変化、花の香りに配慮して設計したジーキルの庭とその植栽計画は「イングリッシュ・ガーデン」の手本として広く浸透しているのである。

「イングリッシュ・ガーデン」と呼ばれる明確な庭園様式があるわけではないが、フランス語で「ジャルダン・アングレ」、ドイツ語で「エングリッシャー・ガルテン」と呼ばれて、ヨーロッパでも広く流行した一八世紀のイングランド式風景庭園が「第一のイングリッシュ・ガーデン」であるとすれば、これに対して、ヴィクトリア朝盛期の人工的な庭園のアンチテーゼとしてロビンソンによって提唱され、ジーキルによって発展させられた「コテージ・ガーデン」に基づいた庭を「第二のイングリッシュ・ガーデン」あるいは「新たなイングリッシュ・ガーデン」と呼んでもよいであろう。ここにも、自国意識と結びついたイギリス人の庭への愛着が作用していた。

さきにも一度触れたが、『タイムズ』の一九〇七年一一月一六日号に掲載された「イングランド人の理想の造園」は、「一九世紀にほとんどすべての芸術を汚したあの趣味の倒錯から、造園がかくも素早く立ち直ったのは、それが上流社会の流行り廃りのある娯楽ではなく、貧しい人たちが愛情を込めて実行してきた国民的技芸であったからである。しかし、もし裕福な者たちが貧しい者たちの庭に自分たちの庭にも欲しいと思うものを見出さなかったとしたら、そうはいかなかったであろう。これがイングランドと他の国の造園の大きな違いである。イングランドではコテージ・ガーデンが基準なのである」と述べて、ヴィクトリア朝盛期の醜悪とも言える人工的な絨毯花壇の造園法から脱した、新たなイギリスの庭としてコテージ・ガーデンを称揚している。そして、同時に、田園志向にナショナル・アイデンティティを求める「われわれは心底では田園の国民である」という主張がなされている。

第六章

「ガーデナーの国民」の成立

（一九二〇年代以降）

＊……庭のイングリッシュネス

イングリッシュネスを表象するコテージ・ガーデン

「イングリッシュネス」という概念は、一九世紀の最後の四半世紀に今日それが意味するものに近い形に作られた。古来からあるイギリスのさまざまな伝統が見直され、改めて創り出されたのである。それは、ラスキンやモリスの思想に見られるように、産業化以前の人々が睦み合って暮らしていたメリー・イングランドに理想のイギリスを求めるものであり、必然的にヴィクトリア朝盛期の帝国主義や産業主義を批判する意味合いを帯びていた。

しかし、このイングリッシュネスの主張は必ずしも帝国体制に対立するものではなかった。むしろ、大英帝国システムに連なるイングランド覇権の主張にこそ意味があったとも言える。大英帝国体制に衰退の兆しが見え始めたときに、それを補強するためにイングランドの過去に精神的支柱が求められた。連合王国としてのイギリスすなわちブリテン、さらには大英帝国という共同体に緩みが感じられるようになったときに、それを堅固なものとして維持するために国民を結束する「共有物」が求められたのである。

そのなかで、コテージ・ガーデンが、絨毯花壇や大温室に対するアンチテーゼとして、イングリッシュネスを表象するものの一つになった。つまり、コテージ・ガーデンは、文学と視覚芸術の相互関係を研究するエリザベス・K・ヘルシンガーがその著『田園風景と国家表象――イギリス、一八一五年〜一八五〇年』(一九九七)で用いた言葉を借りれば、「失われた過去のイメージという共通の基盤によって人々を結び合わせるために再生された過去の表象」であった。

コテージ・ガーデンの見直しに如実に見られる田園・牧歌を憧憬するこの時代のイングリッシュネスには、退嬰的で、後ろ向きなところがあり、ノスタルジックな感傷を生み出したにすぎないという見方もある。しかし、ガーデニングを国民文化として位置づけようとする動きは、イギリス人の田園志向や園芸への愛着を自国意識と結びつけるイングリッシュネスの再定義の提案であることも確かである。実際、すでに活動を開始していたナショナル・トラストが、自然保護と伝統保存の観点から、歴史的な遺産としてカントリー・ハウスの保存に乗り出し、『カントリー・ライフ』は、歴史的な名園や建築物を称揚する記事を取り上げていた。繰り返すまでもないが、この雑誌の講読層は、時代を動かす新勢力に属する人々であった。イギリス庭園史の研究者アン・ヘルムライクの『イングリッシュ・ガーデンとナショナル・アイデンティティ』（二〇〇二）における、「庭がイングリッシュネスを表象しているという概念は世紀の変わり目に至るところで繰り返された。文章や図像での庭の表現は、広く行き渡り、明確で、意識的な、人々の心を結束する、イギリスの国家表象を創り上げた」という指摘は、田園や園芸が新たに自国意識を醸成するための手段として用いられることになるイングリッシュネスのパラダイムの変化を暗示している。

一六〇三年の同君連合、一七〇七年の議会で成立したイングランドとスコットランドの合同を経たイギリスとしての国内体制において、そしてその後の主としてナポレオン時代のフランスとの抗争においても、ユニオン・フラッグや「ルール・ブリタニア」などの国家表象によってブリテン体制の強化ははかられたし、かつてはイングランドの象徴でもあったジョン・ブルやブリタニアなどのナショナル・キャラクターがイングランド覇権を容認したイギリスの象徴として広く使われた。このような形で、ブリテン（イギリス）としての自国意識の醸成は、常にはかられてきた。しかし、現実には、もっと深いところで、曖昧かつ巧妙にイングランドでイギリスを代表させるイングランド覇権は容認されてきた。大英帝国の衰退とともにそのような国家体制が危機に瀕したとき、イギリスの人々の自国意識を高揚させるために、英語（イングリッシュ）や英文学（イングリッシュ・リテラチャー）、そして英国庭園（イングリッシュ・ガーデン）に大きな役割が課せられたのであった。

英語・英文学・英国庭園——イギリス人の誇り

自国意識の高揚をはかる一大事業の一つが、『オックスフォード英語大辞典』の出版であった。一八五九年に出されたこの出版への協力を呼びかける刊行趣意書は、グリム兄弟が着手したドイツ語辞書の出版計画に言及し、ドイツ人に劣らぬ愛国心をもって、「イングランド人の同胞が自分たちのために自分たち自身の辞書を作ることに進んで参加してくれる」ことを要請している。「歴史的原理」に基づいて、一一五〇年以降のすべての「普通語」を収録し、各語について語形・語義を時代順に並べ、用例を挙げたこの辞書は、英語の辞書にとどまらない、この国の文化史を開示してみせるものであった。この辞書を「文化的権威の源泉」にしようとする意図は、一八七九年の編纂の開始から完成まで五〇年に及ぶ年月をかけて実現された。その編纂時期は、イギリス人の自国意識がもっとも高まった時期に符合している。一九一三年には、純正英語協会が創設された。その設立趣意書には、外来語の流入と方言の軽視が英語を破壊しつつあるとして、「英語が成立した過去を尊重し、イングランド的性格を維持すること」が訴えられている。

また、この頃に「英文学」が学問として登場する。ロバート・イーグルストン著『〈英文学〉とは何か——新しい知の構築のために』(二〇〇〇)によれば、英文学の研究は、最初、一九世紀前半に植民地のインドにおいて「イングランド的な生活様式、道徳意識、趣味、さらにイングランド的なものごとの処理の仕方」を教え、現地人を「文明化する」方法として始められた。その後、産業革命によって生まれた貧しい労働者階級を「文明化する」方法として逆輸入されたのだという。

やがて、一八九四年には英文学の学位コースが創設され、第一次世界大戦後にオックスフォード大学およびケンブリッジ大学に今日の学科目としての英文学のコースが整備される。ちなみに、『オックスフォード英語大辞典』における「イングリッシュ」が「英語英文学研究」の意味で用いられた初出用例は、一八九九年のものである。

オックスフォード大学の英文科の教員の多くが『オックスフォード英語大辞典』の編纂に協力したことが知られているが、英文学研究も、当時の高揚した自国意識を反映していた。しかし、オックスフォード大学とケンブリッジ大学の英文科でそれぞれ主導的立場にあったウォルター・ローリーとアーサー・クイラー＝クーチの考えは、まるで正反対であった。

ローリーは、一九一六年に出版された、エリザベス朝イングランドをさまざまな視点から概観したアンソロジーに収められた「エリザベスの時代」において、国家の誇りとしてエドマンド・スペンサーやシェイクスピアらの名を挙げて、エリザベス朝文学の優秀性を高揚した自国意識をあらわにして語る。そして、英文学の意義について、「今日われわれを脅かすあの粗暴かつ卑劣なる暴君の血に飢えたる虚栄心に対して、…詩人たちは、道を示して、なおもわれわれの先頭に立つ。真っ先にイングランドの偉大なる運命を知り、イングランドを鼓舞する精神を生み出したのは、ほかならぬそれらの詩人たちであった」という、おそらくは敵国ドイツを念頭においた、扇情的とも言える言葉を続ける。

ところが、クイラー＝クーチは、ローリーとは対照的に、一九一八年に出版された『文学の研究』所収の「文学における愛国心」において、「英詩における真のイングランド、すなわちその心、その意味、その真義、その栄光について考えるとき、われらの歌い手がこれらのいずれか、あるいはこれらすべてを表現することにもっとも成功しているのは、『ルール・ブリタニア』や『イングランドの水夫たちよ』だと思うでしょうか」と、ローリーの主張に疑問を呈し、ジェフリー・チョーサーの作品やロビン・フッドの歌から身近な田園をうたう数連を引用した後、「われわれの愛国心は…何重にもなった地層を切り開いて、その源泉を求め、外国人には翻訳不可能な、われわれのために作られた、単純素朴な一つの言葉――〈ホーム〉に含まれているものでその意味を強めるのである。われわれの輝かしい詩が証明しているように、われわれは、実際にも潜在的にも、列強であるとしてイングランドのことを自慢げに語ることはしない。島国性を非難されようとも、いつも国民的熱情を〈わが家〉と〈暖炉〉の狭いところにおき、それを強めるのがわれわれの習い性であり、いままさにそれを守らねばならないのである」と述べる。

クイラー＝クーチの主張は、産業化によって汚される以前の美しい田舎の希求、豊かで美しい自然への憧憬を含み、生活が金や利益に基づいた経済本位の社会ではなく、単純で素朴な生活を求めるものである。それは、メリー・イングランドと呼ばれた中世的な、長閑な村落共同体における生活と重なるイメージをもつものである。ロビンソンやジーキルに称揚された昔のイングランドのコテージ・ガーデンが新たなイングリッシュ・ガーデンとして迎えられるようになった背景には、明らかに、この時代のイングリッシュネスの思潮があった。しかし、クイラー＝クーチの「ホーム」

の強調に見られる求心的なイングリッシュネスの追究は、旧来のイングランド中心主義を容認したブリテン体制の維持・強化のために利用されただけではなく、海外の植民地にも拡大した大英帝国の人々の「ホーム」として、すなわち心の拠り所として、重要な価値を付与された。そして、大戦が相次ぐ二〇世紀のイギリス社会において、庭と園芸のイングリッシュネスは大きな役割を果たすのである。

『カントリー・ライフ』の一九二二年一月七日号の冒頭には、同誌の二五周年を祝う記事が掲載されている。そこには、「本誌が創刊されたとき、タイトルが耳に音楽のように入った。われわれイングランド人は、町に住んでいても心底では田舎の人間なのである」という文章が記され、古くて美しい建物と庭をもつカントリー・ハウスを探訪して紹介するなど、イングランドが誇るべき過去の遺産のすばらしさを啓発してきたこの雑誌の功績が列挙されている。さらに、国中の若者にイングリッシュネスを啓発するだけでなく、「帝国のいたるところに散在して暮らす同胞たちに、故国から毎週手紙のようにして届く」この雑誌が、大英帝国の臣民としての自国意識の醸成にも寄与してきたことが表明されているのである。

「勝利のために耕せ」——第一次世界大戦下の庭

イングリッシュネスは、本来、大英帝国の衰退とともに現れたパラドクシカルな思潮であった。帝国システムを批判し、真のイギリスをイングランドの過去に求める思潮は、その求心性のゆえに、拡散する自国意識を取り戻す意味を帯びていたからである。戦争の足音が近づくとともに、ローリーやクイラー＝クーチの文学研究の意義についての言説に見られるように、イングリッシュネスは新たに国粋主義的な自国意識を帯びて語られるようになる。そして、当然のように、緑豊かな田園は平和を、ガーデニングは平穏な生活を象徴するものとして、自国意識醸成の格好の素材として利用されるのである。

一九一六年には、ウィリアム・ブレイクの詩にメロディーをつけて「エルサレム」が作られた。「ゴッド・セイヴ・ザ・キング」や「ルール・ブリタニア」とならんで、国歌のようにして歌われたこの歌には、「はるかいにしえに、その御足は／イングランドの緑の大地を歩まれたのか／聖なる神の子羊は／イングランドの心地よい牧場におられたのか」という詩行が含まれている。自分たちの国をプロテスタントの神の国、自分たちを選良と考え、世界の文明化を担う栄光の国とする帝国意識を含んでいることもあったが、古き良きイングランドを表象する緑の田園へのイングランド人の愛着が自国意識をくすぐり、この歌を戦意高揚の歌にしたところもあった。

一九一四年に始まった第一次世界大戦は、より現実的な形でも、イギリス人の園芸に影響を与えた。農業漁業省は各家庭の園芸家に、野菜の種を保存し、アロットメントの利用者に提供するよう訴えた。予想に反して戦争が長期化し、海外からの物資を輸送する商船がドイツのUボートによって次々と撃沈されるようになると、庭に花の代わりに野菜を植えることが奨励されるようになった。ジョージ五世がバッキンガム・パレスの花壇にゼラニウムの代わりにジャガイモを植えるよう指示したということが大きく喧伝された。実際に都市部においてアロットメントが増加したし、「キッチン・ガーデン」や「ベジタブル・ガーデン」に関する書物が次々と出版された。なかには、すでに何度も版を重ね、定評のあったトム・ジェラルドの『キッチン・ガーデン』のように、内容にまったく変化がないままに『戦時下のキッチン・ガーデン』とタイトルを変えて出版された例もあった。市民公園でも花の代わりに野菜が育てられ、収穫されたキャベツやカリフラワーが安く市民に販売されたという。

一九一六年には一八歳から四一歳までの独身男性を対象とする徴兵制が施行され、一九一七年には、国家の食糧備蓄が三週間分だけという事態に陥り、銃後では女性農業部隊が創設され、次第に国家総動員体制がとられるようになった。巷には「勝利のために耕せ」と訴える戦意高揚ポスターが現れた。園芸の一形態である耕作が、国民の心を結束する手段として利用されたのである。

食料増産をすすめる戦意高揚ポスター「勝利のために耕せ」

第一次世界大戦は大英帝国の戦いであり、参戦とともに否応なく戦争協力を余儀なくされた植民地諸国では、帝国支配に対する反発も生まれた。戦後、多くの植民地で自立意識が高まり、新たな統治体制の創出が必要なことが明らかになった。そのようななかで、戦時中のように声高な、あからさまな形ではないが、園芸が自国意識の涵養のために再び用いられるようになる。

*……………「ガーデナーの国民」の創出

平和な花作りと園芸ブーム——二つの大戦に挟まれた時代

戦時下で「花作り」から遠ざかることを余儀なくされていた反動か、第一次世界大戦が終わると本来の園芸が息を吹き返し、一種の園芸ブームが起こった。戦争による消耗、繊維や機械、石炭などの旧来の産業の衰退による景気の低迷、アメリカ合衆国に端を発する世界恐慌などの影響により、戦後のイギリス社会は、失業者が増大し、激しい不況にみまわれた。しかし、伝統的な輸出産業に代わって、自動車、電機、化学などの内需型の産業が発展していた。ロンドンを中心とした新産業地域では賃金は上昇し、これらの産業の担い手となった下層中産階級の消費生活は向上していた。政府の低金利政策の恩恵に浴し、この階層を中心に住宅建設ブームが起こり、「生け垣と芝生の庭」で静かな生活を送ることが、実現可能な夢として再び登場した。

二つの大戦にはさまれた一九二〇年代、三〇年代には、なおも、生活のさまざまな場所で声高に好戦的愛国心を煽る言動が広がっていたが、一方で、静かな庭を楽しむ生活への願望が深く浸透していた。園芸に内在する現実逃避の側面はあったかもしれないが、実際に、各地でのフラワー・ショー、そしてベジタブル・ショーが盛んに開催された。また、自宅の庭を公開するオープン・ガーデンが普及したのもこの頃である。一九二〇年代後半になると、『タイムズ』紙上に慈善団体の主催あるいは後援によって公開される個人の庭のリストが掲載されるようになったし、一九三一年にはカントリー・ライフ社から、現在の『イエロー・ブック』の原型となったガイドブックが出版された。また、新しいマス・メディアとして登場したラジオ放送の園芸番組も人気を博した。

また、大戦中は足踏みしていたが、鉄道会社は庭のある生活の宣伝を再開し、一九二〇年代から一九三〇年代にかけてその活動は非常に盛んになった。メトロポリタン鉄道は沿線の土地のガイド・ブックである『メトロ・ランド』を毎年発行し、やがて「メトロランド」という英語が「地下鉄で通勤可能な郊外」を意味する普通名詞として使われるようになった。同時期に発行されるようになった庭園ガイドと同じように、イギリス人の庭と園芸に対する根強い愛着を物語るものである。

『メトロ・ランド』（1932年）表紙

イギリス文学・文化の研究者アリソン・ライトは『イングランドよ永遠に』(一九九一)において、一九二〇年代および一九三〇年代になると、ヴィクトリア朝やエドワード朝の大英帝国時代の外向的、拡大主義的な自国意識に代わって、内向的で個人主義的なイングリッシュネスの考えが浸透し、「パイプをくゆらすこじんまりとした夫と、物静かでしっかり者の妻、つまりガーデナーの国民である夫と家庭を切り盛りする主婦という私的で隠棲的な生活を送る中産階級が代表的なイギリス人である」とする考えが主流となってきたことを指摘する。

「ガーデナーの国民」――イギリス結束のスローガン

しかし、この新たに起こった内向的なイングリッシュネスの傾向も、一九世紀末のイングリッシュネスの思潮と同様に、自国意識醸成の手段として作用した。園芸を楽しむ静かな生活が平和と豊かさのアイコンとなり、「ガーデナーの国民」はイギリス国民を結束させるためのスローガンとなるのである。一九三二年にジーキルが死去したとき、『タイムズ』の一二月一〇日号は、「彼女は偉大なガーデナーであった。同志であった、あのグレイヴタイのウィリアム・ロビンソンの後塵を拝したとしても、間違いなく二番目に偉大であった。イングランドの園芸方法や意匠の完璧な変化のみならず、われわれをガーデナーの国民に仕立て上げたあの広範囲におよぶ知識や趣味の普及は、だれよりもこの二人のおかげなのである」と述べて、イギリス人を「ガーデナーの国民」にしたジーキルの功績を顕彰している。

一九二〇年代には、「ガーデナーの国民」という言葉が肯定的な意味を帯びて盛んに現れるようになっていた。たとえば、一九二二年一一月二五日号の『タイムズ』に掲載された「耐寒植物の栽培——気候の問題」という記事には、「ガーデナーの国民にふさわしく、イギリス人は選り取り見取りの際立って多様な耐寒性植物を手にしているし、代表的なイギリスの種苗業者の商品カタログと有名な外国の種苗店の商品カタログを比べてみれば、自分たちがこの点に関してはいかに恵まれているかが一目瞭然で分かる」という文章が見える。これは、気候の厳しいイギリスの風土において、耐寒植物の移入とその馴化がいかに園芸の発展には不可欠であるかを述べたものであり、ロビンソンが『野生の庭』において提唱した考えの延長線上にあるものである。一九二九年五月一一号に掲載された「野生の草花と破壊植物」では、当時のイギリスにおいても外来種の野放図な移入を危惧する声があったのであろうか、外国産の色鮮やかな花卉の移入によってイギリス土着の草花が危機に瀕しているという警告が、園芸家から同好の士である「ガーデナーと草花愛好家の国民」に対してなされたことが報告されている。

『タイムズ』紙上に現れる「ガーデナーの国民」の使用例の多くは、王立園芸協会の行事の盛況ぶりに関連して使われたものであり、チェルシー・フラワー・ショーをはじめとする王立園芸協会主催の展覧会に関する記事にも、イギリス人が「ガーデナーの国民」であることが、ときには同意を求めるかのように、ときには独断的に繰り返される。王立園芸協会は、戦時において「食糧生産のために花を野菜に変える」ことを積極的に勧めたが、戦後はいち早くフラワー・ショーを復活させ、国民文化としての園芸を啓蒙した。このことを、『タイムズ』の記事は好意的に伝えている。同紙の一九二九年五月二三日号に掲載された「イングリッシュ・ガーデンズ」という見出しの付いた記事のように、「ガーデナーの国民」という言葉が直接に使われてはいないものの、ガーデニングがイギリス人の間に深く根付いていることを伝えるものも多くある。この記事も、チェルシー・フラワー・ショーの盛況ぶりを伝えるところから始まるのであるが、個人の庭の公開についても触れて、「イギリス人はほかのどの国民よりも多くのすばらしい個人庭園をもっていることを誇りにしてよい。王妃顕彰地域看護協会の後援によって一般公開される庭のリストが告知されているが、そこから無作為にどのリストを選ぼうと、そこに挙げられた庭に匹敵するものは他のどこの国にもないであろう」と述べ、イギリスにおける家庭園芸の普及とそのレベルの高さを吹聴する。そして、「われわれの空気と土がイングランドの芝生を作った。そしてイングランドの芝生がそれを改良するイングランド人の技術を生みだし、ついにイングランドの芝生は比類のないものとなった」と述べる。これは、さきに見たケンブリッジ大学のトリニティ・コレッジの庭をめぐるエピソードにつながるものであり、ここには、庭と園芸に対する愛着をイギリス人の国民性とする考え方が潜んでいる。

ちなみに、一九二〇年代の後半から『タイムズ』に「イングリッシュ・ガーデンズ」という欄が設けられ、各地で公開されている個人の庭のリストが掲載されるようになる。ここで見出しとして用いられている「イングリッシュ・ガーデンズ」は、その記事の内容から考えても、庭園の様式に言及するものではなく、「イングランドにおいて公開されている諸庭園」の意であると考えられる。その証拠に、少し遅れて、スコットランドで公開されている庭を列挙した「スコティッシュ・ガーデンズ」の掲載も始まる。これらの記事からうかがえる庭園訪問の実態は、現在のナショナル・ガーデンズ・スキームによるオープン・ガーデンの原型とも言えるものである。その主催者や後援者はアレグザーンドラ王妃顕彰女性国民委員会や王妃顕彰地域看護協会などの、慈善事業とは言いながら「国家的で、国民的であること」を強調した団体であり、そこには、自国意識を醸成する何らかの意図が含まれていた。

ガーデナーの造った名園――ヒドコート・マナーとシシングハースト・カースル

このようななかで、今も多くの観光客を集めている二〇世紀の庭園を代表する名園が造られる。一つは、コッツウォルズのチッピング・カムデンの近くにある、ヒドコート・マナーである。フランス生まれのアメリカ人で、ケンブリッジ大学を卒業後イギリスに帰化したローレンス・ジョンストンが、ほぼ独力で四〇年をかけて造り上げたものである。一九〇七年にこの古い荘園屋敷を手に入れたジョンストンは、まず建物の周りに整形庭園を造ることから始め、第一次世界大戦で負傷し、退役した一九二〇年以降は庭造りに没頭する。生まれ育ったフランスの庭園様式の影響も受けていたし、芸術に造詣が深く、アーツ・アンド・クラフツ運動にも関心のあったジョンストンは、海外をあちこち訪れ、そこで見聞した庭園様式を取り入れ、新しい植物も移入して独自の庭を造り上げた。全体としてのヒドコートは、整形庭園も取り入れ、さまざまなコテージ・ガーデンが生け垣に囲まれて、連なっている形になっている。

もう一つは、ケントのメイドストーンの南方にあるシシングハースト・カースルで、詩人で作家のヴィタ・サックヴィル＝ウェストと、外交官で文筆家の夫ハロルド・ニコルソンの手になる庭である。シシングハーストは中世にさかのぼって存在する荘園屋敷であるが、二人がその屋敷と周囲の農地を入手した一九三〇年代には放置されたままになっていた。ヴィタがこの屋敷を入手した背景には、ここからさほど遠くないところにあるサックヴィル家の代々の屋敷ノール・ハウスに対する強い思い入れがあったと言われる。シシングハーストもヒドコート同様、整形庭園を取り入れ、生け垣に囲まれた小庭園が続く形をとっているが、コテージ・ガーデン風の草花がふんだんに植栽され、自由で、自然な印象を作り出している。

現在ではナショナル・トラストに移管されているこの二つの庭園は、ともに古い荘園屋敷の再現という意味を帯びているが、専門の庭園設計者や造園家によらずに、屋敷の所有者が自らの価値観や哲学に基づいて、その審美観や美的感覚を駆使して造り上げた自由な庭である点においても共通している。いずれの所有者も経済的に恵まれており、庭に情熱を注ぐ時間的余裕もあった。また、どちらも「ジーキルの庭」の影響を受けており、ジーキルが自ら造り上げたマンステッド・ウッドに連なる「ガーデナーの国民」の手本となる庭であった。

ほかにも、二〇世紀の代表的な職業造園家として活躍した、ノーサンプトンシャーのケルマーシュ・ホールを設計したノーラ・リンジーや、コッツウォルズのバーンズリー・ハウスを設計したローズマリー・ヴィーアリーも、もともとは自宅の庭の造園で認められた素人造園家であった。これらの造園家の仕事は、いわばオープン・ガーデンの企画の頂点に立つものであり、この時代に拡大したガーデニングの民衆化を示すものである。それはロビンソンとブロムフィールドの庭園論争の後にイギリスに浸透した、庭園は様式によるのではなく、豊かで、快適な生活のためのものであるという主張に符合するものでもある。

イングリッシュネスの再定義——第二次世界大戦が終わって

「ガーデナーの国民」の創出とイングリッシュネスあるいはナショナル・アイデンティティの創造の関係について注目すべきものに、一九三五年から一九六〇年代まで『タイムズ』の広告欄に掲載され続けた「カスバート氏の週刊庭園談義」という園芸コラムがある。筆者の「カスバート氏」は、実は園芸種苗店R・アンド・G・カスバートの経営者クレイトン・ラッソンであった。一九三九年四月八日号から一九六〇年五月二八日号までのこのコラムに、戦中戦後を通じて十数回、「ガーデナーの国民」という言葉が現れる。いずれも、イギリス人を草花愛好家とし、園芸を立派な趣味として称揚するものである。商売に愛国心を利用した例とも言えるが、このコラムがこのように連載され、好評を得た事実は、序章で紹介した、オーウェルが述べる民衆文化としての草花の愛好・園芸がこの頃すでに広く根付いていた証左である。

一九世紀末のイングリッシュネスの動きのなかで、イングランド的なものが帝国の結束の維持のために利用されたように、帝国の崩壊が現実のものとなるにつれ、新生イギリスという共同体において国民を結束させる共通文化として園芸が持ち出されたとも言えるし、あるいは、園芸嗜好は時代を超えて根強く存在するイギリス人の特質であるとも言える。しかし、いずれにせよ、さまざまな嗜好や思想をもつ個人からなる国民を十把ひと絡げに「ガーデナーの国民」として括ること自体に無理があるだけでなく、そこに何らかの誘導が働いているように思える。一九世紀半ばに設立された王立動物虐待防止協会の活動を中心に「動物愛護の国民」を標榜した背景には、この国における長い動物虐待の歴史に対する反省があり、また労働者階級の不満の爆発に対する支配階級の危惧もあったことが指摘されて久しいが、ここにもある種の政治的な意図が感じられる。

第二次世界大戦後のイギリス社会にも同じことが言える。『タイムズ』の一九五四年の七月二八日号に掲載された「皇太后、ウィズリーの寄宿寮開所式にご臨席」という見出しのついた記事は、創立一五〇周年を記念して王立園芸協会が庭師養成のために創設した学寮の開所式の様子を報じ、「わが国はいまやガーデナーの国と言ってもよいであろう。王立園芸協会の影響はいまや海外に及んでいる」と述べて、協会のたゆまぬ活動を称揚している。王立の冠称をいただいたチャリティーの記念行事に出席した皇太后、そしてこの文章には、大英帝国の面影が揺曳《ようえい》している。

さらにその後、旧植民地の独立、欧州連合の発足により、連合王国・イギリスへの帰属意識は弱まり、スコットランド、ウェールズ、アイルランド、そしてイングランドのナショナリズムが強まりつつあると言われる。一九九七年に誕生したブレア政権が、イギリス人としての結束を強めるために「クール・ブリタニア」というスローガンを打ち立てたことは周知のことである。しかし、大英帝国の国歌とも言える「ルール・ブリタニア」をもじった「クール・ブリタニア」は、むしろ各地域のナショナリズムを助長したとも言われている。

このような社会の変化のなかで、イギリス人の田園への郷愁やガーデニングへの愛着は、一九世紀末から二〇世紀初めのイングリッシュネスと同じ手法で人々の自国意識の形成に利用されたところがある。王立園芸協会は、ここでも、積極的に重要な役割を果たす。

メディアが導くガーデニング――現代の庭

二〇〇四年、創立二〇〇周年を迎えた王立園芸協会は、さまざまな記念行事を催した。序章で見たように、同年七月三日発行の『エコノミスト』はその様子を「園芸に夢中、花咲くイギリス」という記事で伝えたが、そのなかに、記念行事の一つとして、テイト・ブリテンにおいて「庭園の美術展」と銘打った展覧会が開催されたことが報じられている。そこには、学芸員のマーティン・ポーストルの、「展覧会は、過去二〇〇年にわたって庭がイギリス人としての自国意識（ブリティッシュネス）にいかに深く根付いていたかを示すものである」という言葉が紹介されている。ここでも王立園芸協会が「ブリテン（イギリス）体制」の醸成に積極的に関与し、庭と園芸の重要性が示されているのである。このことは、この展覧会のカタログに寄せたテイト・ブリテン館長のスティーヴン・デューカーのはしがきでも繰り返されている。

ガーデニングは、現代のイギリスにおいてもっとも人気のある広く普及した余暇活動である。ある時期、それは、詩や政治の世界においてイングランド人のナショナル・アイデンティティを表出するものとして機能し、社会階層間の力関係や表現の分野においても重要な役割を果たした。一八世紀に、風景庭園は、絵画や建築、彫刻、文学の成果を取り入れて高級芸術に昇格し、愛国芸術への転向の一端を示した。そして、近年では、審美的感性と知的教養のしるしとしての庭園は、園芸雑誌やテレビ番組、王立園芸協会が主催する毎年恒例のチェルシーのフェスティバルにおいて繰り広げられる、激しい様式戦争を呈するに至っている。

ここには、自国意識の醸成に深くかかわってきた庭園および園芸文化が、現在のイギリス社会における自国意識の形成においても大きな役割を果たしていることが主張されている。「イギリス」と「イングランド」を混用するデューカーの言葉にはいまだにその名残が見られるものの、イングランドでイギリスを代表させる国民意識とその慣例はようやく過去のものとなりつつある。

二〇〇四年の七月には、一九六八年に開始され現在も続くBBC2の長寿番組である「ガーデナーの世界」において特別番組が設けられ、普通にはなかなか見ることのできないバッキンガム・パレスの庭園が、そこで催されるさまざまな行事とともに紹介された。『タイムズ』は「これは、ガーデナーの国民にとってはまさにご馳走である」と述べて、この番組を案内した。また、二〇〇七年に放送されたBBC2製作のシリーズ番組「オープン・ガーデンズ」は、チェルシーのフラワー・ショーとともに、いまや国民的な行事となっているナショナル・ガーデンズ・スキームのオープン・ガーデンの舞台裏を、参加者の悲喜こもごもを交えて伝え、人気を博した。さらに、二〇〇九年五月にBBC2で「イギリス人はいかにガーデニング熱にとりつかれたか」という番組が放送されたが、その番組予告には、「イギリスはいまや庭にとりつかれた者たちの国である。われわれはヨーロッパのどの国の人々よりも庭に金を注ぎ込む。――園芸番組がこれほど盛況を呈したことはなかった。しかし、ずっとこうであったわけではなかった。少し前の一九六〇年代までは園芸センターはなかったし、ガーデニングは厳密に言えば年金生活者のものであった」という言葉が見られる。

しかし、この後にも、「ガーデナーの国」の盛況がひたすらに続いたわけではなかったようである。二〇一三年から二〇一四年にかけて同じくBBC2で「イギリス庭園大

山のように球根が並ぶケンブリッジ郊外の園芸センター

復興」と題されたシリーズが放送されたが、放送に先立って行われたBBCのメディア・センターの予告は、「イギリスの豊かな園芸の歴史は失われてしまった。前庭も裏庭もどんどん舗装されつつある。造成や駐車スペースのためだったり、家族にスペースを管理する暇がなかったり、やる気がないためである。管理の容易な芝生やパティオ、敷石の流行が、花や草木、樹木でいっぱいだった伝統的な庭の衰退につながり、イギリスを象徴する動植物がほとんど姿を消してしまった」という意外とも思える言葉で始まる。そして、このシリーズは、イギリス国民を「もう一度、緑の指の国民にするため、…バラやロック・ガーデン、生け垣、ハーブの庭、池や噴水、野生の草花を誇りとする国民に戻すために企画されたのだ」と説明する。そして全国的に中庭には木を植えずに舗装する家庭が増加し、都市部では市街の舗装が進み、雨水の九五パーセントが排水溝に流れる状況となっているために野生生物が急激に減少していることを指摘する。そして、「イギリスは、かつて野外空間を世界中の羨望の的にした、イギリスの表象とも言うべきあの庭と植物を取り戻すことができるであろうか」と問いかける。

「ガーデナーの世界」を中心にイギリスの園芸文化の発展に寄与してきたBBCのこの企画と内容は、イギリスの園芸熱にいささかの陰りがあることを伝えるものであろう。雑誌やテレビ放送という園芸の啓蒙に大きな役割を果たしたメディアに対する需要の衰退も関係しているであろうが、二〇一〇年あたりからこの番組にさまざまなてこ入れ策がとられたことが知られている。人々の生活習慣の変化が、イギリスの園芸文化にも影響を及ぼしていることは当然考えられる。

このように盛衰はあるものの、大勢においてイギリスが園芸大国であることに変わりがなく、「緑の指をもつ人々」の園芸熱は健在であることを、二〇一五年三月一五日の『サンデー・タイムズ』に掲載された「ガーデニングへの愛着は年齢と階級の垣根を越える」という見出しの記事が伝えている。全体としては、園芸の趣味としての長所やこの趣味によって豊かになる人生などについて語る、従来からある園芸愛好家によるエッセイであるが、この記事は、王立園芸協会に委任されて行われた調査結果を引用し、「われわれはガーデナーの国民である。連合王国において、九三パーセントの人々が戸外スペースを所有するか、植物を育てるかしている。そして九五パーセントの人々が美しい庭にいると気分がよくなると言う」という文章で始まっている。この記事は、また、「園芸はイギリス経済に毎年九〇億ポンドの貢献をしている」という文章も加え、ガーデニングが趣味・娯楽にとどまるものでないことにも触れている。

終章

「ガーデナーの国民」の真相

イギリスの庭の変遷——庭園史として

前章の最後に引用した『サンデー・タイムズ』の記事は、イギリスが「ガーデナーの国」になった理由を、「穏やかな気候に恵まれていることが幸いした。地球上のあらゆるところから、熱心な知識欲と収集家の執念を併せもったプラント・ハンターたちによって、何世紀にもわたって持ち込まれた莫大な種類の植物を育てるのに適していたからである。植物を育てようとする愛情が水面の波紋のように広がり、都市や郊外でわれわれは園芸にいそしんだ。かつては必要のためであった、食糧や衣料や治療薬のための栽培が、われわれの本性を表すものとなり、国民的趣味となったのである」と、核心に触れながら、簡略にまとめている。

確かに、ブリテン島は本来、植物相の貧相な、生物多様性に欠ける地域であったが、決して不毛な土地ではなかった。一一三六年に書かれたジェフリー・オヴ・モンマスの『ブリテン国王史』は、この種の書物にありがちな表現だが、愛国的な感情を込めて、「広い畑と丘陵は、土地が肥沃なため豊かな作物を生み出し、季節ごとにあらゆる作物が育つ」とこの国を称揚している。このエッセイの著者も、肥沃な土地に加えて、季節の変化のある穏やかな気候が緑の田園の形成とさまざまな外来植物の栽培を可能にしたことを指摘し、イギリス人の植物への関心と愛情が国民的な園芸熱を育てたと述べる。

振り返ってみると、ローマ占有時代やアングロ・サクソン時代にも植物の移入はあり、中世のキリスト教社会においては僧院を中心にして大陸の植物と庭の文化が静かにこの国に浸透した。イングランドとして国家形成が進展したテューダー朝の時代になると、権力者の壮大な庭が登場すると同時に、スペンサーの『羊飼いの暦』に見られる田園賛歌やトマス・モアの『ユートピア』に見られる古き良き農村社会への郷愁がすでに存在し、ベーコンの「庭について」のような庭園論さえ生まれていた。つまり、一九世紀末になって顕著になったイングリッシュネスの思潮を支えることになる「古き良きイングランド」、すなわちメリー・イングランドが現れていたと言える。

その後、同君連合を経て、一八世紀初めにスコットランドとの合同による実質的なイギリス（ブリテン）が誕生してからも、イングランド覇権を容認した政治・経済体制においても、文化面においてもイングランド中心の考え方は変わることはなかった。フランスやオランダの王室と親和的な王を戴くこともあったステュアート朝の時代において、王侯貴族が競って大陸の壮大な整形庭園を模倣したが、その反発としてイングランド式風景庭園が登場した。リンダ・コリーの『イギリス国民の誕生』(一九九二)に詳しく論述されているように、主としてフランスの脅威のもとで、イギリス人としての自国意識の醸成がはかられ、風景庭園が大きな役割を果たした。しかし、この庭園様式は、人工によって改造された、自然な農村風景のなかで行われるキツネ狩りやその他の野外スポーツとともにイングランド覇権を象徴するものでもあった。

この時代にも有用植物や珍しい花卉の外国からの移入は続いたが、大英帝国の時代を迎えると、砂糖やゴム、木綿、紅茶などの経済植物の利用がこの国に大きな富をもたらすものともなった。これがこの国の産業化と都市化を促進したが、繁栄の一方でそれによるさまざまな社会矛盾も現れてきた。そこから、産業化以前の無垢な自然を憧憬するイングリッシュネスの思潮が生まれた。素朴で平穏な生活を象徴するコテージ・ガーデンの称揚は、「古き良きイングランド」を希求するこの運動を象徴的に示すものであった。

大庭園の設計図や見聞記とはちがって、このようなささやかな庭の記録が資料として残ることは少なかった。しかし、田園を愛し、素朴に花を愛する伝統は静かに脈々として続いていたのである。ロビンソンらによって見直しが行われたエリザベス朝の古いコテージ・ガーデンへの憧憬は、ブロムフィールドとの庭園論争のなかで、エリザベス朝の整形庭園や建築の称揚も誘引することになったが、大戦前の世相を反映してか、この論争において自国意識の涵養が争点となった。やがて、この論争は、建築や造園にかかわる専門的なジャーナルにとどまらず、一般紙でも広く取り上げられ、庭園や園芸への関心を国民的なものにすることになった。

園芸誌の嚆矢《こうし》とも言えるウィリアム・カーティスの『ボタニカル・マガジン』はすでに一七八〇年代に登場し、その美しい彩色図版の影響は一九世紀を通じて残ったが、これらの一部の裕福なフロリストのための豪華な彩色雑誌だけでなく、パクストンの『ホーティカルチュラル・レジスター』やラウドンの『ガーデナーズ・マガジン』、ヒバードの『アマチュア・ガーデニング』などの庭師や素人庭師を対象にした造園や園芸に関するジャーナルが陸続と発行されて、活況を呈し、一般市民に対する園芸の啓蒙は進んでいた。しかし、当時盛んに現れた「素人庭師」という言葉は、「職業庭師」に対するものではあるものの、現在から見ればかなり大きな、一部の裕福な人々の恵まれた庭の設計や管理に関するものであった。その意味では、現在の市井の人々の庭の源流となったジーキルの庭の設計も、一部の恵まれた人々の庭を対象とするものであった。

皮肉なことに、ヴィクトリア朝盛期の帝国主義、商業主義、拡大主義のシステムに対して、古き良きイングランドの昔に真のあるべきイギリスの姿を求めたイングリッシュネスの思潮は、退嬰的で、逃避的であると考えられたが、国粋的な自国意識の醸成にも利用された。同じように、大規模な風景庭園や大温室、苗床で育てた非耐寒性の派手やかな外来種の花を敷き詰めた絨毯花壇の庭とは対立するコテージ・ガーデンは理念として称揚されたが、華々しい庭園論争を背にして造られた庭は、イギリス社会で大きな力をもつようになった新興中産階級の自己顕示欲を満足させ、現世的な欲望に応じた庭であったとも言える。

田園と園芸に対する素朴な愛情

イギリスの庭園の歴史において、つましい生活の庭であった「コテージ・ガーデン」は庭園様式とは考えられなかったし、その再評価が行われた時点でも「庭園の一部」あるいは「庭園の見直しをはかるための一つの視点」として考えられていたにすぎなかった。しかし、一九世紀後半にロビンソンらによって掘り起こされたコテージ・ガーデンの伝統が、時代の変化や流行り廃りとは無関係にイングランドの片田舎で静かに息づいていたように、現在の「イングリッシュ・ガーデン」の源流となったコテージ・ガーデンも、二〇世紀に入ってから徐々に市民の庭として静かに浸透し、一九八〇年代になると盛況を呈するようになった。イギリス（ブリテン）としての国家意識が次第に希薄になる社会状況のなかで、人々の根強い田園志向、園芸への愛着が新たに自国意識を醸成するために利用された側面があった。つまり、イングリッシュネスをブリティッシュネスで読み替えるような動きがあった。しかし、さまざまな啓蒙活動や商業的な思惑、政治的な配慮があったであろうが、「ガーデナーの国民」の庭である「コテージ・ガーデン」の人気は、何よりもこの国の人々の田園と園芸に対する、素朴で自然な愛情によるものであることは否定できない。

イギリスの人々が自国意識を語るとき、よく引き合いに出すのが、『リチャード二世』における、「わがイングランド」を「この世のエデン」「白銀の海にはめ込まれた宝石」などに喩えて語る、リチャード二世を諌める叔父のランカスター公、ゴーントの台詞であることを序章で見た。同じように、『ヘンリー五世』における、ハーフラール城への突撃に先立ってヘンリー王が兵士を鼓舞する、「イングランドで五体をつくられた郷士たちよ！／ここで君たちの牧場が育てた勇気を発揮し／さすがにイングランド育ちであると言わせてくれ」という台詞（第三幕第一場）もよく持ち出される。ここで兵士たちは猟場ともなる牧場における猟犬に喩えられているのだが、より広く、イギリス人が強い愛着をもつ田園が愛国心の源になることが示されている。

しかし、この劇にはもう一つ、観客の心を揺さぶる場面がある。『ヘンリー四世』二部作において、青年期のヘンリー五世の後見役を自認して、道楽の指南役をしたフォールスタッフの最期が語られる場面である。

飲んだくれで、女たらし、大嘘つきのフォールスタッフは、不道徳の権化のような人物であるが、なぜか憎めない祝祭の主人公である。王位について豹変したヘンリーから遠ざけられたフォールスタッフは、この劇ではもはや姿を見せないが、臨終の床で「シーツをさぐって、その花模様をもてあそび、摘んだ花を眺めるかのように、自分の指先に微笑みかけ、…うわごとで緑の田園のことをしゃべりながら」、失意のうちに亡くなったことが伝えられる（第二幕第三場）。同じように田園への愛着を引き合いに出しながら、これは、ヘンリー五世の大見得を切った台詞とは著しい対照をなしている。シェイクスピアの歴史劇も時の権力におもねることを免れていなかったが、エリザベス女王の直接の先祖であるヘンリー五世を称揚するこの劇において、大上段に構えて愛国心に訴えるヘンリー五世の名演説よりも、一兵士となったフォールスタッフの本心から漏れ出た素朴な田園への愛着の方が、イギリス人の自国意識に強く訴えるのかもしれない。フォールスタッフは、祝祭劇の道化の王の系譜に属するものとして、ヘンリーの統治を風刺する存在でもある。

現実には存在しなかったアイルランド、ウェールズ、スコットランドの協力体制のもとで、田園への愛着を利用してフランスに対峙するシェイクスピア劇のヘンリー五世の姿は、王立園芸協会の積極的な活動に支えられた「ガーデナーの国民」の創出、王立園芸協会などのチャリティーにつきまとう「文明化」の意味を想起させる。それに対して、不確かで、意味不明ともとれる、フォールスタッフの最期の言葉には、イギリスの人々の心に深く根付いた、オーウェルの言う「上から押しつけられたものではない草花への愛着」に通じるものがある。「庶民の品位」に期待をかけたオーウェルの思いは、支配者層の権勢誇示の庭やフロリストのフラワー・ショー、産業資本家の商業主義と結びついた派手やかな園芸文化とは別に、静かに息づいてきた「コテージ・ガーデン」の伝統を示している。

一九〇三年に発行されるとたちまち版を重ね、その後も広く読まれている書物に、ジョージ・ギッシングの『ヘンリー・ライクロフトの私記』がある。文筆で身を立てようとロンドンで奮闘してきたが、五〇歳を超え、体力にも気力にも限界を感じ始めた主人公が、友人の好意で年金を得るという思いがけない幸運に恵まれ、デヴォンの田舎に隠棲する。主人公の死後、残された私記を友人が出版したという形をとるこの書物は、「春」「夏」「秋」「冬」の章立てで、都市生活への嫌悪と田園への愛着の記述を繰り返す。作者ギッシングの世相談義、エッセイともとれるが、主人公ライクロフトは、ナショナル・ギャラリーでジョン・コンスタブルの『谷間の農場』や『麦畑』、あるいはジョン・クロームの『マウスホールド・ヒース』に見入って立ちつくしたことを吐露して、田園への強い愛着を告白する。その後に続く「死の床に横たわるときに脳裏に浮かぶ最後の思いは、イングランドの牧場に降り注ぐ太陽のことであろう」という言葉は、さきのフォールスタッフの最期の言葉に共振している。

そのようなライクロフトは、当然ながら、「私が好む庭の花は、古風なバラ、ヒマワリ、タチアオイ、ユリなどだけである。できるだけ野生の趣で茂っているのが見たい。刈り込まれた左右対称の花壇は大嫌いである」という言葉で、コテージ・ガーデンへ愛着を語る。そして、イングランドが誇るべきものは、そのようなコテージ・ガーデンの残る古い村であると述べる。そこにある静寂と安逸のもたらす、自足した安らぎを説明する語として「コンフォート」という語を用いて、ライクロフトはイングランドの「ホーム」のもつ力を説明する。ここには、当時のイングリッシュネスの思潮の反映があり、その後のナショナル・アイデンティティ探究のさきがけとなる主張が見られる。

庭は自分だけの心地よい巣作りの場

社会人類学者のケイト・フォックスは、二〇〇四年にベストセラーになった『イングランド人を観察する』において、このことを別の視点から説明する。フォックスは、「イングランド人の〈ガーデナーの国民〉としての評判は、庭園設計における際立った芸術的才能ではなく、むしろその一片の芝生の区画、つまり庭への強迫観念とも言える強い愛着に起因するものである」と述べる。このことを立証するためにフォックスは、イングランドの都市の住居地域を上空から見れば、小さな緑の区画のついた小さな家が押し並んでいることが一目瞭然であることを指摘し、「イングランド人はおしなべて自分自身のプライベートな小さな緑の区画付きの、自分自身のプライベートな小さなボックスに住むことを望む」と述べる。

花好きの市民の裏庭。オックスフォードのテラス・ハウスにて

一八世紀後半に郊外の別荘として急増した小住宅を表すのに使用された「ボックス」という語とともに、「ほかから隔絶された」という原義の「プライベート」と「自分自身の」という語が繰り返され、他のヨーロッパの国々ではアパートや集合住宅で済まされる場合でも、イングランドではどんなに小さくても庭の

付いた自宅が好まれることが指摘されている。イングランドの庭、厳密には裏庭の基本的な形は、「高い塀」によってプライバシーの守られた、「囲まれた場所」という「庭」の原義が生きているところである。さきの『ヘンリー・ライクロフトの私記』にも、「自分だけの世界に閉じこもろうとする傾向は、決定的にイングランド的」であるという指摘がある。このようなことを考え合わせると、「イングランドでは家は城である」という俗言は、大邸宅願望ではなく、高い城壁や危機に際して橋を落とす装置をもっていた、城の防御性に対する憧憬を内包する「ホーム」に対する愛着につながっていると言える。フォックスが「巣作り」という語を用いて説明するように、「ガーデニング」は、ほかから隔絶された「家」と「庭」、つまり「家庭」において居心地のよい自分だけの場所を造る行為にほかならないのである。

その証拠として、フォックスは、実際のイングランドの庭は、「イングリッシュ・ガーデン」を特集したカラー版の写真集や「園芸に秀で、創意に富んだ庭造りの名手の国民」という言葉を繰り返す旅行案内書やイングランド紹介本などに出てくる庭とは異なって、どちらかと言えば、平凡で、地味なものであると述べる。しかし、そこは穏やかな陽射しのなかで、一杯の紅茶を飲んだり、小鳥にパンのかけらを投げてやったり、ナメクジや隣の猫のことでぼやいたりして過ごす快適な場所であるとフォックスは言う。

このような場所を作るためには、草花に対する愛着は欠かせないし、相応の努力も必要である。フォックスも、イングランドの庭は格別に美しくはないかもしれないが、そのような関心と努力を示すものであり、日本の庭は別として、アメリカやヨーロッパ諸国の庭よりもよほど手入れが行き届いており、完全に放置されることは滅多にないと述べる。その理由として、フォックスは、「庭を放置することは動物や子供に対する残虐行為に等しい」という考えが浸透しているからだとして、王立動物虐待防止協会や全英児童虐待防止協会をもじった架空のチャリティーである全英庭園虐待防止協会の圧力が存在していると推察する。ここでも、文明の先導者としての矜持をもち、文明化の使命を実践してきた王立園芸協会の活動が想起される。場合によっては先鋭的なイングリッシュネスの典型でもあったガーデニングを、穏やかで豊かな生活を象徴する国民的趣味として位置づけ、あらたなナショナル・アイデンティティを創生しようとする意図が、この協会の活動には含まれていた。「ガーデナーの国民」であることを強調することには、ガーデニングという品位のある趣味にいそしむリスペクタブルな国民の創生をはかることであり、文明の主導者であることを標榜することでもあった。

「ガーデナーの国民」の誕生には、このようなチャリティーや行政による啓蒙や誘導があったことは確かである。しかし、人々の緑の植物や草花に対する根強い愛着とともに、自己顕示の道具ともなりがちな庭を頑なに、穏やかなプライバシーの場とすることのなかにこそ、ガーデナーの国民の真骨頂はあるのかもしれない。それは、強制や押しつけによってではなく、自分自身の楽しみを見出し、居心地のよいホームを作ることにあった。

あとがき

「ガーデニング」という日本語が使われるようになって久しい。この語が、新語・流行語大賞のトップ・テンに入ったのは一九九七年のことである。昔からある「庭いじり」や「家庭園芸」などに加えて、この語が広く使われるようになった背景には、豊かなイギリスの生活文化への憧憬があったように思える。「ガーデニング」には、レンガやラティスなどによる装飾、色彩に配慮した花壇、バラの植栽など、イギリスの庭のイメージがつきまとっている。実際、この語が使われるようになった頃から、「イングリッシュ・ガーデン」という語が耳目に触れるようになった。

当時、イギリス人が「ガーデナーの国民」であることは広く認められていた。しかし、そのような状況は、自ずから出来上がったものではない。英語の「ガーデナー」という語は、時代の変化とともに語義が微妙に変化した語である。つまり、本来「庭師」や「造園家」という専門的職業に従事する者を意味したが、レクリエーションとしての園芸が発展するとともに生まれた「素人庭師」という語を経て、「趣味として家庭園芸を楽しむ者」の意で広く使われるようになったのである。これに呼応して、「ガーデニング」もまた、園芸の民衆化とともに、職業的営為から、「レクリエーション」の意味で広く使われるようになった。しかし、この「職業」から「レクリエーション」への変化は、他の民衆娯楽の場合と同様に、イギリス社会の変化を反映するだけではなかった。ガーデニングは、変化を誘引する力をもち、とりわけ、自国意識の形成において大きな役割を果たした。ガーデニングは、国民文化として啓蒙されたのであった。

「イングリッシュ・ガーデン」として広く知られているのは、一八世紀に自国意識を押し出して発展した「イングランド式風景庭園」である。しかし、今日、わが国のガーデニングにおいて手本とされているのは主に、一九世紀末にイギリスで再評価されたコテージ・ガーデンの伝統に属するものである。そこには、「古き良きイングリッシュネス」を連合王国・イギリスのアイデンティティとして再定義しようとする新たなイングランドの動きがあった。

本書の目的は、イギリス人の庭園や園芸、植物に対する関心を文化史的に辿り、イギリス社会およびイギリス文化の特質を浮き彫りにすることにあるが、「文化」が政治的・経済的に利用されるだけでなく、捏造さえされることを提示することにもある。

そのようなわけで、本書を執筆するための労力はもっぱら書物やジャーナルの資料を収集することに当てられたが、イギリス滞在の機会を得るごとに、イギリスの庭園・園芸文化の豊かさも実感した。ブレナム・パレスやチャッツワースなどの代表的な風景庭園やカントリー・ハウスの整形庭園、観光地の街路に並ぶハンギング・バスケットの列からそれは感じられたが、コレッジ所属のガーデナーや、定期的にフラットの庭の管理に訪れるガーデナーの黙々と仕事をする姿からも感じられた。なによりも、リンゴやナシなどの果樹が植えられており、散水ホースが芝生の上を這ったままに無造作に残されているような、きちんと整えられていないが、生活感のあるテラス・ハウスの裏庭の様子などから、イギリスでは園芸文化が広く根付いていることが感じられた。有名庭園は過去にさまざまな様式を取り入れて改造された名残を包み込み、市井の人々の庭は草花だけではなく果樹や野菜も育てる趣味と実益を兼ね備えて存続している姿に、長い歴史のうえに誕生した「ガーデナーの国民」の本質を見る思いがした。

偏狭なナショナリズムが温存されたままグローバリズムが声高に叫ばれるなかで、コミュニケーション偏重の英語が世界語として跋扈し、イギリス人は母国語を失った。また、イギリスの野外運動に由来し、人々の素朴なレクリエーションであったはずのスポーツが次第に商業化し、オリンピックという国際的祭典はさまざま問題を抱えるようになった。同じくイギリス生まれの「イングリッシュ・ガーデン」が時勢に流されず、静かに「自然」を楽しむ娯楽として続くことを祈るばかりである。

末筆ながら、本書の出版にあたっては、大修館書店の方々、とくに編集部の北村和香子さんには適切なご助言と親切なご配慮でお力添えをいただいたことを記し、心からお礼申し上げたい。

二〇一六年八月

飯田　操

Sayer, Karen. *Country Cottages: A Cultural History.* Manchester Univ. Press, 2000.
Scott-James, Anne. *The Cottage Garden.* Allen Lane, 1981.
Scourse, Nicolette. *The Victorian and Their Flowers.* Croom Helm, 1983.
Sedding, John D. *Garden-Craft Old and New.* 1891; rpt. Kegan Paul, Trench, Trubner & Co., 1895.
Seeley, Benton. *Stowe: A New Edition.* Printed by B. Seeley, 1788.
Simo, Melanie Louise. *Loudon and the Landscape.* Yale Univ. Press, 1988.
Squire, David. *Victorian Cottage Gardens.* Colour Library Books Ltd., 1994.
Strong, Roy. *Country Life 1897-1997: The English Arcadia.* Country Life Books and Boxtree, 1996.
——. *Gardens through the Ages.* 1992; rpt. Conran Octpus Limited, 2000.
Stuart, David. *The Garden Triumphant: A Victorian Legacy.* Viking, 1988.
Switzer, Stephen. *Ichnographia Rustica: or, The Nobleman, Gentleman, and Gardener's Recreation.* Printed for D. Browne, 1718.
Temple, William. *Upon the Gardens of Epicurus, or Of Gardening in the Year 1685.* 1685; rpt. Pallas Editions, 2004.
Thacker, Christopher. *The Genius of Gardening: The History of Gardens in Britain and Ireland.* Weidenfeld and Nicolson, 1994.
Triggs, H. Inigo. *Formal Gardens in England and Scotland.* 1902; rpt. Antique Collectors' Club, 1988.
——. *Garden Craft in Europe.* B. T. Batsford, 1913.
Uglow, Jenny. *A Little History of British Gardening.* Chatto & Windus, 2004.
Walpole, Horace. *The History of the Modern Taste in Gardening* (1780) introd. by John Dixon Hunt. Ursus Press, 1995.
Ward, N. B. *On the Growth of Plants in Closely Glazed Cases.* 1842; rpt. John Van Voorst, 1852.
Waters, Michael. *The Garden in Victorian Literature.* Scolar Press, 1988.
Way, Twigs. *A Nation of Gardeners: How the British Fell in Love with Gardening.* Prion, 2010.
Way, Twigs & Mike Brown. *Digging for Victory: Gardens and Gardening in Wartime Britain.* Sabrestorm Publishing, 2010.
Wilkinson, Anne. *Shirley Hibberd: The Father of Amateur Gardening.* Cortex Design, 2012.
——. *The Victorian Gardener: The Growth of Gardening & the Floral World.* Sutton Publishing, 2006.
Willes, Margaret. *The Making of the English Gardener.* Yale Univ. Press, 2013.
Woods, May and Arete Swartz Warren. *Glass Houses: A History of Greenhouses, Orangeries and Conservatories.* Aurum Press, 1988.
Woodward, Marcus, ed. *Gerard's Herball.* 1927; rpt. The Minerva Press Ltd, 1974.
Worlidge (Woolridge), John. *Systema Horti-Culture: or, The Art of Gardening.* 1677; rpt. Printed for Will. Freeman, 1700.
——. *Vinetum Britannicum: or, A Treatise of Cider.* Printed for Thomas Dring, 1678.
Wotton, Henry. *The Elements of Architecture.* 1624; rpt. Longmans, Green, and Co., 1903.

rpt. James Shiells & Co., 1896.
Lawson, William. *A New Orchard and Garden with the Country Housewife's Garden* (1618) introd. by Malcolm Thick. Prospect Books, 2003.
Leith-Ross, Prudence. *The John Tradescants: Gardeners to the Rose and Lily Queen.* 1984; rpt. Peter Owen Publishers, 1998.
Light, Alison. *Forever England: Femininity, Literature and Conservatism Between the Wars.* Routledge, 1991.
Loudon, John Claudius. *Arboretum et Fruticetum Brirannicum; or The Trees and Shurubs of Britain.* Longman, Orme, Brown, Green, and Longmans, 1838.
—. *An Encyclopaedia of Gardening.* Longman, Hurst, Rees, Orme, Brown, and Green, 1822.
—. *Remarks on the Construction of Hothouses.* 1816; rpt. Printed for J. Taylor, 1817.
—. *Self-Instruction for Young Gardeners, Foresters, Bailiffs, Land-Stewards, and Farmers.* Longman, Brown, Green, and Longmans, 1845.
MacDougall, Elizabeth B., ed. *John Claudius Loudon and the Early Nineteenth Century in Great Britain.* Dumberton Oaks Trustees for Harvard Univ., 1980.
Maling, E. A. *In-Door Plants, and How to Grow Them.* Smith, Elder and Co., 1861.
Mangles, James. *The Floral Calendar, Monthly and Daily.* F. W. Calder, Printer, 1839.
Mascall, Leonard. *The Country-Mans New Art of Planting and Graffing.* Jane Bell, 1652.
Miller, Philip. *The Gardeners Dictionary.* John and James Rivington, 1754.
Moritz, K. P. *Travels in England in 1782.* Cassell & Company Limited, 1886.
Nichols, Rose Standish. *English Pleasure Gardens.* 1902; rpt. David R. Godine, 2003.
Parkes, S. Hadden. *Window Gardens for the People, and Clean and Tidy Rooms.* S. W. Partridge, 1864.
Parkinson, Anna. *Nature's Alchemist: John Parkinson, Herbalist to Charles I.* Frances Lincoln Ltd, 2007.
Parkinson, John. *Paradisi in Sole, Paradisus Terrestris.* 1629; rpt. Methuen & Co., 1904.
Parsons, Alfred. *Notes in Japan.* Harper & Brothers Publishers, 1896.
Potter, Jennifer. *Strange Blooms: The Curious Lives and Adventures of the John Tradescants.* Atlantic Books, 2006.
Pratt, Anne. *The Flowering Plants, Grasses, Sedges, and Ferns of Great Britain.* Frederick Warne & Co., 1891.
Price, Uvedale. *An Essay on the Picturesque.* 1794; rpt. Printed for J. Robson, 1796.
Quest-Ritson, Charles. *The English Garden: A Social History.* Viking, 2001.
Rackham, Oliver. *The History of the Countryside: The Classic History of Britain's Landscape, Flora and Fauna.* 1986; rpt. Weidenfield & Nicolson, 1995.
Rea, John. *Flora: Seu, De Florum Cultura.* Printed for Thomas Clarket, 1655.
Repton, Humphry. *The Landscape Gardening and Landscape Architecture of the Late Humphry Repton, Esq.* ed. by J. C. Loudon. Printed for the Editor, 1840.
—. *Sketches and Hints on Landscape Gardening.* Printed by W. Bulmer & Co., 1795.
Roberts, Harry. *English Gardens.* William Collins, 1944.
Roberts, William. *Memoirs of the Life and Correspondence of Mrs. Hannah More.* Seeley and Burnside, 1834.
Robinson, William. *The English Flower Garden.* 1883; rpt. Cambridge Univ. Press, 2011.
—. *The Garden Beautiful: Home Woods, Home Landscape.* John Murray, 1906.
—. *Garden Design and Architects' Gardens.* John Murray, 1892.
—. *The Wild Garden.* 1870; rpt. Cambridge Univ. Press, 2011.
Rohde, Eleanour Sinclair. *The Old English Gardening Books.* Martin Hopkinson and Company Limited, 1924.
Rougetel, le Hazel. *The Chelsea Gardener: Philip Miller 1691-1771.* Natural History Museum Publications, 1990.

Publications Inc., 1994.
Harvey, John. *Early Nurserymen.* Phillimore, 1974.
—. *Medieval Gardens.* B. T. Batsford Ltd., 1981.
Hayden, Ruth. *Mrs Delany: Her Life and Her Flowers.* British Museum Publications Ltd, 1980.
Helmreich, Anne. *The English Garden and National Identity: The Competing Styles of Garden Design, 1870-1914.* Cambridge Univ. Press, 2002.
Helsinger, Elizabeth K. *Rural Scenes and National Representation: Britain, 1815-1850.* Princeton Univ. Press, 1997.
Hentzner, Paul. *Travels in England.* Printed for E. Jeffery, 1797.
Hibberd, Shirley. *Rustic Adornments for Homes of Taste; and Recreations for Town Folk in the Study and Imitation of Nature.* 1856; rpt. Century in Association with the National Trust, 1987.
—. *The Town Garden: A Manual for the Management of City and Suburban Gardens.* Groombridge & Sons, 1855.
Hill, Thomas. *The Arte of Gardening.* 1590; rpt. Imprinted by Edward Allde, 1608.
—. *The Gardener's Labyrinth* (1577) ed. by Richard Mabey. Oxford Univ. Press, 1987.
Hobhouse, Penelope. *Gardening through the Ages.* Barnes & Noble, 1997.
Hobhouse, Penelope and Christopher Wood. *Painted Gardens: English Watercolours 1850-1914.* Pavilion Books Limited, 1995.
Hole, Samuel Reynolds. *Our Gardens.* J. M. Dent & Co., 1899.
Horwood, Catherine. *Potted History: The Story of Plants in the Home.* Frances Lincoln Ltd, 2007.
Hoskins, W. G. *The Making of the English Landscape.* 1955; rpt. Penguin Books, 1985.
Howard, Ebenezer. *Garden Cities of Tomorrow.* Swan Sonnenschein & Co., Ltd, 1902.
Hoyles, Martin. *Bread and Roses: Gardening Books from 1560 to 1960,* Vol. 2. Pluto Press, 1994.
—. *Gardeners Delight: Gardening Books from 1560 to 1960,* Vol. 1. Pluto Press, 1994.
—. *The Story of Gardening.* Journeyman Press, 1991.
Huish, Marcus B. *The Happy England of Helen Allingham.* 1903; rpt. Bracken Books, 1985.
Huxley, Anthony. *An Illustrated History of Gardening.* Paddington Press Ltd, 1978.
Hyams, Edward. *Capability Brown and Humphry Repton.* Charles Scribner's Sons, 1971.
—. *English Cottage Gardens.* 1970; rpt. Penguin Books Ltd, 1987.
—. *The English Garden.* 1964; rpt. Thames and Hudson, 1966.
Jekyll, Gertrude. *Home and Garden.* 1900; rpt. The Antique Collector's Club Ltd, 1982.
—. *Old West Surrey.* Longmans, Green, and Co., 1904.
—. *Wood and Garden.* 1899; rpt. The Antique Collector's Club Ltd, 1987.
Jellico, Geoffrey and Susan, Patrick Goode and Michael Lancaster. *The Oxford Companion to Gardens.* Oxford Univ. Press, 1986.
Jennings, Anne. *Medieval Gardens.* English Heritage, 2004.
Johnson, George W. *A History of English Gardening.* Baldwin & Cradock, and Longman & Co., 1829.
Knight, Richard Payne. *The Landscape: A Didactic Poem.* 1794; rpt. Printed by W. Bulmer and Co., 1795.
Knyff, Leonard and Jan Kip. *Britannia Illustrata* (1707) ed. by John Harris and Gervase Jackson-Stops. The Paradigm Press, 1984.
Laird, Mark. *The Flowering of the Landscape Garden: English Pleasure Grounds 1720-1800.* Univ. of Pennsylvania Press, 1999.
Langley, Batty. *New Principles of Gardening.* Printed for A. Bettesworth and J. Battey, 1728.
Lankester, Phoebe. *Wild Flowers Worth Notice: For Their Beauty Associations or Uses.* 1861;

Colquhoun, Kate. *"The Busiest Man in England": A Life of Joseph Paxton, Gardener, Architect & Victorian Visionary.* David R. Godine, 2006.
—. *A Thing in Disguise: The Visionary Life of Joseph Paxton.* 2003; rpt. Harper Perennial, 2004.
Crawford, Rachel. *Poetry, Enclosure, and the Vernacular Landscape 1700-1830.* Cambridge Univ. Press, 2002.
Cunliffe, Barry. *Fishbourne: A Guide to the Site.* 1977; rpt. Sussex Archaeological Society, 1994.
Desmond, Ray. *Kew: The History of the Royal Botanic Gardens.* The Harvill Press, 1995.
Downing, Sarah Jane. *The English Pleasure Garden 1660-1860.* 2009; rpt. Shire Publications, 2010.
Duthie, Ruth. *Florists' Flowers and Societies.* C. I. Thomas & Sons Ltd, 1988.
Ellacombe, Henry N. *In a Gloucestershire Garden.* 1895; rpt. Century Hutchinson Ltd, 1982.
—. *The Plant-Lore & Garden-Craft of Shakespeare.* 1878; rpt. AMS Press Inc., 1973.
Elliott, Brent. *The Royal Horticultural Society: A History 1804-2004.* Phillimore & Co. Ltd, 2004.
Endersby, Jim. *Imperial Nature: Joseph Hooker and the Practices of Victorian Science.* The Univ. of Chicago Press, 2008.
Evelyn, John. *Fumifugium: or the Incoveniencie of the Aer and Smoak of London Dissipated.* Printed for Gabriel Bedel & Thomas Collins, 1661.
—. *Kalendarium Hortense: Or, The Gard'ner's Almanac.* 1664; rpt. Printed for G . Huddleston, 1699.
—. *Sylva, or A Discourse of Forest-Trees, and the Propagation of Timber in His Majesties Dominions.* Printed by Jo. Martyn & Ja. Allestry, 1664.
Fairchild, Thomas. *The City Gardener.* Printed for T. Woodward, 1722.
Fearnley-Whittingstall, Jane. *The Garden: An English Love Affair.* Ted Smart, 2003.
Festing, Sally. *Gertrude Jekyll.* 1991; rpt. Penguin Books, 1993.
Fiennes, Celia. *The Illustrated Journeys of Celia Fiennes c.1682-c.1712* (1888) ed. by Christopher Morris. Macdonald & Co Ltd, 1984.
Fleming, Laurence and Alan Gore. *The English Garden.* Michael Joseph, 1979.
Fletcher, H. R. *The Story of the Royal Horticultural Society 1804-1968.* Oxford Univ. Press, 1969.
Fox, Kate. *Watching the English: The Hidden Rules of English Behaviour.* Hodder & Stoughton, 2004.
Galinou, Mireille, ed. and Roy Strong, introd. *London's Pride: The Glorious History of the Capital's Gardens.* Anaya Publishers Ltd., 1990.
Gasquet, Francis Aidan. *English Monastic Life.* Methuen & Co., 1904.
Genders, Roy. *The Cottage Garden and the Old-Fashioned Flowers.* 1969; rpt. Pelham Books Ltd., 1987.
Gerarde, John. *The Herball or Generall Historie of Plants.* Imprinted by John Norton, 1597.
Gervais, David. *Literary Englands: Versions of 'Englishness' in Modern Writing.* Cambridge Univ. Press, 1993.
Girling, Richard. *The Making of the English Garden.* Macmillan London Limited, 1988.
Green, Oliver, introd. *Metro-Land.* 1932; rpt. Oldcastle Books, 1988.
Hadfield, Miles. *A History of British Gardening.* 1960; rpt. Penguin Books, 1985.
Hanmer, Thomas. *The Garden Book of Sir Thomas Hanmer Bart* (1659) ed. by Eleanour Sinclair Rhode. Gerald Howe, 1933.
Harris, John, ed. *The Garden: A Celebration of One Thousand Years of British Gardening.* New Perspectives Publishing Limited, 1979.
Harrison, William. *The Description of England* (1577) ed. by Georges Edelen. Dover

英語文献

Allan, Mea. *William Robinson 1838-1935: Father of the English Flower Garden.* Faber and Faber Limited, 1982.
Amherst, Alicia (Mrs Evelyn Cecil). *A History of Gardening in England.* 1895; rpt. Bernard Quaritch, 1896.
Austen, Ralph. *A Treatise of Fruit-Trees.* Printed for Thomas Robinson, 1653.
Barnes, Melvyn. *Root and Branch: A History of the Worshipful Company of Gardeners of London.* The Worshipful Company of Gardeners of London, 1994.
Batey, Mavis and David Lambert. *The English Garden Tour: A View into the Past.* John Murray, 1990.
Bernard, Thomas. *An Account of a Cottage and Garden near Tadcaster.* T. Becket, 1797.
Bisgrove, Richard. *The National Trust Book of the English Garden.* 1990; rpt. Penguin Books, 1992.
——. *William Robinson: The Wild Gardener.* Frances Lincoln Limited, 2008.
Blomfield, Reginald. *The Formal Garden in England.* 1892; rpt. Cambridge Univ. Press, 2013.
Blunt, Wilfrid. *In for a Peny: A Prospect of Kew Gardens.* Hamish Hamilton, 1978.
Bowles, Edward Augustus. *My Garden in Spring.* T. C. & E. C. Jack, 1914.
Brockway, Lucile H. *Science and Colonial Expansion: The Role of the British Royal Botanic Gardens.* Academic Press, 1979.
Brown, Jane. *The English Garden through the 20th Century.* Garden Art Press, 1999.
——. *Gardens of a Golden Afternoon.* 1982; rpt. Penguin Books, 1985.
——. *The Pursuit of Paradise: A Social History of Gardens and Gardening.* 1999; rpt. Harper Collins Publishers, 2000.
Buchan, Ursula and Andrew Lawson. *The English Garden.* Frances Lincoln Limited, 2006.
Buckton, Catherine M. *Town and Window Gardening.* Longmans, Green, and Co., 1879.
Burchardt, Jeremy. *The Allotment Movement in England, 1793-1873.* The Royal Historical Society, 2002.
Bushnell, Rebecca. *Green Desire: Imagining Early Modern English Gardens.* Cornell Univ. Press, 2003.
Buttner, Nils. *The History of Gardens in Painting.* Abbeville Press Publishers, 2008.
Chambers, William. *A Dissertation on Oriental Gardening.* W. Griffin, 1772.
Charlesworth, Michael, ed. *The English Garden: Literary Sources & Documents*, 3 vols. Helm Information Ltd, 1993.
Chittenden, Fred J., ed. *The Royal Horticultural Society Dictionary of Gardening: A Practical and Scientific Encyclopaedia of Horticulture*, 4 vols. Oxford Univ. Press, 1951.
Clapham, A. R., T. G. Tutin and E. F. Warburg. *Flora of the British Isles.* 1952; rpt. Cambridge Univ. Press, 1962.
Clayton-Payne, Andrew. *Victorian Cottages.* George Weidenfeld and Nicolson Ltd, 1993.
Clayton-Payne, Andrew and Brent Elliott. *Victorian Flower Gardens.* George Weidenfeld and Nicolson Ltd, 1988.
Cloag, John. *Mr Loudon's England: The Life and Works of John Claudius Loudon, and His Influence on Architecture and Furniture Design.* Oriel Press Limited, 1970.
Coats, Alice M. *Lord Bute: An Illustrated Life of John Stuart, Third Earl of Bute 1713-1792.* Shire Publications Ltd, 1975.
——. *The Quest for Plants: A History of the Horticultural Explorers.* Studio Vista Limited, 1969.
Cobbett, William. *The English Gardener* (1829) ed. by Peter King. Bloomsbury, 1996.
Cole, Nathan. *The Royal Parks and Gardens of London.* Journal of Horticulture Office, 1877.
Colls, Robert and Philip Dodd, eds. *Englishness: Politics and Culture 1880-1920.* Croom Helm Ltd, 1986.

参考文献

新聞・雑誌記事、テレビ報道などについては本文中に掲載号、報道年月日を記し、本欄における書誌事項の記載は省略した。周知の辞書や事典、文学作品等の書誌事項も省略した。訳書のあるものは原書の書誌事項を省略した。

日本語文献

赤川裕『英国ガーデン物語―庭園のエコロジー』 研究社出版 1997
安西信一『イギリス風景式庭園の美学―＜開かれた庭＞のパラドックス』 東京大学出版会 2000
安藤聡『英国庭園を読む―庭をめぐる文学と文化史』 彩流社 2011
岩切正介『英国庭園―その歴史と様式を訪ねて』 法政大学出版局 2004
川崎寿彦『庭のイングランド―風景の記号学と英国近代史』 名古屋大学出版会 1983
川島昭夫『植物と市民の文化』 山川出版社 1999
小林章夫『図説英国庭園物語』 河出書房新社 1998
白幡洋三郎『プラントハンター―ヨーロッパの植物熱と日本』 講談社 1994
田路貴浩『イギリス風景庭園―水と緑と空の造形』 丸善 2000
遠山茂樹『森と庭園の英国史』 文藝春秋 2002
中尾真理『英国式庭園―自然は直線を好まない』 講談社 1999
中島俊郎『イギリス的風景―教養の旅から感性の旅へ』 NTT 出版 2007
中山理『イギリス庭園の文化史―夢の楽園と癒しの庭園』 大修館書店 2003
春山行夫『花の文化史―花の歴史をつくった人々』 講談社 1980
松村昌家『水晶宮物語―ロンドン万国博覧会 1851』 リブロポート 1986

アンダーソン、ベネディクト著 白石さや・白石隆訳『増補 想像の共同体―ナショナリズムの起源と流行』 NTT 出版 1997
イーグルストン、ロバート著 川口喬一訳『「英文学」とは何か―新しい知の構築のために』 研究社 2003
ウィーナ、マーティン・J 著 原剛訳『英国産業精神の衰退―文化史的接近』勁草書房 1984
ウィリス、キャシィ・キャロリン・フライ著 川口健夫訳『キューガーデンの植物誌』 原書房 2015
コリー、リンダ著 川北稔監訳『イギリス国民の誕生』 名古屋大学出版会 2000
シャーマ、サイモン著 高山宏・栂正行訳『風景と記憶』 河出書房新社 2005
スコット＝ジェイムズ、アン著 オズバート・ランカスター絵 横山正・増田節子訳『庭の楽しみ―西洋の庭園二千年』 鹿島出版会 1984
ストロング、ロイ著 圓月勝博・桑木野幸司訳『イングランドのルネサンス庭園』 ありな書房 2003
トマス、キース著 山内昶監訳『人間と自然界―近代イギリスにおける自然観の変遷』 法政大学出版局 1989
パーリン、ジョン著 安田喜憲・鶴見精二訳『森と文明』 晶文社 1994
フォーチュン、ロバート著 三宅馨訳『幕末日本探訪記―江戸と北京』 講談社 1997
ブロックウェイ、ルシール・H 著 小出五郎訳『グリーンウェポン―植物資源による世界制覇』 社会思想社 1983
ペヴスナー、ニコラウス著 友部直・蛭川久康訳『英国美術の英国性―絵画と建築にみる文化の特質』 岩崎美術社 1981
ホイットル、T 著 白幡洋三郎・白幡節子訳『プラント・ハンター物語―植物を世界に求めて』 八坂書房 1983

		1899　ボーア戦争（～1902）	1897　『カントリー・ライフ・イラストレイテッド』創刊（1901『カントリー・ライフ』に誌名変更） 1899　ホール『われわれの庭』。ジーキル『林と庭』 1900　ジーキル『家と庭』
サックス・コーバーグ・ゴータ朝	エドワード7世	1901　エドワード7世即位 1902　日英同盟締結	1902　ハワード『明日の庭園都市』 1903　ギッシング『ヘンリー・ライクロフトの私記』 1904　ジーキル『懐かしのウェスト・サリー』 1906　ロビンソン『美しい庭―家庭林園、家庭風景園』
	ジョージ5世	1910　ジョージ5世即位 1914　第1次世界大戦（～18） 1916　徴兵制の施行。アイルランド「イースター蜂起」	1913　チェルシー・フラワー・ショーの開催 1914　ボールズ『春のわが庭』 1918　クイラー＝クーチ『文学の研究』
ウィンザー朝（1917より）		1919　ヴェルサイユ条約 1921　日英同盟解消。アイルランド自由国成立	1920代　ジョンストン、**ヒドコート・マナー**の造園に専念 1927　ナショナル・ガーデンズ・スキーム創立 1930代　ヴィタ・サックヴィル＝ウェストとハロルド・ニコルソン、**シシングハースト・カースル**を造園
	エドワード8世	1936　エドワード8世即位（在位11カ月）	
	ジョージ6世	1936　ジョージ6世即位 1939　第2次世界大戦（～45） 1949　アイルランド共和国成立	1940　オーウェル「ライオンと一角獣」 1948　ナショナル・トラスト、**ヒドコート・マナー**を継承
	エリザベス2世	1952　エリザベス2世即位 1958　EEC（欧州経済共同体）発足 1973　EC（欧州共同体）加盟 1982　フォークランド戦争 1993　EU（欧州連合）発足 2001　アメリカで同時多発テロ、アフガニスタン紛争 2003　イラク戦争、イギリスもアメリカに協力 2008　アメリカ発の金融危機 2014　スコットランドで「独立」か、「連合王国残留」かの住民投票（結果は「残留」） 2016　EU「離脱」か、「残留」かの国民投票（結果は「離脱」）	1963　英国政府観光庁、「ブリテン・イン・ブルーム」をキャンペーン 1967　ナショナル・トラスト、**シシングハースト・カースル**を継承 2002　王立園芸協会、「ブリテン・イン・ブルーム」を主催 2007　BBC2、シリーズ番組「オープン・ガーデンズ」 2014　王立園芸協会、「ガーデニング意識調査」を実施 2015　王立園芸協会、「グリーニング・グレイ・ブリテン（舗装域緑化運動）」をキャンペーン

			1833　王立園芸協会のチジックでのフラワー・ショー開始（1857まで）
		1834　改正救貧法制定	
			1835　**リージェンツ・パーク**の一般公開
	ヴィクトリア女王	1837　ヴィクトリア女王即位	
		1838　「人民憲章」公表。チャーティスト運動始まる	1838　ラウドン『イギリスの樹木と灌木』
			1839　マーングレス『花暦』
		1840　アヘン戦争（～42）	1840　パクストンによるチャッツワースの大温室完成。キュー植物園の国立機関への移管
			1841　『パンチ』創刊
			1842　ウォード『密閉ケースにおける植物の生長について』。チャドウィック『イングランドにおける労働者の衛生状態に関する報告』
		1845　アイルランドの大飢饉	1845　エンゲルス『イングランドにおける労働者階級の状態』
			1847　ジェイン・ラウドン『素人庭師の暦』
			1848　キュー植物園パーム・ハウス完成。『コテージ・ガーデナー』創刊
		1851　ロンドン第1回万国博覧会	1851　パクストン、クリスタル・パレス設計
		1853　クリミア戦争（～56）	
			1855　ヒバード『都市庭園』
			1856　ヒバード『趣味のよい家庭のための田舎風の装飾』
		1858　東インド会社解散	
			1859　ダーウィン『種の起源』
			1861　ランケスター『注目に値する野生の草花』。メイリング『屋内植物とその育て方』。『園芸ジャーナル』創刊
			1862　ラスキン『この最後の者にも』
			1863　フォーチュン『江戸と北京』
			1864　パークス『庶民のための窓辺の庭』
			1870　ロビンソン『野生の庭』
			1871　ロビンソン、『ガーデン』を創刊
			1877　コール『ロンドンの王立公園と庭園』
			1878　エラクーム『シェイクスピアの植物伝承』
			1879　バックトン『都市と窓辺の園芸』
			1883　ロビンソン『イングランドの花の庭』。ユーイング『メアリーの牧草地』
		1884　アート・ワーカーズ・ギルド創立。フェビアン協会創立	1884　ヒバード、『アマチュア・ガーデニング』を創刊
			1890　モリス『ユートピアだより』
			1891　セッディング『ガーデン・クラフト今昔』
			1892　ブロムフィールド『イングランドにおける整形庭園』。ロビンソン『庭園設計と建築家の庭』
		1895　ナショナル・トラスト創立	1895　エラクーム『グロスターシャーの庭にて』。アマースト『イングランド造園史』。ジーキル、**マンステッド・ウッド**を造園
			1896　パーソンズ『日本印象記』

			1759 キュー植物園、王室庭園として発足（1772 王立植物園に改組）
	ジョージ3世	1760 ジョージ3世即位。この頃から「第2次囲い込み」が激化	1760代 ブラウン、**ブレナム・パレス、ハンプトン・コート、チャッツワース**などを改造。スレイル、**ストレタム・パーク**を造営
			1770 ゴールドスミス「廃村」
			1770代 **マウント・エッジカム、ホークストーン**などのピクチャレスクな庭園が人気を集める
		1775 アメリカ独立戦争（～83）	1772 チェンバーズ『東洋の造園についての論述』
		1776 アメリカ独立宣言	
			1780 H・ウォルポール『造園における現代的趣味の歴史』
			1782 ギルピン『ワイ川紀行』
		1783 パリ条約、アメリカの独立を承認	1785 クーパー『課題』
		1789 フランス革命（～99）	1788 レプトン、造園活動を開始。シーリー『ストウ』改訂版
			1790代 「ピクチャレスク論争」
			1794 プライス『ピクチャレスク試論』。ナイト『風景―教訓詩』
			1795 レプトン『風景式造園についての点描と助言』
			1796 ベックフォード（子）、**フォントヒル・アビー**を造営
			1797 バーナード『タドキャスター近郊のコテージ・ガーデン』
			1798 ワーズワスとコールリッジ『抒情民謡集』
		1801 アイルランド合同法	1801 ヤング『荒れ地を貧民の擁護と支援に利用する妥当性の研究』
			1803 レプトン『風景式造園の理論と実践についての断章』
		1805 トラファルガーの海戦	1804 ロンドン園芸協会創設（1861より王立園芸協会）
			1806 レプトン『風景式造園における趣味の変遷の探究』
			1813 J・オースティン『自負と偏見』
		1815 ワーテルローの戦い	1814 J・オースティン『マンスフィールド・パーク』
			1816 ピーコック『ヘッドロング・ホール』。ラウドン『温室建設についての所見』
	ジョージ4世	1820 ジョージ4世即位	
			1822 ラウドン『造園百科事典』
			1826 ラウドン、『ガーデナーズ・マガジン』を創刊
			1829 コベット『イングランドの庭師』
	ウィリアム4世	1830 ウィリアム4世即位	1830 コベット『田園騎行』

			1671　ヒューズ『花卉庭園』
			1673　チェルシー薬草園創立
			1677　ワーリッジ『花の栽培法』
			1681　ロンドンとワイズ、ブロンプトン・パーク種苗店を設立
			1683　ギルバート『花卉栽培者必携書』
	ジェイムズ2世	1685　ジェイムズ2世即位	1685　テンプル『エピクロスの庭』
		1688　名誉革命	
	メアリー2世・ウィリアム3世	1689　メアリー2世・ウィリアム3世即位、権利章典発布	1689　メアリー2世・ウィリアム3世、**ハンプトン・コート**の改造に着手
			1690-1702　コルチェスター、**ウェストベリー・コート**を造園
		1694　メアリー2世死去。イングランド銀行創立	
		1701　スペイン継承戦争（～13）	
	アン女王	1702　アン女王即位	1702　アン女王、**ハンプトン・コート**の改造
		1707　イングランドとスコットランドの合同	
			1711　アディソンとスティール、『スペクテイター』を創刊
			1713　ポープ『ウィンザーの森』。スティール『ガーディアン』創刊
ハノーヴァー朝	ジョージ1世	1714　ジョージ1世即位	
		1715　ジャコバイト（老僭王）の反乱	
			1717　ホア、風景庭園**スタウアヘッド**の造営に着手
			1718　スウィッツァー『イコノグラフィア・ルスティカ』
		1720　南海泡沫事件	
			1722　フェアチャイルド『都市の庭師』
			1724-26　デフォー『大ブリテン島周遊記』
			1725　デフォー『完全なるイングランド商人』
	ジョージ2世	1727　ジョージ2世即位	1727頃　ブリッジマン、**ストウ**で「ハーハー」を用いる
			1728　ラングレー『造園の新原理』
			1730　トムソン『四季』
			1730代　ケント、**ストウ**や**ラウシャム**などに風景式庭園の仕事を残す。ロンドン近郊で**ヴォクソール・ガーデンズ**などの遊園地が次々と誕生
			1731　『ジェントルマンズ・マガジン』創刊
		1732　北アメリカ13植民地完成	
			1735　リンネ『自然の体系』
			1738　ハミルトン、**ペインズヒル**を造営
		1740　オーストリア継承戦争（～48）	1740　トムソンとマレット『アルフレッド』
			1741　ブラウン、**ストウ**に入る
		1745　ジャコバイト（若僭王）の反乱	1745　ベックフォード（父）、**フォントヒル**を購入
		1753　大英博物館創立	1753　ホガース『美の分析』。『ワールド』創刊
			1754　ミラー『庭師の辞典』。ギャリック、**ギャリック・ヴィラ**を造営
		1756　七年戦争（～63）	1756　バーク『崇高と美』

	メアリー1世	1553　メアリー1世即位	1557　タッサー『ハズバンドリーの百の要点』。
	エリザベス1世	1558　エリザベス1世即位	1569　マスカル訳『植樹と接ぎ木の技法』
			1575頃　ダドリー、**ケニルワース**にてエリザベス1世を歓待
			1577　トマス・ヒル『庭師の迷宮』
			1579　スペンサー『羊飼いの暦』
			1580頃　ウィルビー、**ウラトン・ホール**を造営
		1588　スペイン無敵艦隊を撃退	1586頃　ロバート・シドニー、**ペンズハースト・プレイス**をイタリア式に改造
			1590　トマス・ヒル『造園技術』。スペンサー『妖精の女王』
			1597　ジェラード『本草誌』
			1597頃　セシル、**ティブルズ**を造営
			1599　シェイクスピア『ヘンリー5世』
		1600　東インド会社設立	
前期ステュアート朝	ジェイムズ1世	1603　ジェイムズ1世即位	
			1605　ロンドン庭師組合の結成
			1607　ジェイムズ1世、**ハットフィールド**とセシルの**ティブルズ**を交換
			1611　欽定英訳聖書刊行
			1615　マーカム『イングランドの主婦』
			1618　ローソン『新しい果樹園と庭園』
			1621　オックスフォード薬草園創立
			1624　ウォットン『建築の諸要素』
	チャールズ1世	1625　チャールズ1世即位	1625　ベーコン「庭について」(『エッセー』第3版)
		1628　権利請願	
			1629　パーキンソン『日のあたる楽園、地上の楽園』
			1630頃　ハーバート、**ウィルトン・ハウス**を改造
			1640頃　トラデスカント博物館一般公開
		1642　内乱勃発	
共和政時代		1649　チャールズ1世処刑、共和政宣言。ディッガーズの運動、レヴェラーズの反乱	
		1653　クロムウェル護国卿に就任	1653　R・オースティン『果樹論』
後期ステュアート朝	チャールズ2世	1660　チャールズ2世即位、王政復古。王立協会創立	1660頃　チャールズ2世、**セント・ジェイムズ・パーク**をフランス式に改造。サマセット、**バドミントン・ハウス**を改造
			1661　イーヴリン『フミフギウム、あるいはロンドンの不快な空気と煙の解消』
			1664　イーヴリン『シルヴァ一森林についての話』
		1665　ロンドンでペスト大流行	1665　レイ『フローラ、あるいは花の栽培』
		1666　ロンドン大火	
			1667　ミルトン『失楽園』

関連年表

		前55　カエサルのブリタニア侵攻 449　アングロ・サクソンの侵入本格化	
アングロ・サクソン朝	エグバート （以下略）	802　ウェセックス王エグバート即位 871　アルフレッド大王即位 1017　デンマーク王子カヌートのイングランド征服	
ノルマン朝	ウィリアム1世 （以下略）	1066　ノルマン征服、ウィリアム1世即位 1085　『ドゥムズデイ・ブック』	
プランタジェネット朝	ヘンリー2世 （以下略）	1154　ヘンリー2世即位 1189　リチャード1世即位 1215　ジョン王「マグナ・カルタ」に調印 1272　エドワード1世即位 1315　大飢饉 1337　エドワード3世即位、百年戦争（～1453） 1348　ペスト（黒死病）の大流行	12世紀中頃　ハンティンドンの大助祭ヘンリー「薬草誌」 13世紀初め　ネッカム『事物の本性について』。**ウェイヴァリー・アビー**の菜園に庭の要素あり 1340頃　ダニエル「植物誌」 14世紀末　チョーサー訳『バラ物語』、チョーサー『カンタベリー物語』
ランカスター朝	ヘンリー4世 （以下略）	1399　ヘンリー4世即位 1413　ヘンリー5世即位 1422-61, 70-71　ヘンリー6世在位 1455　バラ戦争（～85）	1440頃　マイスター・ジョン・ガーデナー『造園の技』
ヨーク朝	エドワード4世 （以下略）	1461-70, 71-83　エドワード4世在位 1483　エドワード5世即位（在位2カ月） 1483　リチャード3世即位	
テューダー朝	ヘンリー7世	1485　ヘンリー7世即位	1490代　ヘンリー7世、**リッチモンド・パレス**を再建
	ヘンリー8世	1509　ヘンリー8世即位 1534　イングランド国教会成立 1536　ウェールズ合同法制定	1516　モア『ユートピア』 1523　フィッツハーバート『ハズバンドリーの本』 1525　バンクス『植物誌』 1526　トレヴェリス『大本草誌』 1530年代　ヘンリー8世による**ホワイト・ホール（ヨーク・プレイス）**、**ハンプトン・コート**の改造 1538　ヘンリー8世、**ノンサッチ・パレス**を造営
	エドワード6世	1547　エドワード6世即位	1551-68　ターナー『新本草誌』

ローリー，ウォルター　290, 291, 293
ロック・ガーデン　234, 239, 307
ロッディジーズ，ジョージ　181
ロビン，ヴェスペイジャン　76
ロビンソン，ウィリアム　207, 238-240, 244, 246, 248, 249, 255-258, 260-270, 273, 277, 278, 280, 282, 285, 291, 297, 298, 302, 311, 313
ロブ，ウィリアム　188
ロブ，トマス　188
ロベル，マティア・ド　61, 62, 76
ロングリート　119
ロンドン，ジョージ　101, 105, 106, 112, 113, 157
ロンドン園芸協会　174, 178, 189, 196, 202, 203
ロンドン庭師組合　80, 81
ロンドン万国博覧会　4, 177-179, 194, 201, 202, 203, 206

ワ行

ワーリッジ，ジョン　91, 98
ワイズ，ヘンリー　101, 106, 112, 113, 119

ホワイト・ホール　48

マ行
マーヴェル，アンドルー　85
マーカム，ジャーヴァス　60
マーングレス，ジェイムズ　225, 227
マイル・エンド種苗店　160
マウント　54, 72, 73, 81
マウント・エッジカム　122
マグナス，アルバータス　37
マスカル，レナード　58
マレット，デイヴィド　130
マンク，クリストファー（第2代アルベマール公爵）158
マンステッド・ウッド　口絵，281-284, 301
ミラー，フィリップ　159-162
ミルトン，ジョン　130, 241, 255
ミルトン・アビー　120
結び目庭園（ノット・ガーデン）51
メアリー一世　49
メアリー二世　96, 101, 103-105, 130
メイヒュー，ヘンリー　227
メイリング，E・A　224, 227
迷路（メイズ）38, 52, 72
メリー・イングランド　245, 249, 286, 291, 310
メリルボーン・ガーデンズ　149
メンデル，グレゴール・ヨハン　193
モア，トマス　310
モア，ハンナ　152
モリス，ウィリアム　136, 247-250, 261, 269, 276, 280, 282, 286
モリッツ，K・P　219
モレ，アンドレ　75, 94
モレ，ガブリエル　94
モンタギュー，レイフ　95

ヤ行
野生の庭　239-243, 246, 255, 261, 265, 270
ヤング，アーサー　135
ヤング・イングランド運動　136
ユーイング，ジュリアナ・ホレイシア　250
ユーストン・ホール　117
遊園地　148, 149, 152, 231

ラ行
ライト，アリソン　297
ラウシャム　117
ラウドン，ジェイン　169 170, 206, 223
ラウドン，ジョン・クローディアス　164, 165, 167-173, 175, 179, 181, 197, 203, 206, 216, 221, 223, 234, 246, 312
ラスキン，ジョン　245-247, 250, 254, 261, 269, 276, 280, 286
ラッカム，オリヴァー　24
ラッソン，クレイトン　302
ラッチェンズ，エドウィン　275, 281-284
ラナム，ロバート　50
ラニラ・ガーデンズ　149
ラングリー，バティ　112, 114, 150
ランケスター，フィービ　235
ランバート，ジョン　86
リー，ウィリアム　236
リー，ジェイムズ　160, 162
リージェンツ・パーク　230, 238
リチャード三世　45, 46
リッジ・アンド・ファロウ工法　172, 175
リッチモンド・パレス　46
猟園　50, 51, 54, 57, 73
リンジー，ノーラ　302
リンドリー，ジョン　184
リンネ，カール・フォン　162
リンネ協会　178, 238
ルース・イン・アーベイ　218-220, 223-228, 230, 234
「ルール・ブリタニア」130, 195, 288, 291, 293, 304
ル・ノートル，アンドレ　93, 114
レアード，マーク　156
レイ，ジョン　87, 97, 98
レヴァンズ・ホール　114
レオ・オヴ・ロジミタル　44
レクリエーション　87, 98, 161, 190, 203, 204, 207, 211, 220, 231, 234, 260
レプトン，ハンフリー　123-128, 164, 165, 280
ローザ，サルヴァトール　121, 138
ローソン，ウィリアム　59, 60
ローランドソン，トマス　227

風景庭園　11, 108, 111, 116-133, 137-142, 146, 147, 150, 153, 156, 163-165, 234, 263-273, 275, 305, 311, 312
フェアチャイルド，トマス　147, 148
フェアファックス，トマス（第3代フェアファックス男爵）84-86
フォーサイス，ウィリアム　160-162, 192
フォーチュン，ロバート　189, 190
フォックス，ケイト　316-319
フォレスト，ジョージ　189
フォンテーヌブロー　46, 48, 74, 93
フォントヒル　138
フォントヒル・アビー　139, 140
フッカー，ウィリアム　185
フッカー，ジョウゼフ・ドールトン　186
プッサン，ニコラ　116, 138
プライス，ユーヴデイル　127, 128, 280
プライバシー　318, 319
ブラウン，ランスロット（ケイパビリティ・ブラウン）118-120, 122-125, 127, 128, 133, 140, 156
プラット，アン　235
フラワー・ショー　8, 191, 197-203, 211, 213, 218, 296, 306, 315
フランス式庭園　75, 103
フランソワ一世　46
プラント・ハンター　80, 157, 181, 186-190, 195, 309
ブリッジマン，チャールズ　113, 114, 118, 125
ブリティッシュネス　304, 313
ブリテン・イン・ブルーム　2, 4, 6, 8, 10, 191, 218
古き良きイングランド　(241), 245, 255, 293, 310-312
ブレナム・パレス　口絵，119
フレミング，ジョン　207
ブロムフィールド，レジナルド　261-263, 266-270, 273, 275, 280, 282, 302, 311
フロリスト　4, 154-156, 197, 312, 315
フロリスト・クラブ　154, 191, 193, 197, 198, 200
フロリストの花　154, 156, 197, 198
フロリストの祝宴　154, 156
ブロンプトン・パーク種苗店　106, 112, 113,157
噴水　37, 38, 52, 69, 70, 72, 73, 78, 82, 87, 97, 101, 102, 104, 115, 143, 145, 150, 233, 234, 307
文明化の使命　25, 157, 194, 195, 206, 208, 214, 319
ベーコン，フランシス　10, 71-75, 78, 97, 109, 241, 255, 310
ペイヴル，ポーリン　39
ペインズヒル　138
ペヴスナー，ニコラウス　116, 131, 218
ベケット，トマス　38
ベックフォード，ウィリアム・トマス　138, 139
ヘットロー宮殿　103
ペラム＝クリントン，ヘンリー　214
ベルサイズ・パーク　149
ヘルシンガー，エリザベス・K　287
ベルチャー，ジョン　263
ヘルムライク，アン　288
ペンズハースト・プレイス　66, 67
ヘンツナー，ポール　51
ヘンリー二世　38
ヘンリー三世　39
ヘンリー五世　314, 315
ヘンリー七世　45-47
ヘンリー八世　46-49, 66
ホークストーン　122
ポーストル，マーティン　304
ボートン・ハウス　95
ポープ，アレグザンダー　109, 110, 112, 115
ホーム　291, 292, 316, 318, 319
ボーモン，ウィリアム　105
ボーモン，ギヨーム　114
ホール，サミュエル・レイノルズ　242, 278
ボールズ，エドワード・オーガスタス　244
ホア，ヘンリー　138
ボイル，リチャード（第3代バーリントン伯爵）115, 117, 118
ポター，ビアトリクス　8
ボッカチオ　41
ボックス　145, 317
ホワイト・コンディット・ハウス　149

トラデスカント，ジョン（子） 80, 157
トラデスカント，ジョン（父） 64, 76, 78, 80, 92, 157
トラファルガー・スクエア 231
トリッグズ，H・イニゴー 88
ドレイク，フランシス 130
トレヴェリス，ピーター 62

ナ行

ナイト，トマス・アンドルー 193, 194
ナイト，リチャード・ペイン 127, 128, 280
ナショナル・アイデンティティ 17, 269, 275, 285, 302, 305, 316, 319
ナショナル・ガーデンズ・スキーム（NGS） 6, 7, 11, 300, 306
ナショナル・トラスト 8, 9, 247, 287, 301
ニコルズ，ローズ・スタンディッシュ 34
ニコルソン，ハロルド 301
ニュートン，アイザック 130
ネッカム，アレグザンダー 36
ノンサッチ・パレス 48, 88

ハ行

パーカー，マシュー 58
パーキンソン，ジョン 76-78
パーク 50, 93, 94, 102, 126, 134
パークス，S・ハッデン 208-213, 230
バーケンヘッド・パーク 231
ハーコート，サイモン（初代ハーコート伯爵） 132
バージェス，ヘンリー 207
パーソンズ，アルフレッド 249
パーテア 75, 87, 88, 101, 104, 106, 119, 127, 233
ハーディ，ルーシー 252
バートラム，ジョン 160
ハートリブ，サミュエル 87, 89-91
バートン，デシマス 176
バーナード，トマス 252
ハーハー 113, 114, 118, 140
ハーバート，フィリップ（第4代ペンブルック伯爵） 71, 82
パーム・ハウス 176, 186, 187
バーンズリー・ハウス 302
ハイド・パーク 177, 202
バイロン，ジョージ・ゴードン 139
パクストン，ジョウゼフ 174-179, 184, 206, 216, 231, 234, 242, 312
ハズバンドリー 57-60, 76
バターシー・パーク 230
鉢植え植物 224-227
バッキンガム・パレス 293, 305
バックトン，キャサリン 211-213
ハットフィールド 口絵，65, 69, 78
ハドフィールド，マイルズ 16, 24, 26
バドミントン・ハウス 95, 100
バニスター，ジョン 157
ハミルトン，チャールズ 138
パラーディオ，アンドレア 67
パラーディオ風 116, 118
パリス，マシュー 39
ハリソン，ウィリアム 53
ハワード，エビニーザー 217
ハワード，トマス（第21代アランデル伯爵） 67
バンクス，ジョウゼフ 162, 183, 189, 192, 195
バンクス，リチャード 62
ハンプトン・コート 口絵，48, 88, 101, 103, 104, 106, 110, 118
バンベリー，ヘンリー 55
ハンマー，トマス 86, 97, 98
ピーコック，トマス・ラブ 123, 124
ヒース，ウィリアム 199
ピープス，サミュエル 94, 148
ピクチャレスク 121, 127, 131, 138, 140, 164, 240
ピクチャレスク論争 127, 163
ヒドコート・マナー 300
ヒバード，シャーリー 205-208, 216, 219, 220, 227, 312
ヒル，トマス 56, 57
ファインズ，シーリャ 104
フィッツスティーヴン，ウィリアム 38
フィッツハーバート，ジョン 59
フィリッパ・オヴ・エノー 42
フィリップス，ヘンリー 173
フーケ，ニコラ 93

スティール，リチャード　107, 109
ステュアート，ジョン（第３代ビュート伯爵）　183
ストウ　口絵，8, 114, 117-119, 129, 141
ストウ，ジョン　49
ストレタム・パーク　140
ストローン，アーサー・クロード　249, 258
スペンサー，エドマンド　290, 310
スマイルズ，サミュエル　170
スミスソン，ロバート　52
スレイル，ヘンリー　140
スローン，ハンス　158, 159
整形庭園　11, 20-22, 51, 54, 57, 59, 69, 93, 102, 111-113, 116, 118, 119, 128, 129, 150, 163, 259, 260-273, 275, 280, 300, 301, 311
セイルズ，ジョン　205
セシル，ウィリアム（バーリー男爵）　51, 54, 64, 65, 69, 71, 78, 79
セシル，ロバート（初代ソールズベリー伯爵）　65
セディング，ジョン・D　261 263
セント・ジェイムズ・パーク　76 94
セント・ジェイムズ・パレス　75, 192
セント・ジョージ・ギルド　245
セント・ジョンズ・コレッジ　120
造園協会　160

タ行

ターナー，ウィリアム　62, 64
ターナー，ジョウゼフ・マロード・ウィリアム　140
ターナー，リチャード　176
大英博物館　158
大温室　75, 171-176, 179, 182, 186, 222, 223, 233, 234, 287, 312
大プリニウス　23
ダウデン，エドワード　244
タウンゼンド，ホラス　257
タギー，レイフ　55
タキトゥス　21, 24
タッサー，トマス　59
ダドリー，ロバート（初代レスター伯爵）　50
ダニエル，ヘンリー　42
ダルリー，マシュー　152
ダンヴァーズ，ジョン　83
ダンヴァーズ，ヘンリー　83
チェルシー・フラワー・ショー　3, 4, 6, 8, 13, 201, 298, 299
チェルシー薬草園　159-162
チェンバーズ，ウィリアム　122
チャーティスト運動　216
チャールズ一世　74, 75, 77, 79, 82-84, 89
チャールズ二世　93-96, 101
チャッツワース　口絵，119, 174-178, 222, 234
チャドウィック，エドウィン　204
チャリティー　9, 12, 213, 215, 303, 315, 319
チューリップ狂時代　55
チョーサー，ジェフリー　40, 41, 291
ツルヌフォール，ジョゼフ・ピトン・ド　162
庭園論争　273, 275, 280, 311, 312
ディオスコリデス　24, 35
ディオドロス　23
ディケンズ，チャールズ　179
ディズレーリ，ベンジャミン　204
ディッガーズ　83, 84
ティブルズ　51, 54, 63,-65, 68, 69, 78
ディレーニィ，メアリー　150-152
デヴァルー，ロバート（第２代エセックス伯爵）　71
テニエル，ジョン　201, 202
テニソン，アルフレッド　250
デフォー，ダニエル　141
デューカー，スティーヴン　304
テラス　51, 72, 74, 103, 126, 128, 164, 259, 264
テンプル，ウィリアム　96
テンプル，リチャード（初代コバム子爵）　7, 114, 118, 129, 130, 141
ドーマー，チャールズ　100
トピアリー　38, 46, 72, 73, 102, 105, 109, 110, 274
トマス，F・イニゴー　261
トマス，エドワード　250
トムソン，ジェイムズ　130

ケイペル，アーサー　99
ケイペル，エリザベス　100
ケイペル，ヘンリー　99, 182
ケイペル，メアリー　100
ゲインズバラ，トマス　134, 251
ケニルワース　50, 73, 74
ケネディー，ルイス　160
ケルマーシュ・ホール　301
ケルムスコット・マナー　249
ケンジントン・パレス　101, 192
権勢誇示の庭　46, 49-52, 66, 72, 74, 83
ケント，ウィリアム　114, 116-118, 125, 127, 129, 130, 142, 234
コイズ，ウィリアム　76
公園　94, 148, 152, 169, 230-235
コー，アイザック・ド　71, 82
コー，サロモン・ド　70, 71, 78
ゴードン，ジェイムズ　160
コール，ネイサン　232
ゴールドスミス，オリヴァー　132, 251
コヴェント・ガーデン　227-229, 277
古建築物保存協会　247
「ゴッド・セイヴ・ザ・キング」　293
「ゴッド・セイヴ・ザ・クイーン」　201
コテージ・ガーデン　37, 108, 169, 241, 242, 248-263, 272, 278-280, 282-287, 291, 301, 311-313, 315, 316
コベット，ウィリアム　32, 36, 135
コリー，リンダ　311
コリンソン，ピーター　159
コンサーヴァトリー（温室）　9, 163
コンスタブル，ジョン　316
コンプトン，ヘンリー　157

サ行

菜園　32, 33, 43, 54, 57
サックヴィル＝ウェスト，ヴィタ　301
サマセット，ヘンリー（初代ボーフォート公爵）　95, 100
サマセット・ハウス　70
ジーキル，ガートルード　275-285, 291, 297, 301, 312
シーモア，エドワード　70
シェイクスピア，ウィリアム　13, 17, 32, 48, 55, 61, 68, 141, 208, 241, 243, 244, 255, 290
ジェイムズ一世　61, 65-69, 71, 73, 74, 76, 79, 81
ジェイムズ二世　96, 101
ジェフリー・オヴ・モンマス　310
ジェラード，ジョン　62-64, 76
ジェラルド，トム　294
シギーン，Ｌ・Ｇ　254
自国意識　25, 49, 76, 106, 132, 137, 166, 179, 200, 272, 285, 287-290, 292, 293, 295, 297, 300, 304, 305, 311-313
シシングハースト・カースル　口絵，301
シドニー，フィリップ　66, 67, 71
シドニー，ロバート　67
芝生　31, 37, 38, 41, 73, 75, 97, 101, 104, 148, 163, 259, 274, 282, 295, 299, 307, 317
絨毯花壇　163, 233, 237, 239, 242-244, 247, 277, 278, 280, 285, 287, 312
修道院　27, 29-39, 49, 59, 61, 108, 225, 228
純正英語協会　289
荘園屋敷　43, 106, 138, 244, 249, 258, 259, 281, 300, 301
ショー，ジョージ・バーナード　229
ジョージ一世　111, 158
ジョージ二世　158, 182
ジョージ三世　118, 161, 182, 183
ジョージ四世　183, 184
ジョージ五世　293
ジョーンズ，イニゴー　67, 70, 78, 110
ジョンストン，ローレンス　300
ジョンソン，サミュエル　122, 140, 143
ジョンソン，ジョージ・W　128
ジョンソン，トマス　64
ジョンソン，ベン　68
スウィッツァー，スティーヴン　112, 114, 150
スウィング暴動　136
スクエア　147, 218, 231
スタウアヘッド　138
スタッフォード，エドワード（第３代バッキンガム公爵）　47, 49
スタンホープ，フィリップ（第４代チェスターフィールド伯爵）　142

エリザベス一世　49, 51, 54, 65, 66, 130, 314
「エルサレム」 293
エレナー・オヴ・カスティリャ　38
エンゲルス，フリードリヒ　204
オーウェル，ジョージ　5, 6, 10, 17, 302, 315
オーガスタ・オヴ・サクス＝ゴータ　161, 182-184
オースティン，ジェイン　123
オースティン，レイフ　88, 90
オーチャーズ　282
オートランズ　75, 84
オードリー・エンド　156
オーブリー，ジョン　74
オープン・ガーデン　6, 7, 17, 296, 300, 302, 306
王立エディンバラ植物園　189
王立園芸協会（RHS） 2, 3, 7-9, 12, 191-196, 214, 217, 218, 244, 281, 298, 303-305, 308, 315, 319
王立協会（ロイヤル・ソサイエティー） 92, 94, 138, 183, 192, 193
王立動物虐待防止協会　9, 12, 215, 303, 319
『オックスフォード英語大辞典』 11, 14, 64, 192, 218, 219, 289, 290
オックスフォード薬草園　159
オランジェリー　75, 104
オランダ式庭園　101-104
温室　75, 100, 103, 127, 153, 163, 169, 171-177, 181, 193, 223, 233, 234, 237

カ行

カー，ウィリアム　189
カーティス，ウィリアム　312
ガーデナー，マイスター・ジョン　43
ガーデナーの国(民) 10-13, 216, 217, 236, 272, 284, 297-299, 301-309, 313, 315, 317, 319
ガーデネスク　164-166, 171, 238, 239
カートライト，ジュリア　268-270
改正救貧法　204
カエサル　23
囲い込み　131-136, 149, 213, 253
果樹園　29, 32, 33, 38, 43, 47, 53-55, 57, 59, 73, 78, 90, 108, 140, 246
「カスバート氏の週刊庭園談義」 302
カフーン，アンドルー　12, 218
カフーン，ケイト　179
カルー，フランシス　54
カントリー・ハウス　88, 98, 137, 138, 145, 146, 152, 235, 259, 260, 271, 283, 287, 292
『カントリー・ライフ』 259, 271, 272, 274, 282-284, 287, 292
『カントリー・ライフ・イラストレイテッド』 252, 257, 259, 271
ギッシング，ジョージ　315, 316
キッチン・ガーデン　32, 63, 78, 118, 126, 140, 150, 153, 208, 228, 234, 294
キツネ狩り　130, 131, 145, 311
キプリング，ラドヤード　17
キャヴェンディッシュ，ウィリアム（第6代デヴォンシャー公爵） 174, 178, 234
ギャスケイ，フランシス・エイダン　33
ギャリック，デイヴィド　140, 141
ギャリックス・ヴィラ　140
キュー植物園　100, 162, 174-176, 182-189, 195, 196, 203, 222, 235
ギルピン，ウィリアム　121
ギルピン，ウィリアム・ソーリー　164
クーパー，ウィリアム　120, 124
クイラー＝クーチ，アーサー　290, 291, 293
クック，ジェイムズ　162, 183
グランヴィル，バーソロミュー・ド　37
グランド・ツアー　115, 117
クリスタル・パレス　176-179, 202, 206, 222, 237
グリニッジ・パレス　70
クルシウス，カロルス　55, 61
クルックシャンク，ジョージ　196, 197, 227, 228
グレイ，トマス　218
グレニー，ジョージ　184, 186
クロード・ロラン　116, 121
クローム，ジョン　316
グロットー　97, 115, 139, 141, 150
クロムウェル，オリヴァー　85, 95
クロムウェル，トマス　49
ゲイ，ジョン　115, 149

索　引

ア行

アーツ・アンド・クラフツ運動　247, 257, 261, 269, 276, 280, 300
アート・ワーカーズ・ギルド　261, 263, 269
アグリコラ　21
アシュモール，イライアス　80
四阿（あずまや）　38, 43, 49, 51, 52, 55, 72, 74, 81, 97
アディソン，ジョウゼフ　107, 108, 110, 112, 115
アプレイウス　35
アマースト，アリシア　269-271
アリンガム，ヘレン　249, 258
アルカディア　116, 129, 141
アルバート公　12, 191, 194, 203
アルフレッド大王　25
アロットメント　137, 213-216, 252, 293, 294
アロットメント運動　136, 198, 214, 217, 251, 252, 258
アン女王　106, 111, 158
アンリエッタ・マリア　75, 77, 86, 94, 100
イーヴリン，ジョン　87, 88, 91, 92, 97, 99, 109, 146, 157, 206
イギリスの賢人の御堂　口絵，130, 141
イギリス東インド会社　189
イタリア式庭園　66, 75, 105, 268
イングランド式風景庭園　96, 115-118, 138, 166, 265, 266, 285, 311
イングリッシュ・ガーデン　265, 270, 282, 285, 291, 313, 318
イングリッシュネス　245, 248, 249, 251, 269, 278, 286-288, 291-293, 297, 302-304, 310-313, 316, 319
ヴィーアリー，ローズマリー　302
ヴィーチ，ジェイムズ　188
ヴィーチ，ジェイムズ・ジュニア　188, 189
ヴィーチ，ジョン　188
ヴィーチ，ジョン・グールド　189
ヴィーチ種苗店　188, 238
ヴィクトリア・パーク　213, 230
ヴィクトリア女王　12, 176, 178
ヴィラ　19, 22, 25, 118, 145, 257, 259, 260
ヴィラーズ，ジョージ（初代バッキンガム公爵）　79
ウィリアム・オヴ・マームズベリー　37
ウィリアム一世　27-29
ウィリアム三世　96, 101-106, 130
ウィリアム四世　183
ウィルソン，ジョン　184
ウィルトン・ハウス　71, 82, 83
ウィルビー，フランシス　52
ウィンスタンリー，ジェラード　83
ウィンブルドン・ハウス　75, 88
ウェイヴァリー・アビー　32, 36
ウェッジウッド，ジョン　192
ウェルギリウス　117
ヴェルサイユ宮殿　93, 95, 114
ヴォー・ル・ヴィコント城　93
ウォーディアン・ケース　180-182, 189, 190, 220-223
ウォード，ウィンキン・ド　57
ウォード，ナサニエル・バグショー　179-181, 221, 222
ヴォクソール・ガーデンズ　148, 149
ウォットン，ヘンリー　68, 69, 73
ウォラー，エドマンド　94, 95
ウォルポール，ホラス　113, 116, 117, 128, 142
ウラトン・ホール　52
ウルジー，トマス　47-49
エイトン，ウィリアム　160, 182
エイトン，ウィリアム・タウンゼンド　184
エディンバラ植物園　159
エデンの園　10, 13, 40, 77, 94
エドガー王　26
エドワード一世　38
エドワード三世　42
エドワード六世　49
エラクーム，ヘンリー・ニコルソン　243, 244

[著者紹介]

飯田　操（いいだ・みさお）

1946年　兵庫県生まれ　　広島大学名誉教授　博士（学術）

著書に、『シェイクスピア——喜劇とその背景』（1985年）、『エドワード・トマス——人とその詩』（1988年）、『エドワード・トマス　ラフカディオ・ハーン』（いずれも文化評論出版、1990年）、『釣りとイギリス人』（平凡社、1995年）、『エドワード・トマスとイングリッシュネス』（渓水社、1997年）、『川とイギリス人』（平凡社、2000年）、『イギリスの表象——ブリタニアとジョン・ブルを中心として』（ミネルヴァ書房、2005年）、『パブとビールのイギリス』（平凡社、2008年）、『それでもイギリス人は犬が好き——女王陛下からならず者まで』（ミネルヴァ書房、2011年）、『忠犬はいかに生まれるか——ハチ公・ボビー・パトラッシュ』（世界思想社、2013年）。共編著に、『イギリス文化を学ぶ人のために』（世界思想社、2004年）。訳書に、アイザック・ウォルトンほか『完訳　釣魚大全』I・II（平凡社、1997年）。編訳書に、エドワード・グレイほか『釣り師の休日』（角川書店、1997年）がある。

ガーデニングとイギリス人《じん》——「園芸大国《えんげいたいこく》」はいかにしてつくられたか

NDC233／xvi, 342p／20cm

初版第1刷——2016年10月10日

著者————飯田《いいだ》　操《みさお》

発行者————鈴木一行

発行所————株式会社　大修館書店

〒113-8541　東京都文京区湯島2-1-1

電話03-3868-2651（販売部）　03-3868-2293（編集部）

振替00190-7-40504

[出版情報]　http://www.taishukan.co.jp

装丁・本文デザイン————井之上聖子

口絵図版————PPS通信社

印刷所————広研印刷

製本所————牧製本

ISBN978-4-469-24603-2　Printed in Japan